C·H·Beck
PAPERBACK

PER J. ANDERSSON

Vom Schweden, der die Welt einfing und in seinem Rucksack nach Hause brachte

REISEN IN DIE FERNE UND
ZU SICH SELBST

*Aus dem Schwedischen übersetzt
von Susanne Dahmann*

C.H.BECK

Mit 18 Stempelmotiven von Luus Schreurs

1. Auflage. 2018
2. Auflage. 2018
3. Auflage. 2018
4. Auflage. 2018
5. Auflage. 2018
6. Auflage. 2018
7. Auflage. 2018

8. Auflage. 2018

Titel der Originalausgabe:
«För den som reser är världen vacker»
© 2017 Per J. Andersson. All rights reserved
Für die deutsche Ausgabe
© Verlag C.H.Beck oHG, München 2018
Satz: C.H.Beck.Media.Solutions, Nördlingen
Druck und Bindung: Pustet, Regensburg
Umschlaggestaltung: Geviert, Grafik & Typografie, Katharina Fusseder
unter Verwendung mehrerer Motive von © shutterstock
und Stempelmotiven von Luus Schreurs, Maastricht, www.studiomalu.nl
Gedruckt auf säurefreiem, alterungsbeständigem Papier
(hergestellt aus chlorfrei gebleichtem Zellstoff)
ISBN 978 3 406 72164 9
Printed in Germany

www.chbeck.de

Inhalt

Vorwort 9

Warum bin ich nicht zu Hause geblieben? 17
Die Nomaden 23
Endlich unterwegs 47
Zug, bring mich fort! 59
Die Wanderer 73
Kreuz und quer über einen herumirrenden Planeten 91
Mit der Schildkröte an der Leine 103
Zurückkehren und bewahren 115
Der erloschene Stern 129
Die Tramper 141
Eine Reise zurück in der Zeit 159
Frei und rastlos 181
Einmal um die Stadt 191
Traumpfade 205
Die Verwandlung der Reisenden 221
Die verrückten Reisenden 237
Sicherheit 257
Wieder zu Hause 289

Dank 297
Zweiundzwanzig Reisebeschreibungen, die Lust aufs
Vagabundieren machen 299

*«Erst wenn wir uns verirren, fangen wir an,
uns selbst zu verstehen.»*

Henry David Thoreau

*«Allein in einer unbekannten Stadt aufzuwachen,
gehört zu den angenehmsten Erlebnissen, die es gibt.
Man ist vom Abenteuer umschlossen.»*

Freya Stark

*«Ich hasse Urlaube. Ich hasse sie. Ich habe im Urlaub nie Spaß.
Ich kriege nichts getan. Die Leute sitzen da und entspannen sich,
aber ich will mich nicht entspannen. Ich will was sehen.»*

Paul Theroux

Vorwort

Bis vor dreizehntausend Jahren waren wir Nomaden. Die Wanderlust steckt uns in den Genen. Sich über den Horizont hinaus bewegen zu wollen, ist ein ererbter Trieb, eine kollektive Ur-Erinnerung. Reisen zu wollen, ist universell.

Unser Bedürfnis nach Abwechslung ist groß. In der alten schwedischen Bauerngesellschaft zog man im Frühsommer hinaus in die spartanisch eingerichtete «Sommerküche» auf der anderen Seite des Hofgrundstücks. Die Veränderung war nicht sehr groß, und manchmal betrug der Abstand vielleicht nur fünfzig Meter, aber es genügte, um das Gefühl eines einfacheren und freieren Daseins zu erleben. Bei den jährlichen Reisen der Bauernfamilie zu Herbstmarkt und Kirchweih ging es auch nicht nur um praktische Bedürfnisse und Pflichten, sondern einfach darum, einmal etwas anderes zu sehen.

Wenn wir aber die Welt schon nicht mit eigenen Augen sehen können, dann muss die Welt zu uns kommen. Die ersten Bücher, die der Mensch geschrieben hat, waren Reisebeschreibungen, die dazu dienen sollten, die Sehnsucht derer zu lindern, die nicht reisen konnten, weil sie an Familie, Heim und Acker gebunden waren, oder weil sie zu alt, krank oder körperlich eingeschränkt waren. Die ältesten Texte der Literaturgeschichte – das Gilgamesch-Epos, die Odyssee, Abrahams Wanderungen im Alten Testament und die Abenteuer der Brüder Pandava in der Mahabharata – handeln sämtlich von ausgedehnten Reisen.

Laut der Welttourismusorganisation der Vereinten Nationen UNWTO unternehmen die Bewohner der Welt jedes Jahr ungefähr eine Million Auslandsreisen. Rechnet man die Urlaubsreisen innerhalb des eigenen Landes noch dazu, dann steigt diese Zahl um ein Vielfaches. In den letzten Jahren sind oft die Nachteile des Reisens betrachtet worden. Die Beeinträchtigung der Umwelt durch das Fliegen werden wir nicht leugnen können, doch das muss unsere Reiselust nicht bremsen. Können wir nicht weniger fliegen und öfter den Zug oder die Fähre wählen – oder vielleicht sogar Wanderschuhe oder Fahrrad?

Das Reisen in Regionen jenseits unseres Horizontes schützt uns davor, das eigene Volk zu überhöhen. Man lernt, dass die Welt gar nicht so seltsam ist, wie sie einem vorkam, als man noch zu Hause in seinem Kämmerlein saß und über sie nachgrübelte. Vorurteile entstehen aus Mangel an Information und Kommunikation, ganz gleich, ob es dabei um den Nachbarn nebenan geht oder um die Ureinwohner Australiens. Je mehr Kontakt wir zu dem Unbekannten haben, desto weniger müssen wir phantasieren, und das hält die Dämonen auf Abstand, die der wichtigste Brennstoff für Rassismus sind.

Es ist leicht, ein Misanthrop zu werden, wenn unser einziger Kontakt zur Welt aus den Nachrichten besteht, die uns die Medien ins Wohnzimmer bringen. Es ist doch überall nur Elend, und die Menschen sind dumm, denken wir, warum sollen wir uns darum scheren? Da ist es am besten, man bleibt zu Hause in seinen sicheren vier Wänden. Doch wer reist, der erkennt, dass alles gar nicht so schlimm ist, wie es uns die Schlagzeilen in den Tageszeitungen weismachen wollen, und dass es selbst an den problematischsten Orten Glück und Schönheit gibt. Das Reisen lehrt uns, dass nicht nur der Platz auf Erden, auf dem wir selbst uns niedergelassen haben, als normal und sicher betrachtet werden kann. Vielleicht ist das Reisen die wirkungsvollste Methode, das eigene

Bild von der Welt zu erweitern, denn die Nachrichten in den Medien greifen schließlich immer zu kurz und sind oft losgelöst vom historischen Kontext; deshalb beschreiben sie nur selten, wie es an den Tagen aussieht, wenn keine Naturkatastrophe passiert oder wenn die Parlamentswahlen vorüber sind oder die Waffen verstummen.

Eine wichtige Erkenntnis dabei ist, dass wir nicht nach Kambodscha, in die Mongolei oder irgendein anderes fernes Land reisen müssen, um eine andere Kultur zu erleben. Auch in Dänemark, Polen, Deutschland, Spanien und weiteren Ländern auf unserem Kontinent können wir Reiseerfahrungen machen, die uns neue Erkenntnisse über das Leben schenken. Doch dafür braucht man Kontakt zur Wirklichkeit. Und Zeit.

Ist denn alles Reisen schön? Längst nicht. Viele von uns werden schließlich gezwungen, wegzuziehen, um Armut, Krieg und Unterdrückung zu entfliehen. Andere wiederum reisen, um Freunden und Nachbarn zu imponieren, als würden sie einen Wettkampf im Erleben bestreiten. Und dann gibt es diejenigen, die aus finanziellen, sozialen oder politischen Gründen überhaupt keine Möglichkeit haben, zu reisen.

Darüber hinaus gibt es noch alle diese nationalen Grenzen mit Pass- und Visumregeln, von denen die Völker getrennt werden. Wir dürfen nie vergessen, dass wir zu einer privilegierten Gruppe gehören: Wer in Schweden lebt, kann ohne Visum in einhundertsechsundsiebzig Länder der Erde reisen, wer Deutscher ist, sogar in noch mehr. Es wird kaum erstaunen, dass Menschen mit afghanischem, pakistanischem, irakischem, somalischem und syrischem Pass die meisten Schwierigkeiten haben, sich frei in der Welt zu bewegen.

Nicht alle Urlaubsreisen führen zu neuen Erkenntnissen und gesteigertem Engagement. Ein All-inclusive-Urlaub am Mittelmeer kann unter Umständen sehr schön und notwendig sein, doch hat man, wenn man nach Hause kommt, wohl kaum das Gefühl, im Ausland gewesen zu sein, weil die Begegnungen mit anderen Menschen, abgesehen von Kellnern und Reinigungspersonal im Hotel, nur sporadisch waren – wenn es sie überhaupt gab. Wenn wir nur in abgeschlossene Touristenreservate reisen, wo die einzige einheimische Bevölkerung, die wir treffen, Hotelangestellte und Verkäufer sind, Menschen, bei denen wir lediglich etwas bestellen, mit denen wir um Preise verhandeln oder von denen wir uns Service erwarten, dann kann eine solche Reise unter Umständen unsere Vorurteile sogar noch verstärken.

Die Touristenreklame behauptet, uns in einen Geisteszustand jenseits des Alltags versetzen zu können. Sie lockt uns mit einer Flucht aus Trivialitäten, grauem Dasein und Leiden. Manchmal verspricht sie sogar einen schöneren Partner und nettere und zufriedenere Kinder. Auch wenn wir das nicht glauben, wenn wir sogar wissen, dass die Beziehungsprobleme nicht verschwinden und die Kinder nicht aufhören werden, miteinander zu streiten, nur weil wir wegfahren, hoffen wir dennoch, dass auf der nächsten Reise die sorglose Traumwelt der Werbung für uns in Erfüllung gehen wird. Wir erwarten, dass die Wirklichkeit verdrängt und die Probleme unsichtbar gemacht werden.

Das Reisen ist nämlich eine Art und Weise, jenseits vom Zwang der Arbeit und vom Kampf ums Überleben nach einem Sinn des Lebens zu suchen. In nur wenigen anderen menschlichen Aktivitäten ist der Ehrgeiz, den Zustand zu erreichen, den Aristoteles *eudaimonia* nannte, das wahre Wohlergehen und Wohlbefinden, so groß, wie wenn wir reisen.

Das Problem ist nur, dass der Traum vom Paradies, um den es im kommerziell verpackten Tourismus oft geht, in den allermeisten Fällen auch ein Traum bleibt. Was die Touristenreklame mit schön gestalteten Hotelfoyers und großen Pools verspricht, ist ein fast außerirdisches Erlebnis, frei von menschlichen Beschwerden. Nun gut. Aber schon bei unserer Ankunft an dem Ort, der in der Werbung so verführerisch abgebildet wurde, werden wir enttäuscht. Das Buffet im Restaurant kommt einem vielleicht schon am zweiten Abend eintönig vor. Die heruntergewehten Palmblätter und halb verrotteten Kokosnüsse stehen zwar für tropische Schönheit, aber sie sehen auch gammelig aus, wie sie da unordentlich über den Sandstrand verstreut liegen. Die Wärme, von der wir an einem dunklen und kalten Wintertag geträumt haben, führt dazu, dass wir uns jetzt verschwitzt, kurzatmig und beengt fühlen, und das Plastikband – Identifikationszeichen des All-inclusive-Touristen – scheuert am Handgelenk. Und auch wenn man im Traum vom Paradies gelandet ist, klingt doch der Tonfall innerhalb der Reisegesellschaft unverändert scharf.

Doch auch dort gibt es das Glück. Aber dafür muss man den Liegestuhl verlassen, sich vom Hotel wegbegeben und in die Wirklichkeit eines anderen Menschen eintauchen. Am besten wäre es, wenn die Reise nicht frei von Überraschungen bleibt. Paradoxerweise kann der Weg zum Glück kürzer sein, wenn man Enttäuschungen erlebt und genötigt wird, die Prioritäten zu verändern und zu improvisieren.

Nehmen Sie einfach irgendeinen Bus oder mieten Sie ein Auto und fahren Sie in die Berge, aufs Land hinaus oder in die nächste richtige Stadt, genehmigen Sie sich einen türkischen Kaffee oder eine Scheibe Wassermelone mit den alten Männern oder Frauen im Schatten unter der Platane. Eine Begegnung mit einem Menschen hilft, einen politischen Konflikt anders einzuordnen, ein Restaurantbesuch inspiriert zu einem neuen Kocherlebnis, der Spaziergang in einem botanischen Garten macht Lust auf neue Büsche im eigenen Garten – und eine Safari zu vom Aussterben bedrohten Tieren veranlasst einen vielleicht, in einen Naturschutzverein einzutreten.

Wenn die Reise lang war, dann besteht die Chance, dass man

sich beim Nachhausekommen wie neugeboren fühlt. Ein Monat auf Reisen kann sich wie ein ganzes Jahr anfühlen. Man erlebt mehr Eindrücke pro Minute, das Leben ist intensiviert. Für die Freunde, die zu Hause geblieben sind, scheint die Zeit dagegen stillgestanden zu haben. Das ist die reinste Zauberei.

Menschen, die das Reisen verabscheuen, gehören oft zu denen, die leicht gestresst und nervös werden, wenn unvorhergesehene Dinge geschehen. Außerdem regen sie sich über die Idioten auf, die es natürlich überall gibt, anstatt diese einfach zu ignorieren und nach anderen, netteren Menschen Ausschau zu halten. Der neugierige Reisende hingegen ist gezwungen, die Fähigkeit zu entwickeln, sich schnell anzupassen und andere Normen und neue soziale Zusammenhänge zu erfassen.

Es ist gut, wenn wir nicht alles, was die Autoritäten uns weismachen wollen, für bare Münze nehmen. Aber es ist nicht gut, wenn das kritische Denken in die schlecht gelaunte Erwartung übergeht, dass mit Sicherheit alles schiefgehen wird. Dann verwandelt sich die Unzufriedenheit in pathologische Teilnahmslosigkeit und Eingeschränktheit.

Ursache der Krankheit: Reisemangel. Medikation: Reisen auf eigene Faust in fremde Kulturen. Der heilende Effekt gegen krankhaften Missmut tritt ein, wenn wir unsere Sicherheitszone verlassen und entdecken, dass das Leben auch sehr gut funktioniert, wenn wir nicht die volle Kontrolle haben. Sich anderen Kulturen auszusetzen kann bedeuten, einmal den festen Boden unter den Füßen zu verlieren und darauf zu vertrauen, dass schon alles gut werden wird.

Zu reisen heißt, sich neuen Geräuschen, Gerüchen und Sitten auszusetzen und trotz anfänglicher Unsicherheit und Verwirrtheit herauszufinden, wie man sich verhalten soll. Zu reisen heißt, zu lernen, dass ein und dasselbe Problem mehrere verschiedene Lösungen haben kann, und sich eine innere Ruhe zu verschaffen, damit man später keinen Nervenzusammenbruch mehr bekommt, wenn die S-Bahn mal zehn Minuten Verspätung hat oder wenn der Arbeitsplatz umorganisiert wird.

Unveränderlichkeit höhlt die Seele aus. Neue Aussichten aber schenken neue Perspektiven. Indem wir reisen, schärfen wir unser Wahrnehmungsvermögen und werden aufmerksamer sowohl für den Zustand der Welt als auch für unsere Umgebung zu Hause. Plötzlich empfinden wir etwas für Dinge, die uns bisher gleichgültig waren. Plötzlich sehen wir, was bisher unsichtbar war.

Warum bin ich nicht zu Hause geblieben?

Als ich das erste Mal einem echten Reisenden begegnet bin, war ich vierzehn Jahre alt. Mein Vater und ich saßen auf einer griechischen Insel in einem Strandlokal im Schatten, als er auftauchte. Der Reisende, der älter war als ich, aber jünger als mein Vater, trank mit einem Strohhalm Kaffee aus einem hohen Glas und grüßte auf Englisch mit einem seltsamen Dialekt. Ich wunderte mich, dass er nicht wie wir Badehosen trug, sondern gekleidet war, als wolle er zu einer Expedition in den Dschungel aufbrechen: kariertes Hemd, khakifarbene Shorts, graue Wollstrümpfe und schwarze Wanderstiefel, die viel zu warm wirkten für den Sommer am Mittelmeer. Neben dem Barhocker im Sand stand sein Rucksack, auf dessen Klappe eine Stoff-Flagge genäht war. Ich wusste nicht so recht, was für ein Typ das war, und wagte nicht, den Mund aufzumachen. Als Papa fragte, wohin er unterwegs sei, sagte er, er wisse noch nicht genau, aber auf jeden Fall würde er hier nicht bleiben, sondern weiter auf eine andere Insel reisen und dann in ein anderes Land.

Ich hörte erstaunt zu. Für mich bedeutete Reisen, an einen Ort zu fahren, dort eine Weile zu bleiben, und sich dann wieder nach Hause zu begeben. So machten wir das und alle anderen Touristen auf der Insel ebenso. Ich hörte, was er sagte, verstand auch das meiste von seinem lustigen Englisch, kapierte aber trotzdem nicht, was er meinte. Ich lebte in dem Glauben, dass man von A nach B und dann zurück nach A fahren müsse. Aber dieser Reisende redete davon, dass er von A nach B nach C nach D nach E ... und so weiter und so fort fahren würde, um dann erst viel später wieder nach A zurückzukehren. Vorausgesetzt, dass er sich nicht am Ort B niederlassen und dort ein neues Leben beginnen würde. Die Möglichkeit gäbe es nämlich auch, sagte er. Der Reisende, der aus Neuseeland stammte, würde sehr lange nicht nach Hause zurückkehren.

Er erzählte, dass in seiner Schule neben der schwarzen Tafel in seinem Klassenzimmer eine Weltkarte gehangen hatte, auf der Neuseeland und Australien in der Mitte lagen und nicht ganz unten in der rechten Ecke, so wie wir das in Europa gewohnt sind.

Auf der neuseeländischen Karte hatte sich rings um sein Heimatland ein fast unendlicher Ozean ausgebreitet, und erst an ihren Rändern waren die großen Kontinente zu sehen.

«Wenn ich diese Weltkarte ansah, dann fühlte ich mich so einsam», sagte er als Erklärung dafür, dass er sich jetzt auf der anderen Seite der Erdkugel am Strand einer griechischen Insel befand.

Bald würde er den Bus zum Hafen nehmen und dann mit dem Schiff die Insel verlassen. Er würde die Kontinente an den Außenrändern seiner Weltkarte erkunden.

Erst viel später begriff ich, was seine Entdeckungsreise nach Europa bedeutete: Mit neuen Perspektiven kann das, was man sein ganzes Leben lang als Zentrum des Universums verstanden hat, an die Peripherie verschoben werden, während das, was früher am Rande lag, ins Zentrum rückt. Damals habe ich das nicht begriffen, aber später wurde mir klar, dass ich bei der Begegnung mit dem Reisenden aus Neuseeland auch in meine eigene Zukunft geschaut habe.

Schon bald war ich gezwungen, zum Alltag nach Hause zurückzukehren, in die Oberschule im roten Ziegelsteingebäude, zu den menschenleeren Vorortstraßen, zum Herbstdunkel, der Stille, der Geruchlosigkeit. Er aber hatte noch ein halbes Jahr des Reisens vor sich in einer Welt, in der das Leben pulsierte. So jedenfalls fühlte es sich an, wenn ich meine nächste Zukunft mit der seinen verglich. Gleichzeitig war es, als würde eine Tür, die bis dahin verschlossen gewesen war, geöffnet. Obwohl ich erst vierzehn Jahre alt war und noch nicht allein verreisen konnte, begann ich insgeheim Pläne zu schmieden.

Vor mir sah ich die Weltkarte, so wie ich sie kannte. Als Kind hatte ich es geliebt, in Atlanten zu blättern, und erinnerte mich an mein Erstaunen, dass Grönland so riesig aussah, während Schweden ungefähr genauso groß wie Indien wirkte. Konnte das stimmen? Ich maß mit meinem Lineal. Doch, in meinem Atlas war der Weg von Smygehyk nach Treriksröset – die Strecke vom äußersten Süden Schwedens bis zum nördlichsten Punkt des Landes, die Nils Holgersson auf seiner Reise berühmt gemacht hat – genauso lang wie der zwischen Nord- und Südspitze Indiens. Wie konnte dann in Indien eine halbe Milliarde Menschen leben, während wir in Schweden nur acht Millionen waren? Das war mir unbegreiflich.

Viel später erst lernte ich, dass dieser Atlas, der auf einem Regalbrett über meinem Bett stand, auf die Prinzipien des Flamen Gerardus Mercator von 1569 gegründet war. Mercators Übersetzung der sphärischen Form der Erde in eine flache rechteckige

Karte hatte zur Folge, dass die Länder nahe der Pole langgezogen und die Länder um den Äquator zusammengeschoben wurden. Heraus kam eine Karte, in der es so aussieht, als würden Europa, Nordamerika und Russland die Welt dominieren. Aber all das wusste ich damals noch nicht.

Hätte ich, wie ich da in meinem Bett lag und in Mercators Atlas blätterte, um die laufende Debatte über Kartenproportionen gewusst, dann hätte ich mir vielleicht stattdessen die neu erschienene Weltkarte besorgt, die eine radikal andere Perspektive bot: «Die wahren Proportionen der Erde» des deutschen Kartografen Arno Peters von 1974. Auf der waren die Ausmaße eines jeden Landes in korrekten Proportionen eingezeichnet.

Als ich dann später schließlich Arno Peters' Atlas zu sehen bekam, war es, als würde ich eine Welt betrachten, die im Spiegelkabinett unterwegs war. Schweden war kurz und dick, Afrika und Indien dagegen waren langgezogen und schlank. Ich sah das mit gemischten Gefühlen. Es wirkte, als seien die Kontinente nasse Kleider, die in der Arktis auf einen Kleiderhaken gehängt worden waren. Obwohl ich mich von meinem alten Atlas zutiefst betrogen fühlte, konnte ich das neue Weltbild doch nicht richtig akzeptieren. Es blieb nichts anderes übrig, als die Karten beiseitezuschieben und die Welt mit eigenen Augen zu sehen.

Plan A war, im Schlafsaal einer Jugendherberge zu wohnen, Plan B, in einem Schlafsack in einem Park zu übernachten. Nach Hause eingeladen zu werden und auf dem Sofa von jemandem schlafen zu dürfen, war ein erstrebenswertes Upgrade, denn da sparte man schließlich Geld und erlebte noch etwas Besonderes. In einigen Ländern gab es spottbillige Hotels, die konnte man auch nehmen.

Ein großer Unterschied zum Reisen von heute ist, dass damals nur sehr wenig vorherbestimmt war. Noch in den Achtzigerjahren lief man, wenn man an einen neuen Ort kam, erst einmal herum und suchte nach einer Unterkunft. Das war kein notwendiges Übel, sondern machte Sinn und war genauso selbstverständlich, wie man heute zu Hause am Küchentisch sitzt und eine Reise auf Monate hinaus detailliert vorausplant.

Ich war kein Extremreisender, vielmehr reisten damals alle jungen Menschen so. Die Erwachsenen, Etablierten und alle anderen, die eine Reise im Voraus planten, um sich vor Überraschungen zu schützen, das waren die Ausnahmen. Und natürlich all die Reicheleutekinder, die flogen, ins Restaurant gingen und in schicken Hotels wohnten. Ich war nicht neidisch. Als frischgebackener Rucksacktramper hatte ich eine klare Vorstellung, dass ich die Welt nicht so sehen wollte, wie sie sein sollte, sondern wie sie tatsächlich war und wie ich sie deshalb auch erleben wollte. Die Touristen, die sich mit einem Liegestuhl und einem Swimmingpool begnügten und kaum wussten, wo sie gewesen waren, konnten einem leid tun!

Unsere Kritik hatte aber auch etwas Selbstgefälliges. Wir, die selbständig reisten, waren gern mal arrogant und sahen auf alle herab, die Paket- und Gruppenreisen buchten. Wer waren wir, dass wir das Bedürfnis der breiten Allgemeinheit nach einer Weile entspannender Gedankenlosigkeit und Sonne auf der Nase kritisierten?

Manchmal war die Wirklichkeit auch furchteinflößend. Als ich die Aeroflot-Maschine bestieg, die mich über Moskau und Taschkent nach Neu-Delhi bringen sollte, empfand ich zunächst keine Furcht. Gewiss, meine Mutter hatte mir die Zeitungsartikel über Bombenattentate und Guerillaaktivitäten in Punjab und Assam gezeigt, aber diese Gegenden würde ich ja nicht besuchen. Ich war voller Zuversicht. Doch als wir über den Himalaya flogen und ich davon erwachte, dass eine rote Morgensonne in die Kabine schien, kam die Angst.

Jetzt war ich dem furchteinflößenden Morgenland ganz nahe.

Nur noch eine Stunde bis dahin. Ich wusste gar nichts. Was sollte ich in Indien tun? Was würde passieren, nachdem ich gelandet war? Wo würde ich wohnen? Mit wem würde ich reden? Wohin würde ich dann reisen? Ich hatte keine Ahnung. Aber vor allem machten mir meine Vorstellungen von Menschengedränge und Armut Angst. Ich sah auf die schachbrettartigen Felder zehntausend Meter unter mir hinunter und stellte mir die Not vor, die da herrschte. Alle Bilder vom Elend und der Misere, die ich jemals gesehen hatte, kehrten jetzt zurück und wurden vor meinem inneren Auge abgespielt. Ich dachte an die mageren Äcker und die fremden Kulturen, die Religionen und die Sprachen, von denen ich nichts wusste – und redete mir ein, dass ich, ein privilegierter Einfamilienhaus-Teenager aus Västerås, ein unerfahrener westlicher Mittelklassespross, das alles niemals würde verstehen können. Doch es gab kein Zurück.

Meine Beine zitterten. Im Magen ein dumpfes Gefühl. Warum war ich nicht zu Hause geblieben? Worauf hatte ich mich eingelassen?

Die Nomaden

Vor sechs Millionen Jahren kletterten unsere Vorväter von den Bäumen herunter. Seitdem hat sich die Menschheit während großer Teile ihrer Geschichte in Bewegung befunden, ist umhergezogen, hat gejagt und gesammelt, hat als Nomaden gelebt. Das Dorf, die Idee von einer festen Siedlung, ist eine neue Erfindung. Es sind erst dreizehntausend Jahre, seit wir aufgehört haben zu wandern und begannen, Getreide anzubauen.

Kein Wunder, dass uns der Mangel an Bewegung ab und zu wie ein Phantomschmerz ereilt und die Sehnsucht nach dem Nomadenleben aufflammen lässt. Die Erinnerung an jenes Leben gibt sich nicht nur in der Wanderlust zu erkennen, sondern auch im Gefühl innerer Ruhe und Geborgenheit, die uns erfüllt, wenn wir uns auf den Rücken eines Reittieres setzen.

November 1996. Durch den Rann von Kachchh und die Thar, die große Wüste an der Grenze zwischen Indien und Pakistan, wandern viele nomadisierende Völker, die auf der Suche nach

Wasser und Vegetation ihre Herden über Sanddünen, Salzsteppen und Schotterebenen treiben. Hier in der Wüste, die zwischen der pakistanischen Region Sindh und den indischen Teilstaaten Gujarat und Rajasthan geteilt ist, schaukele ich auf der Suche nach der Nomadenseele des Menschen auf einem Kamelrücken.

Der Monsunregen, der kurz vor meiner Ankunft niedergegangen ist, war der beste seit zwanzig Jahren. Die Hirse wächst fruchtbar, die Akazienbäume schlagen neu aus, in den Sanddünen sprießt Gras.

«Ich hätte nicht gedacht, dass die Wüste so grün sein kann», sage ich zum Kameltreiber, der über meinen Mangel an Wissen nur seufzt und mit den Schultern zuckt.

Unsere Kamele, die Holzwagen mit mächtigen Ballonreifen ziehen, schwanken knarrend über die Sandebene, auf der nur Australischer Babul (eine Akazienart) und kleine stachelige Büsche mit fetten, lilafarbenen Blättern – das Heidekraut der Wüste – die beiden trockenen Jahre überstanden haben. Der fest zusammengepresste Boden ist wie mit Puderzucker von ein paar Zentimetern leichtem Sand bedeckt, der in kleinen Wölkchen aufstiebt, wenn wir die Sandalen absetzen. Der Sand dringt in alle Poren, zwischen den Zähnen knirscht es.

In Birendaria, Misariado, Ludia und den anderen Dörfern in Banni, diesem Teil des Rann von Kachchh, kann niemand seine Nahrung anbauen. Weder Hirse noch Linsen noch Weizen haben eine Chance. Das merke ich, als ich eine Nacht bei den Brüdern Tabha im Dorf Misariado wohne. Sie sind Schuhmacher und Daliten – unberührbare Hindus einer niedrigen Kaste. Die Männer bewegen sich über weite Entfernungen, wenn sie ihre Ziegen weiden, während die Frauen zu Hause sitzen und Decken und mit Spiegelchen verzierte Kleidung in satten Farben besticken, die sie in Regalen in ihren Hütten stapeln und später mit staatlicher Unterstützung auf großen Textilmessen im Land oder auf dem örtlichen Markt in der Stadt Bhuj verkaufen. Die Einkünfte dieser von Mahatma Gandhi inspirierten Dorfindustrie, *kadigram udyog*, ermöglichen ihnen ein Leben, das zwar sehr verschieden von dem der aufstrebenden Mittelschicht ist, aber dennoch scheinbar keine notwendigen Dinge des Daseins vermissen lässt.

Die Großfamilie Tabha wohnt um einen Hof aus getrocknetem, gesprungenem braunen Lehm, der eine dumpfe Akustik erzeugt: Alle Laute scheinen runde Ecken zu bekommen. Familie Tabha wohnt seit mehreren Generationen hier. Sie haben keinen Strom. Niemand in der ganzen Familie kann lesen oder schreiben. Nach Einbruch der Dunkelheit versammeln sich die Männer ums Feuer, rauchen *bidis* (kleine, handgerollte Zigaretten) und erzählen Geschichten, während die Frauen in der Küche ausruhen und die Kinder im weißen Schein der Petroleumlampen in den Schlafhütten spielen.

Morgen werde ich den Bus über die weite, flache Salzkruste nach Bhuj hinein nehmen. Dort werde ich ein Flugzeug besteigen, das mich binnen einer Stunde nach Bombay bringt. Am selben Abend werde ich dann im Café Mondegar sitzen und zwischen indischen Mittelschicht-Jugendlichen, die fließend Englisch sprechen und mit Handys ausgestattet sind, kaltes Bier trinken, während die Verlockungen der Großstadt und die Bollywood-Lichtreklamen in der Nacht funkeln. Aber jetzt bin ich noch in der Wüste, am funkenstiebenden Feuer auf dem Hof. Ich bitte meinen Dolmetscher, Fota Tabha, den ältesten der Brüder – «vielleicht ist er sechsundfünfzig Jahre alt, aber keiner weiß es genau» –, zu fragen, ob schon mal jemand aus der Familie von Misariado in die Stadt gezogen ist. Und damit meine ich die staubige Bezirkshauptstadt Bhuj und nicht das Swinging Bombay.

«Nein», sagt er, der in der Hocke sitzt und an seiner eifrig glühenden Zigarette zieht. «Keiner in meiner Generation, keiner in der meiner Eltern und auch keiner in der Generation meiner Großeltern. Nicht soweit ich mich erinnere. In die Stadt ziehen wir nicht.»

Er nimmt einen langen Zug.

«Morgen wandern wir nach Westen und suchen Büsche und Blätter, die unsere Ziegen fressen können, aber zur Dämmerung sind wir wieder zurück ums Feuer.»

Seine Gesichtszüge und seine Art, die Worte auszusprechen, strahlen eine Ruhe aus, die mich ungeheuer neidisch macht.

Dieselbe Wüste, zwei Jahre zuvor, vierhundert Kilometer weiter nördlich.

«Haa, moooaaa!», ruft Vishnaram und bringt die Kamele auf Trab. Die Tiere falten ihre sorgfältig eingezogenen Beine auseinander, heben ihre schlangenähnlichen, fleckigen Hälse zur Sonne und knurren verärgert. Es ist ein dumpfes, gedämpftes Gurgeln von ganz tief unten, als würde der Laut tief unten im Magen festsitzen, ein Märchengeräusch. Endlich ist die Karawane unterwegs.

Wir reiten im mahlenden, schaukelnden Schritt des Passgangs über eine sich unaufhörlich verändernde Wüstenlandschaft. Rote, steinige Schieferebenen. Sandige, trockene Bachläufe. Hellbraun aufgesprungene Erde – das Symbol für Trockenheit und Elend. Zehn Zentimeter hohes Monsun-Wollgras schimmert wie Silber in der flachen Nachmittagssonne. Weiche, geriffelte Sanddünen, mit Flecken von raschelnden Büschen und rollenden Steppenläufern, die sich wie der Wind, die Tiere und die Menschen nach Westen bewegen.

Das Einzige, was man hier hört, ist das Klappern des Kochgeschirrs, das Schwappen in den Wasserkanistern, das Knarren der Ledersättel und daneben die runde, kurzangebundene Unterhaltung der Kamelführer auf Rajasthani. Ich reite zusammen mit

Vishnaram, und als er etwas in meinen Nacken murmelt, glaube ich, dass er mit mir spräche. Doch plötzlich antwortet Rupa Ram, der auf dem Kamel zehn Meter vor uns reitet. Die Wüste ist von einer ungeheuren Akustik: Die Laute klingen gedämpft und weich, als hätte man Baumwolle in den Ohren, und gleichzeitig messerscharf. Wie auf der Savanne. Wie auf dem Meer. Wie auf einem schwedischen Fjäll.

Plötzlich, in einer Windbö, hören wir bellende Hunde, wir sehen aber weder Hunde noch Menschen oder ein Dorf. Wir hören das Kling-Klang-Klong von Blechglocken lange, ehe wir der Schafherde begegnen. Und dann die seltsamen Pistolenschüsse, die, wie sich nach einem halbstündigen Ritt über eine Kante, um einen Hügel und durch ein Sandmeer zeigt, von Jungen stammen, die mit scharfem Peitschengeknall die Krähen von den im Monsun gereiften Hirseäckern vertreiben.

Es hat in der Wüste geregnet. Endlich! Rinnsale des lebensnotwendigen, lebenspendenden Wassers sind in den Sand geflossen. Die Dämme haben sich gefüllt. Der Wasserspiegel in den Brunnen hat sich erhöht. Und jetzt: Samen, die viele Jahre im Sand gelegen haben, wachsen und sprießen. Die Wüste grünt.

Der Weg ist von Wanderdünen versperrt. Ein Pfad teilt die Grassteppe. Unsere nachmittagsmüden Kamele schwanken sachte und stur vorwärts. Hinter uns kommen vier Männer auf rennenden Kamelen heran, sie wollen überholen. Sie sitzen rittlings, ohne sich festzuhalten, und sehen unbekümmert und lustvoll aus. Einer von ihnen zündet sich eine Zigarette an und fragt, woher wir kommen, erhält eine Antwort, betrachtet uns prüfend, und plötzlich nehmen sie alle Tempo auf, reiten schnell um uns herum und verschwinden hinter einer Erhebung, als hätten sie ein Gaspedal, das sie durchdrücken können. Wie ein Spiel. Ein Tanz.

Und Jais Almer, die Wüstenfestung, ist vor vielen Stunden schon hinter dem Horizont versunken, sie ist nicht mehr zu sehen. Als wäre sie nur ein Traum oder ein Trugbild von früher gewesen.

Gemächlich in meinem Sattel mit Steigbügeln aus Hanfseil schaukelnd, werde ich durch den größten zusammenhängenden Wüstengürtel der Erde getragen. Hier zogen einst die Handelskarawanen hindurch. Von Delhi durch die Thar bis zu den Märkten in Damaskus, Memphis (das heutige Kairo), Ancyra (Ankara) und Byzantium (Istanbul). Ihre Kamele waren vollgepackt mit Dukaten, gold- und silberverzierten Stoffen und später dann Pfeffer und Kardamom. Mehr als tausend Jahre, ehe Marco Polo, Vasco da Gama und Ferdinand Magellan das Meer in dem Glauben überquerten, neue Handelswege zu öffnen, ritt bereits ein steter Strom interkontinentaler Geschäftsreisender zwischen Asien und Europa hin und her. Die Gewürzstraße nach Indien war verbunden mit der Seidenstraße nach China und dem Straßennetz der Römer in Europa, hunderttausend Kilometer zog sie sich vom chinesischen Shanghai im Osten bis zum spanischen Cádiz im Westen.

Vor fünftausend Jahren begann der Mensch, das Kamel zu domestizieren, nachdem man erkannt hatte, dass die Fähigkeit, Fett als Energiereserve im Höcker zu lagern, es widerstandsfähiger gegen die Trockenheit machte als andere Lastentiere. Die Kamele trotten ruhig weiter ohne zu trinken, wenn der Mensch schon nahe daran ist, zu verdursten. Die Körper der Kamele sind so gut darin, Wasser aus dem Futter zu saugen, dass ihr Urin zähflüssig wird, und ihr Kot so trocken und spröde herauskommt, dass die Beduinen ihn sofort anzünden und als Brennmaterial verwenden können. Gleichzeitig können Kamele unglaubliche Mengen von Wasser in sich hineinschütten, ohne, wie wir Menschen, an Salzmangel zu leiden.

Die Menschen der Eisenzeit in Somalia, Arabien und Baktrien (das heutige Afghanistan, Usbekistan und Tadschikistan), die als

Erste Kamele gezähmt haben, erkannten diese einzigartigen Eigenschaften der Tiere natürlich. Und noch heute haben in den Wüstengebieten sowohl die Sesshaften wie auch die Nomaden Nutzen davon. So wie das Volk der Rabari, das jahrtausendelang mit Kamelen durch die indische Wüste gewandert ist und das so heißt wie das, was seine Angehörigen tun – Rabari bedeutet «der, der draußen lebt», und das tun sie auch, wenngleich sie im Laufe der Zeit zu Semi-Nomaden geworden sind. Im Sommer, wenn der Monsunregen kommt und ihren Tieren ausreichend Trinkwasser bringt, sind sie sesshaft, und im Winter, wenn kein Tropfen Regen fällt, wandern sie.

Jedes Jahr kommen sie in der Zeit zwischen dem mageren Sommergrün und dem knochentrockenen Winter mit Hunderttausenden anderer Menschen und Kamele auf dem südlichsten Tiermarkt der Welt am Rande der Stadt Push Kar zusammen, wo eine Woche lang im Schatten sanft gerundeter Höcker ein frenetisches Bieten, Feilschen und Kaufen vonstatten geht.

Ich erreiche dieses Wüstenspektakel in der Morgendämmerung, als die Kamele auf der staubigen Sandebene ihre Augen mit den langen Wimpern aufschlagen, ihre Schlangenhälse zum Himmel strecken und direkt ins Universum hinaus brüllen. Sie klingen, als wäre der Teufel mit Kopfschmerzen aufgewacht: ein dumpfes, furchtsames und gleichzeitig hysterisches Gurgeln. Danach erwacht das erste Megafon. Dann ertönt noch eines und noch eines. Einfachen Blechtrichtern aus mattem Aluminium entströmt indische Popmusik in höchster Lautstärke. Eine Viertelstunde nach Sonnenaufgang ist der ganze Marktplatz ein Inferno aus verschiedenen Lauten, und die Ohren dürfen erst wieder ausruhen, wenn siebzehn Stunden später die Mitternachtsglocke läutet.

Sie sind zu Pferd gekommen, gewandert oder in schrottreifen Bussen über die Weiten der Wüste aus den Dörfern in der Umgebung des Teilstaates Rajasthan gefahren. Viele haben Kamele, Kühe, Stiere, Pferde und Esel dabei, andere kommen, um sich einen Rausch zu genehmigen, auf dem Wanderjahrmarkt Spaß zu haben oder das Getümmel zu betrachten.

Wenn alle Kameltransaktionen des Tages abgeschlossen sind, beginnt das Fest. Das mit einem Mopedmotor betriebene Riesenrad dreht sich und blinkt. Die kleinere, handgewebte Schiffschaukel quietscht und knarrt.

Während der Fest- und Markttage herrschen Frieden und Freude. Doch im restlichen Jahr gibt es häufig Konflikte zwischen sesshaften Bauern und wandernden Nomaden. Ich schaue über den Sandozean hinaus, sehe Kamelsilhouetten vor dem rotlilafarbenen Abendhimmel und denke darüber nach, warum die Halb-Nomaden die sesshaften Bauern so provozieren. Es ist nicht ungefährlich, als Nomade unterwegs zu sein, das wissen nicht nur die wandernden Schäfer in der indischen Wüste. Im Laufe der Geschichte sind Wanderer und Sesshafte immer wieder in Konflikt geraten. Schon im Schöpfungsmythos im Ersten Buch Mose wird im vierten Kapitel beschrieben, wie Eva zwei Söhne zur Welt bringt: Abel, den Schafhirten und Nomaden, und Kain, den sesshaften Bauern.

Der Unterschied ihrer Lebensbedingungen führt zum Streit: «Es begab sich nach etlicher Zeit, dass Kain dem Herrn Opfer brachte von den Früchten des Feldes; und Abel brachte auch von den Erstlingen seiner Herde und von ihrem Fett. Und der Herr sah gnädig an Abel und sein Opfer; aber Kain und sein Opfer sah er nicht gnädig an. Da ergrimmte Kain sehr, und seine Gebärde verstellte sich.»

Gott hatte also mehr Freude an der Gabe des Nomaden als an der des Bauern. Der Bauer wird daraufhin eifersüchtig und schlägt den Nomaden tot. So geschieht, zumindest nach der Bibel, der erste Mord der Menschheit.

Seitdem haben die wenigen Menschen auf der Erde, die weiterhin als Nomaden leben, die Sesshaften gestört. Aber was ärgert uns denn so an ihnen? Die Nomaden begehren doch nichts anderes als das Recht, zu einer bestimmten Zeit im Jahr ein bestimmtes Gebiet zu durchqueren. Wanderten die Nomaden über den Besitz der Bauern und haben ihn niedergetrampelt? Waren die Bauern vielleicht neidisch auf den beweglichen Lebensstil der Nomaden? Die Problemlösung der Sesshaften bestand darin, die Nomaden entweder in Bauern zu verwandeln oder dafür zu sorgen, dass man sie nicht sehen musste. Wie es der polnisch-jüdisch-britische Soziologe Zygmunt Baumann ausdrückte: «Unnötig, unerwünscht, alleingelassen – wo ist ihr Platz? Die kürzeste Antwort lautet: außer Sichtweite.»

Was dem einen Sicherheit bedeutet, stellt für den anderen eine Bedrohung dar. Denn gleichzeitig empören sich die Nomaden über die Vorstellung der Sesshaften, dass man Erde besitzen könne. Für einen Nomaden bedeuten politische Grenzen und die Idee des Grundeigentums eine Form von Wahnsinn.

Die Epizentren des Nomadenlebens auf der Welt waren schon lange vor den Tagen des Alten Testamentes die Savannen in Ostafrika, die Steppen in Zentralasien und die Wüsten in Nordafrika, dem Nahen Osten, China und Indien. Skythen, Hunnen, Kimmerer, Turkmenen und Mongolen; Tuaregs, Massai, Beduinen – und Rabari. Pferde, Kühe, Schafe, Ziegen – und Kamele. Zelte, Jurten und Windfänger. Flaches Brot ohne Hefe, das «ungesäuerte Brot», das in der Bibel erwähnt wird, weil man schnell weiterwandern würde und das Aufgehen der Hefe nicht abwarten konnte, und das Geschichtenerzählen am Feuer unter dem Sternenhimmel, weil die Dunkelheit jede andere Aktivität unmöglich machte.

Seit wir sesshaft geworden sind, betrachten wir die Angehörigen der Minderheiten, die weitergewandert sind, als suspekte Figuren. Die Geschichte von dem in Europa am meisten verachteten Volk beginnt vor tausend Jahren, als der Kriegskönig Mahmud seine stattliche Burg Ghazni im heutigen Afghanistan verlässt. Mahmud reitet nach Südosten und greift die hinduistischen Königreiche Meerut, Mathura und Gwalior auf der nordindischen Ebene und Somnath am Ufer des Indischen Ozeans an. Er unterwirft die lokalen hinduistischen und buddhistischen Herrscher und macht sie zu Vasallen, er zwingt die Einheimischen in seine Armee, nötigt ihnen eine neue Religion auf und plündert ihre Tempel.

In Indien erzählt man heute noch in den Schulen von dem schrecklichen Muslim Mahmud, der einen Hammer nahm und das vergoldete Lingam des Tempels Somnath, das Symbol für die Kraft des hinduistischen Gottes, zerschlug. Die Reste davon schaffte er nach Hause nach Ghazni, wo sie zum Bau der neuen Freitagsmoschee benutzt wurden.

Doch eine Gruppe Inder in der mittelalterlichen Wüsten- und Ackerbaulandschaft verweigerte die Unterwerfung und begann stattdessen zu wandern. Vermutlich gehörten die Wanderer der Kriegerkaste Kshatriya an, die in ihren örtlichen Gesellschaften respektiert und stolzer sowie weniger geneigt waren, sich anzupassen als ihre Landsleute. Vielleicht haben sie sich deshalb entschieden, nach Westen zu fliehen, um den neuen muslimischen Herrschern zu entkommen.

Viele hundert Jahre wanderten ihre Nachkommen nach Westen. Sonnengetränkte Wüsten wichen raschelnden Mais- und Weizenfeldern. Auf den Wanderungen und in den Zeltburgen begegneten sie anderen Nomaden, die nach Westen gewandert waren. Einige von ihnen waren vor Krieg geflohen, während wieder andere der Armut und Unterdrückung durch das Kastensystem entkommen wollten. Sie waren wandernde Gesellschaften, die verschiedene Dialekte aus unterschiedlichen Sanskritsprachen wie Hindi, Punjabi und Rajasthani benutzten. Sie verstanden einander und wurden allmählich in ihren neuen Lebensumgebungen als eine einheitliche Volksgruppe betrachtet.

Einige von ihnen landeten in Ägypten und dann auch in Andalusien und auf Kreta (dort wird ihre Ankunft 1322 erwähnt). Andere – vermutlich die meisten – kamen nach Anatolien, wo die Männer bei den örtlichen armenischen Fürsten Arbeit fanden.

Irgendwann zogen sie weiter nach Westen und verdingten sich als Soldaten, Schmiede, Handwerker und Musiker, die eine wehmütige und heulende Flöten- und Saitenmusik mit Wurzeln in der indischen Wüste spielten. Doch mit den Jahren wurden Turbane gegen Filzhüte getauscht, Sari gegen Kleider und Saiteninstrumente wie die Kamaicha und Raavan hatha gegen Gitarre und Geige. Doch der Kalbelia-Tanz, der seine Wurzeln in der Wüste von Rajasthan hat, lebte auch auf der Fahrt nach Westen weiter – das Klatschen mit den Händen, die winkenden Bewegungen mit hochgehaltenen Händen und die zuckenden und rotierenden Bewegungen mit dem Oberkörper.

In Rumänien war ihr unsteter Lebenswandel verdächtig, man hatte sich aber von ihrer handwerklichen Geschicklichkeit abhängig gemacht. Deshalb begann man im 14. Jahrhundert, die Wanderer aus dem Osten einzufangen und sie zu zwingen, wie Sklaven unter Feudalherren und Klöstern zu leben. Doch für die, welche immer noch frei waren, ging die Flucht weiter nach Westen und nach Norden. Im Protokoll eines Stockholmer Ratsbeschlusses von 1512 wird eine Gruppe Fremder beschrieben, die am Sankt Michaelstag, dem 29. September, in die Stadt gekommen war. Es waren nicht viele, nicht mehr als dreißig Familien, sie bedienten sich einer Sprache, die noch niemand je zuvor gehört hatte, und man vermutete, dass es sich um Pilger handele. Religiöse Wanderer mussten mit Respekt empfangen werden, sie sollten Almosen bekommen und eine Herberge. Das gebot die Sitte.

Zu wandern, um sich Gott zu nähern, war legitim, während das Wandern aufgrund von Arbeitsmangel oder Armut suspekt erschien.

Sie bekamen eine Herberge in der Sankt Laurentii-Stube, und der Stadtrat schenkte ihnen zwanzig Mark. Der schwedische Reformator und Theologe Olaus Petri schreibt in seiner «Swensk Cröneka»: «Im selben Jahr, in dem Herr Sten [Sture der Jüngere] Hauptmann geworden, kam eine Ansammlung von dem Volk, das von dem einen Land zum nächsten fährt, und die man Tattare nennt, hierher ins Land und nach Stockholm; zuvor waren sie nie hier gewesen.»

Aus der Gastfreundschaft wurde jedoch schnell Feindseligkeit. Schon 1515 wurden sie aus der Stadt vertrieben. Im Ratsprotokoll von Stockholm steht, dass «die Tattare nirgends innerhalb der Stadtmauern bleiben und stören dürfen, und dies wegen ihrer Schurkenhaftigkeit». Damals war die Eroberung des christlichen Konstantinopel durch die muslimischen Türken gerade erst sechzig Jahre her. Deshalb war die Angst, dass der Islam sich ausbreiten könnte, sehr groß. Gustav Vasa beschuldigte dann die Nomaden, türkische Spione zu sein, und erließ den Befehl, dass alle Männer aus dieser wandernden Volksgruppe getötet werden sollten.

Zunächst hatte man geglaubt, dass es sich um Ägypter handeln würde, doch schon bald vermutete man, dass sie zu den Tataren gehören würden, einem türkischen Volk, das an verschiedenen Orten in Russland und Zentralasien lebte. Deshalb wurden sie in Schweden «Tattare» genannt.

Die Nomaden aus Indien tauchten an verschiedenen Orten in Europa auf und wurden entweder vertrieben, weil sie ständig in Bewegung waren und deshalb als bedrohlich betrachtet wurden, oder angelockt, weil sie so geschickte Metallschmiede und Schnitzer waren. Doch meist ging es nicht gut aus. Es war, als wären sie ein für alle Mal aus der Gemeinschaft der Sesshaften hinausgewandert. Diese nannten sie auf Spanisch, Französisch und Englisch weiterhin Ägypter (gitanos, gitanes, gypsies), während man auf Griechisch, Italienisch, Deutsch und Schwedisch ein anderes Wort benutzte, nämlich zingani, zingari, Zigeuner, zigenare von dem griechischen Wort atsinganos, was so viel bedeutet wie «der keinen Kontakt mit jemandem haben will».

Aber auch in der europäischen bäuerlichen Gesellschaft gab es Menschen, die wanderten: diejenigen, die an ihrem Heimatort kein Auskommen hatten und deshalb gezwungen waren, sich auf die Straße zu begeben. Manchmal stahlen sie Lebensmittel, wohnten unerlaubterweise in Scheunen und wanderten für ihre Taten gelegentlich ins Gefängnis. Schon der Aufenthalt außerhalb der Heimatgemeinde galt als krimineller Akt, und Landstreicher konnten zu Zwangsarbeit und Arbeitslager verurteilt werden.

Als Europa industrialisiert wurde, wuchs ihre Zahl rasch. Nicht alle konnten die neuen Anforderungen bewältigen, die der Übergang vom Acker und der Handwerksstube zur Fabrikhalle an jeden Einzelnen stellte. Bolle, die Hauptperson in Harry Martinsons Roman «Vägen till Klockrike» («Der Weg nach Glockenreich», 1948) war in die Fußstapfen seines Vaters getreten und hatte das Handwerk, Tabak zu drehen und Zigaretten von Hand zu rollen, gelernt. Doch als sein Job von Maschinen übernommen wurde, weigerte er sich, die neuen Verhältnisse anzunehmen. Für solche wie ihn gab es dann nur zwei Alternativen, die beide eine Art des Reisens bedeuteten: Entweder emigrierten sie in die USA oder sie begaben sich auf die Straße und wurden Landstreicher.

Bolles Los wurde das Wandern, und er sah sich schnell erheblichen Beschwerden und Vorwürfen seitens der Sesshaften ausgesetzt. «Insgesamt wiegen die Beschuldigungen, die man für das Wandern auf der Straße erfährt, schwerer als die für Mord, Brandstiftung oder Sachbeschädigung und die Strafen, die ein

Landstreicher für Meineid oder Diebstahl bekommen könnte. Es gibt Mörder, die nach zehn Jahren begnadigt werden, und es gibt Landstreicher, die fünfzehn Jahre Zwangsarbeit hinter sich haben, nur weil sie sich wieder und wieder davongestohlen und angefangen haben, auf der Straße zu wandern», philosophierte Bolle, als er in der kühlen Sommernacht durch die Wälder und an Seen vorbei wanderte.

Die Sesshaften empfinden dieselbe Angst vor den Landstreichern, wie manche Erwachsene sie haben, wenn sehr aktive Kinder in schön möblierte Räume gelassen werden. Das hat auch viel mit den unterschiedlichen Lebensbedingungen und einem Mangel an Kommunikation zu tun. «Die Angst der Leute im Haus war die Angst davor, dass der Landstreicher ‹so einer› sein könnte.» Die Landstreicher ihrerseits fürchten, was die Sesshaften über sie denken könnten: «Die Angst des Landstreichers war, als ‹so einer› angesehen und falsch eingeschätzt zu werden.»

Landstreicher müssen die Kunst beherrschen, sich den menschlichen Ängsten anzupassen. Deshalb, so fand Bolle, gibt es keine wirkliche Freiheit auf der Straße, sondern nur ständig die Forderung, sich den Ängsten anzupassen – den eigenen und denen anderer. Aber Freude empfand er trotzdem, zumindest manchmal. Freude am Dasein. Freude, die direkt aus Sonne und Mond und von den unendlichen Wäldern kam. Eine Freude, die sich nie einfindet, wenn man den ganzen Tag in einer muffigen Werkstatt eingesperrt ist. Die Sonne auf- und untergehen zu sehen. Den Wind im Gesicht zu spüren. Die Müdigkeit in den Beinen und der Geruch von Meer, See und Erde. Ständig etwas vom Weg zu erwarten und ihm um die nächste Ecke zu folgen.

Die aus der Armut entsprungene Freiheit kann süchtig machen. Sobald der Landstreicher sich seine Mahlzeit zusammengebettelt hat, begibt er sich wieder auf die Straße hinaus. «Die Straße wird zu einem Fluss der Versprechungen, die in ihre Augen hineinfließen und durch ihre Fersen wieder hinaus, ein Fluss der Versprechungen, der selbsterfüllend ist. Die einzige Bedingung: dass man wandert und wandert.»

In Schweden galt Wanderschaft damals als Herumtreiberei. Wer das tat, der war faul und ein Schmarotzer, während die Sesshaften im Schweiße ihres Angesichts ihr Brot erwarben. Der Wanderer war ein Trittbrettfahrer, der sich etwas nahm, ohne erst etwas gegeben zu haben. Auf Jiddisch und auf Deutsch sagte man *Schnorrer* und meinte damit auch diese ärgerlichen Typen, die sich ständig Zigaretten und kleinere Geldsummen ausliehen, ohne etwas zurückzugeben. Aus der Perspektive des sesshaften Bauern im 19. Jahrhundert und aus Sicht des Gesetzes war der arme Kerl, der aufbrach und sich auf die Straße hinausbegab, kaum ein Opfer, sondern ein unsolidarischer und amoralischer Drückeberger.

Auf der anderen Seite des Atlantiks war das anders. Auf Englisch hieß er vagabond, bum, hobo und tramp. Nels Anderson (1889–1986) lebte zu Beginn der Zwanzigerjahre als herumreisender Hobo in den USA. Er nahm die unterschiedlichsten Arbeiten an, schlief in Scheunen und reiste als blinder Passagier mit der Eisenbahn. Dann wurde er Akademiker, legte eine Doktorprüfung in Soziologie ab und verwandte einen großen Teil seines Lebens darauf, Landstreicher zu studieren. Schon 1923 erschien sein Buch «The Hobo. The Sociology of the Homeless Man», in dem er die Frage aufwarf, warum man zum Landstreicher wird. Es war nicht immer ein notwendiges Übel, was den Menschen zum Hobo machte, sondern auch die Wanderlust des Menschen, meinte Anderson. Landstreicher mochten arm sein, doch die Entscheidung, zu wandern, habe auch mit der Sehnsucht nach neuen Orten und neuen Situationen zu tun. Außerdem sei das Wandern bis in die Zwanzigerjahre hinein Bestandteil des amerikanischen Lebensstils für junge Männer gewesen. Mit Hilfe von Leuten wie ihnen wurden Straßen und Eisenbahnen errichtet und neue Bergwerke gegraben. So stellt der Wanderer auch in den Filmen von Charlie Chaplin «Charlie der Landstreicher» (1915) sowie «Der Vagabund und das Kind» (1916) eine zwar tragische, aber gleichzeitig liebenswerte Figur dar.

Die amerikanische Hobo-Romantik wirkte ansteckend. Durch Astrid Lindgrens Buch «Rasmus und der Landstreicher» (1955) kam sie auch nach Schweden. Paradies-Oskar war ein altmodischer Armen-Vagabund, aber welch ein Name! Und das dazugehörige Lied – das Landstreicherlied –, das er zusammen mit Rasmus singt:

> *Sieh den Landstreicher da auf der Walze,*
> *er ist Gottes kleines Licht*
> *Wenn der Frühling kommt*
> *Zieht er raus ins Land*
> *Und sucht sein Abenteuer.*
> *Er geht, so weit die Straßen führen,*
> *er hat die Sehnsucht und das Drängen im Blut.*
> *Und wenn die Sonne scheint,*
> *ihn der Wahnsinn treibt,*
> *das gibt ihm seinen Mut.*
> *Er will frei sein wie ein Vogel,*
> *frei wie ein Vogel.*

Nach zwei Weltkriegen mit strengen Restriktionen war das Gefühl des Eingeschlossenseins in der Mittel- und Oberschicht ungeheuer. Gleichzeitig wuchs der Wohlstand, die Arbeitszeiten wurden kürzer und man bekam mehr Urlaub. Viele Westeuropäer und Nordamerikaner begnügten sich nicht mit ein paar Wochen Ferien zum Stillsitzen, sondern träumten davon, die Welt der Sesshaften zu verlassen, sich frei zu machen, drop out, wie man in den USA sagte, was bedeutete, dass man Landstreicher spielte, romantische Nomaden-Gedanken hegte, um Lagerfeuer in den Wüsten Afrikas und Asiens hockte, Geschichten von der Straße erzählte und über das durchgeplante Leben der Sesshaften philosophierte, das so voller trister Wiederholungen war. So begann das Vagabundenleben der wachsenden westlichen Mittelklasse.

Erst kam die Beatgeneration, die, vom Debutroman des Schriftstellers Jack Kerouac «On the Road» inspiriert, auf dem amerikanischen Kontinent herumreiste, Bebop hörte, Auto und Bus fuhr, trampte und Hobo spielte, indem sie als blinder Passagier auf Güterwagen durch die öde Landschaft von Utah, Arizona und Colorado nach Westen reiste. Dann kamen die Hippies, die gegen Krieg und Kommunismus protestierten und über den «Hippietrail» auf dem Landweg von Europa nach Asien fuhren. Erst dann folgten all die anderen. Die Rucksacktouristen, die Interrailer, die Reisenden per Schiff und per Flugzeug. Was einst der einzige Ausweg für die Armen und Ausgestoßenen gewesen war, wurde nun zur selbstgewählten Freiheit der Reichen. Und ich war einer von ihnen.

Es ist meine erste Reise auf eigene Faust. Ich liege mit meinem winzigen Rucksack aus blauem Segeltuch und einer knappen Reisekasse von ein paar wenigen Reiseschecks und einigen eingetauschten Schekel auf einer Wiese in einem Park in Jerusalem und knabbere an einer Gurke, weil mein Budget kein Mittagessen in einem Restaurant erlaubt. Heute Abend mit Schlafsack in einem Saal in der Jugendherberge, morgen mit ein paar anderen Trampern um ein Feuer an einem Strand, nächste Woche mit einem Bus durch die Wüste nach Kairo. Dazu das leise brodelnde Glücksgefühl, (fast) pleite und (fast) frei wie ein Vogel und (vollkommen) von dem Empfinden erfüllt zu sein, dass die Welt so viel mehr zu bieten hat als schwedische Reihenhaus-Siedlungen mit Fingerstrauch und Hagebuttenhecken.

Was ich damals nicht begriff, war, dass ein Zuhause und ein Notausgang aus dem Reisen die Voraussetzung für mein Vagabundenglück waren. Ich konnte jederzeit mein Landstreicherleben abbrechen und mich nach Hause zurückbegeben, zu Mama, Papa und dem Wohlstand. Das, was für andere eine alltägliche Überlebensstrategie war, war für mich und die anderen Freizeitvagabunden nur ein Spiel.

Im Film «Wild» von 2014 gibt es eine Szene, in der die Hauptdarstellerin Reese Witherspoon in ihren teuren Wanderschuhen am Straßenrand steht und trampt. Ein Auto hält an, ein Reporter der «Hobo Times» (die Landstreicher-Nachrichten) springt heraus und beginnt Fragen darüber zu stellen, wie es sich anfühlt, obdachlos zu sein.

«So ein Landstreicher bin ich nicht», unterbricht sie ihn barsch. «Ich bin freiwillig hier draußen und wandere den Pacific Crest Trail.»

Doch der Reporter kann seine vorgefasste Meinung nicht ablegen: Sie muss zu den Ausgestoßenen der Gesellschaft gehören. Jemand, der in den USA freiwillig aus dem Auto steigt und anfängt zu laufen, muss sich in Not befinden. Oder aus dem Gefängnis entflohen oder auf Einbruchstour sein. In den USA allgemein und in der Landschaft der gated communities von Kalifornien im Besonderen sind Fußgänger per definitionem sozial missraten und stets verdächtig, kriminell zu sein.

Der Film geht auf das Buch zurück, das die Amerikanerin Cheryl Strayeds über ihr eigenes Leben geschrieben hat. Als sie zweiundzwanzig Jahre alt war, zerfiel ihr bisheriges Leben, als ihre junge Mutter an Krebs starb und die Familie auseinanderbrach. Cheryl floh vor dem Alltag und vor ihrem Mann, indem sie mit verschiedenen Männern manische Liebesbeziehungen einging. Einer von ihnen nahm Drogen, und bald war auch Cheryl heroinabhängig. Sie verlor alles, dazu auch ihr Selbstvertrauen, die Richtung und den Sinn ihres Lebens. Dann begab sie sich als eine Art Therapie gegen die Selbstverachtung allein auf eine dreimonatige Wanderung von Mexiko zur kanadischen Grenze.

Einsam durch Schnee und Wüsten in zu kleinen Wanderschuhen und mit einem zu schweren Rucksack beging sie alle Fehler, die ein Wanderer machen kann, doch sie lernte aus den Missgeschicken und fing am Ende an, sich selbst zu achten. Heute ist sie wieder sesshaft, mit Mann und Kindern.

Cheryl hat sich selbst gerettet, indem sie für eine Zeit lang in ihrem Leben Vagabundin wurde. Das Wort stammt von dem lateinischen Adjektiv vagabundus, das «geneigt zu wandern» heißt, was wiederum von dem Verb vagor, «zu wandern», kommt. Das Vagabundieren musste nicht immer nur eine Flucht vor Armut und Unterdrückung sein, es konnte auch die Suche nach geistiger Erhöhung darstellen – was wiederum an Cheryl Strayeds therapeutische Wanderung auf dem Pacific Crest Trail erinnert.

Der geistige Aspekt des Wanderns hat eine lange Geschichte. Jesus fordert seine Anhänger auf, alle ihre Habseligkeiten wegzugeben und Wanderer zu werden. In Asien gilt das Wandern als eine der besten religiösen Handlungen. Buddhas Anhänger und die Sadhus des Hinduismus geben das Weltliche auf und verlassen ihr Zuhause, um zur geistigen Erleuchtung zu wandern. Dieselbe rituelle Wanderlust findet man in den großen Weltreligionen. Christliche, jüdische, muslimische und zoroastrische Prediger mit ihren Wurzeln im Herzland des Nomadentums, den Wüsten des Nahen Ostens, haben die Herdenmetaphern benutzt und die Pilgerwanderung gepredigt. Der St. Olavsweg zum Nidarosdom in Trondheim, der Jakobsweg zum Grab des Apostels Jakob in Santiago de Compostela, die Wallfahrt der Hindu zum Kumbh Mela und die Reise der Muslime zum Kaaba-Schrein in Mekka –

das alles ist eine Therapie zur Linderung der Plagen der Sesshaften und eine rituelle Wiederholung der Wanderungen der Nomaden.

Das Wandern des Nomadenlebens scheint noch in unseren Genen zu liegen. Harry Martinson glaubte das jedenfalls. Jahrtausendelang habe der Mensch seinen Hang zum Nomadentum verdrängt, so schrieb er, als er nach ein paar Jahren des Herumreisens als Matrose auf Schiffen, die auf den Handelsrouten nach Asien und Südamerika fuhren, zurückkehrte. Und dann: «Wie Brauereipferde stampfen die Menschen auf ihren Ackerstückchen über die ganze Welt», schrieb er und wurde von seinen Kritikern dafür verhöhnt.

Harry Martinson meinte nicht nur die klassenlose Gesellschaft am Horizont erkennen zu können, sondern auch die nomadisierende Gesellschaft. Er sah die Menschen in ständiger freiwilliger Bewegung. «Das Utopia, das ich sehe: ist das dynamisch organisierte Nomadenleben auf der Erde, das Menschenprojekt des Wandels. Ziel dieser Entwicklung wird das geistig und emotional universale Individuum sein.»

In seinem Manifest über den Weltnomaden, das 1931 in der «Stockholms-Tidningen» und in dem Buch *Resor utan mål* («Reisen ohne Ziel») veröffentlicht wurde, sah er vielversprechende Anzeichen in der Sowjetunion: «Auf den Riesenfarmen in Russlands neuem Kollektivackerbau ziehen die Arbeiter während der Ernte in riesigen Zelten auf den von Getreide sirrenden Steppen umher.» Zuversichtlich fasste er seine revolutionäre Vision darin zusammen, dass alle Kulturen nur Etappen auf dem Weg zum Höchsten seien, wenn alle Einwohner der Erde Weltnomaden geworden seien. «Gib uns Wahrheit und Weitblick. Lass uns unser Vaganten-Lied einstimmig singen. Wir haben die ersten Signale vernommen. Wir sind auf dem Weg. Der Zug geht – in die Zukunft.»

Ein Volk, das ständig in Bewegung ist. Eine Welt ohne Grenzen. Warum kommt uns diese Utopie so verlockend vor? Vielleicht, weil sie eine Utopie ist und nicht mehr? Im 19. und im 20. Jahrhundert war Kosmopolit ein Begriff, der für denjenigen verwendet wurde, der keine Heimat hatte. Und für diejenigen, die sich nach einer Welt sehnten, in der die Nationalstaaten abgeschafft sind.

In den Jahrzehnten vor dem Ersten Weltkrieg war das kaiserliche Wien die kosmopolitischste Stadt Europas, in der verschiedene europäische Kulturen Seite an Seite leben konnten. Zuvor in der Geschichte haben wir strikte Regeln gehabt, die die Bewegungsfreiheit einschränkten, sowohl was Vergnügungsreisen als auch was Ein- und Auswanderung anging. Als Schwede brauchte man lange für Auslands- wie für Inlandsreisen einen von der Heimatgemeinde ausgestellten Pass oder Passierschein. Doch 1860 führten Schweden und mehrere andere europäische Länder die Passfreiheit ein. Danach durften wir in unserem Teil der Erde – abgesehen von Russland – frei herumreisen. Der Mensch sollte die Möglichkeit haben, sich ein besseres Leben zu suchen, argumentierte man, auch wenn Ausländer in Schweden immer noch eine Genehmigung brauchten, um ein Geschäft aufmachen zu können, und auch wenn Landstreicher, also Reisende ohne Geld und Ressourcen, immer noch gefangengenommen und ausgewiesen werden konnten. Hatte man aber Geld, dann konnte die Bildungsreise ohne Pass durch ganz Europa gehen.

Doch unter der Oberfläche wuchs die Idee von einem Land, einem Volk und einer Sprache heran. Die nationalen Vorstellungen gingen davon aus, dass die Gesellschaft dasselbe war wie ein Nationalstaat. Das kosmopolitische Kaiserreich von Habsburg knarrte in den Fugen, während im Nachbarland Deutschland der Nationalismus wuchs und immer mehr Leute meinten, dass die Menschen durch Erde und Blut vereint wären und nicht durch

Ideen und Kultur. Heinrich Heine stellte 1856, kurz vor seinem Tod, fest, dass das Herz des Deutschen «... enger wird, dass es sich zusammenzieht wie Leder in der Kälte, dass er das Fremdländische hasst, dass er nicht mehr Weltbürger, nicht mehr Europäer, sondern nur ein enger Deutscher sein will.»

Heine sollte recht behalten. Nach ihm kamen der Krieg, das Stahlbad, die Zäune und die Mauern. 1917 führte Schweden wieder Pass- und Visumzwang ein, dasselbe geschah in den anderen Ländern Europas. Viele meinten wohl, dass es sich nur um eine vorübergehende Maßnahme als Folge des Krieges handele, dass die lästigen Pässe bald wieder verschwunden sein und die Grenzen geöffnet würden. Doch es wurde niemals mehr wie zuvor.

Im nationalsozialistischen Deutschland als Kosmopolit bezeichnet zu werden, war ein Todesurteil. Alle, die Opfer des systematischen Massenmordes wurden, hatten den Namen Kosmopolit bekommen. Die Nazis sagten Juden, meinten aber Kosmopoliten. Die Stalinisten sagten Kosmopoliten, meinten aber Juden. Beide bezogen sich damit auf Menschen, die angeblich zu einer anderen Gemeinschaft als der nationalen gehörten. Auch Roma und reisendes Volk gehörten dazu, Menschen, die sich mal im einen, mal im anderen Land aufhielten, die hie und da Sitten mitnahmen und keine eindeutig zuzuordnende Loyalität zu nationalen Gruppen hatten, sondern vielmehr Empathie für Menschen auf der anderen Seite der Grenze zeigten. Womöglich waren sie sogar mit dem Feind verwandt. Kurz gesagt: Das waren unzuverlässige Gestalten in einem Land, das seinen Bürgern Gehorsam gegenüber Nation und Armee abverlangte. Diese verdammten Weltbürger könnten ja auf die Idee kommen, zu zögern, wenn sie den Befehl bekämen, einen Menschen mit einer anderen Nationalität zu erschießen.

Der deutsche Soziologe Ulrich Beck schrieb in seinem Buch «Der kosmopolitische Blick oder: Krieg ist Frieden» (2005), man habe Kosmopoliten als irgendetwas zwischen «Menschen ohne Wurzeln, Feinden und Insekten, die man vertreiben, verbannen und vernichten kann oder sogar muss», betrachtet. Die Nobelpreisträgerin Nelly Sachs, deren Bücher 1933 verbrannt wurden, und die einige Jahre später nach Schweden floh, konstatierte mit klarem Blick: «An Stelle von Heimat halte ich die Verwandlungen der Welt.» Wer würde es wagen, so etwas im heutigen Europa zu rufen, wo wir oft eher zu hören bekommen: «Das ist unser Zuhause! Riegelt die Grenzen ab! Geht dahin zurück, wo ihr hergekommen seid!»

Ist in einer ungleichen und ungerechten Welt die Idee von einer Weltbürgerschaft nicht ein wenig utopisch? Würde das in der Praxis funktionieren? Würden sich die Menschen nicht verloren fühlen? Würde nicht Chaos entstehen? Der deutsche Schriftsteller und Dramatiker Heinrich Laube, der wegen seiner Kritik an der deutschen Eingeschränktheit Mitte des 19. Jahrhunderts mehrfach im Gefängnis saß, stellte düster fest: «Der Patriotismus ist einseitig und klein, aber er ist praktisch, nützlich, gibt Ruhe und Freude. Der Kosmopolitismus ist herrlich, großartig, aber fast zu groß für einen Menschen.» Ulrich Beck konnte da hundert Jahre später nur zustimmen: Das Heimatland habe trotz allem noch einen therapeutischen Wert, während das Kosmopolitische in die Verlorenheit führen könne.

Trotzdem meinte Ulrich Beck, es gebe heute Zeichen dafür, dass der Nationalismus schwächer würde und das Kosmopolitische wieder zu wachsen begänne, und dachte dabei an den Irakkrieg zu Beginn des 21. Jahrhunderts. Dieser Krieg sei der erste gewesen, der als ein Geschehnis «in der Innenpolitik der Welt» betrachtet worden sei. Die Empathie für Kriegsopfer und Flüchtlinge sei nicht länger von nationalen Grenzen eingeschränkt worden. «Wenn man sich aus einer kosmopolitischen Perspektive fragt, woher der globale Protest gegen den Krieg im Irak in vielen Großstädten der Welt Nahrung bekam, stößt man auf eine kosmopolitische Empathie. Die Demonstrationen wurden von etwas angetrieben, das man eine emotionale Globalisierung nennen könnte.» Das Kosmopolitische, so stellte der deutsche Soziologe fest, sei endlich aus seinem philosophischen Luftschloss getreten.

Parallel dazu wachse aber der neue Nationalismus, der introvertiert sei und sich gegen das Eindringen der globalen Welt wehre. Man kauere sich zusammen, schirme sich ab. In solchen Zusammenhängen entstehe «eine Intoleranz, die sich gegen alles und alle richten kann. Da lauert die Gewalt.» Die Welt ist also gleichzeitig in zwei verschiedene Richtungen unterwegs, eine, die sich schließt, und eine, die sich öffnet. Die Hoffnung, so sah es Ulrich Beck, stehe damals wie heute aufseiten der kosmopolitischen Kraft. Die Hoffnung sorge dafür, dass die alten Einordnungen «drinnen und draußen» ihre bindende Kraft verlören.

Endlich unterwegs

Der Busbahnhof in Jhansi unterscheidet sich nicht großartig von anderen solchen Stationen in den dicht bevölkerten Städten Südasiens. Ein Schotterplatz mit verwittertem Regendach aus rostig angelaufenem Blech, winzig kleine Holzkioske mit abblätternder Farbe, herumfahrende Karren, die gekühltes Leitungswasser für eine Rupie das Glas verkaufen, und etwa zehn Jahre alte Jungen, die mit Bambuskörben voller überreifer Bananen zwischen den Bussen herumlaufen und rufen «Ten rupies, ten bananas!». Der schwere Dunst von Dieselabgasen, Räucherstäbchen und frittiertem Fastfood hängt zwischen den verbeulten Bussen, und irgendwo oben Richtung Himmel schwebt die Verheißung eines anderen Lebens: eine riesige Werbetafel für ein Abenteuerbad mit Wasserrutschen und glasklarem blauen Wasser. So unglaublich durchsichtig, kühl und sauber. Ein Trugbild in der heißen Schotterwüste der Busstation.

Überlastete Fahrzeuge mit gefährlicher Schlagseite, hinter denen eine Wolke von schwarzem Rauch hängt, rollen von Westen herein und biegen mit kreischenden Bremsen, quietschender Federung und klapperndem Blech auf den staubigen Platz ein. Andere überlastete Busse mit heulenden Motoren und brüllenden Hupen legen einen Kickstart hin und verschwinden gen Osten.

Der Bus ohne Namen und Nummer ist grün und schrottreif. Aber er hat eine Registrierungsnummer – UP 93E2713 –, die mit krakeligen Pinselstrichen auf die Innenseite der Karosserie gemalt ist. Und in der Nische, die die Windschutzscheibe in zwei Teile teilt, hängt Krishna mit seinem blauen Gesicht in einem Bilderrahmen, dekoriert mit orangefarbenen Tagetesblüten.

Ich besteige den Bus, als die Sonne im Zenit steht. Der Bus ist bereits seit Sonnenaufgang unterwegs gewesen. Aber jetzt scheint er die Richtung verloren zu haben. Im niedrigsten Gang kriechen wir durch die Straßen in Jhansi. Ich bin frustriert. Ich will endlich los. Will spüren, wie der Wind durch die Seitenfenster bläst. Will Kilometer um Kilometer hinter uns verschwinden sehen. Will spüren, wie das Ziel näher kommt. Doch der Bus benimmt sich, als hätte er noch nicht entschieden, ob er in Jhansi bleiben oder sich auf eine Reise begeben will.

Der Fahrer kurbelt das Seitenfenster herunter und schiebt den halben Körper heraus, dabei hat er seinen ausgestreckten linken Arm noch auf dem Lenkrad. Der Schaffner lehnt sich auf der anderen Seite aus der offenen Tür, bis er, die Hände um die Türleiste geklammert, außerhalb des Fahrzeugs hängt.

Beide rufen die Endhaltestelle des Busses aus:

«Khajuraho, Khajuraho, Khajura...hooo!»

Dann atmen sie kurz durch und machen unisono weiter, diesmal noch lauter und die letzte Silbe wird noch länger gezogen:

«Khajuraho, Khajuraho, Khajura...hoooooooooo!»

Manchmal zeigen sie auf einen Fußgänger, an dem der Bus

langsam vorbeigleitet, sehen ihn mit auffordernder und erwartungsvoller Miene an und fragen: Khajuraho? Einige schütteln ablehnend den Kopf und gehen weiter Richtung Basar, Büro oder Acker. Andere wiegen den Kopf auf diese typische indische Art, die so viele Westler erstaunt, hin und her, springen auf den fahrenden Bus auf und halten nach einem Sitzplatz Ausschau. Auf diese Weise gelingt es dem Fahrer und dem Schaffner, sechs weitere Passagiere zu überreden, sich in den bereits voll besetzten Bus zu zwängen. Wir schieben uns zurecht. Es gibt immer noch Platz für einen mehr und noch einen und noch einen.

Während unser Platz zum Sitzen immer kleiner wird und wir aneinandergepresst werden, denke ich darüber nach, wie wohl der Entscheidungsprozess in den Köpfen der scheinbar planlos durch die Straßen schlendernden Bewohner Jhansis ausgesehen hat, die eben noch nicht vorhatten, die Stadt zu verlassen, aber jetzt doch hier drinnen Schulter an Schulter neben uns anderen sitzen und sich von den Mitreisenden Erdnüsse aus Zeitungspapiertüten anbieten lassen. Vielleicht haben sie gedacht: «Khajuraho? Gute Idee! Ja, warum eigentlich nicht? Es spricht nichts gegen einen Ausflug nach Khajuraho.»

Der Kilometerstein sagt, dass es bis zur Endstation des Busses einhundertachtundsiebzig Kilometer sind. In Europa würde diese Reise zwei Stunden dauern. In Indien benötigt man für dieselbe Strecke fünf, sechs oder auch sieben Stunden. So genau weiß das niemand.

Nun legt der Fahrer geräuschvoll einen höheren Gang ein, und der Motor im Bauch des grünen Blechmonsters heult vor Aufregung. Genug getrödelt. Jetzt wird Gas gegeben. Wir fahren durch kleine, aber lebendige und vollgestopfte Städte, die nach verbranntem Laub und Kuhdung riechen. Über Kreuzungen und an Hunderten kleinen, mit Girlanden aus Waschmittel und Shampoo in Stanniolverpackungen behängten Kioskbuden und

Klitschen vorbei, über offene Abflussgräben mit einer zäh fließenden, schwarzen Soße, inmitten unendlich vieler, in ein kompliziertes Verkehrsmikado verflochtener Fahrräder und geparkter, in allen Regenbogenfarben bemalter Lastwagen, die mit der Aufforderung «Horn, please!» versehen sind.

Hier duftet alles mehr, bewegt sich mehr und tönt mehr, als ich es gewohnt bin. Es ist, als würde der Klingelton meines Handys sich diesem Angriff ergeben. Ich höre es nicht mehr. Hingegen höre ich das Handytüddellüt der Inder, das oft aus bekannten Bollywoodsongs besteht und so laut gestellt ist, dass es durch alle störenden Hintergrundgeräusche hindurchdringt. Ich höre auch die druckverstärkten Hupen der Lastwagen, die Tote aufwecken könnten, die Lockrufe der Verkäufer, das Pingeln der Tempelglocken, die Minarettrufe der Moscheen und dann plötzlich – kaboum! – dumpf dröhnende Basstrommeln, die von heulenden und tutenden Klarinetten übertönt werden. Ein marschierendes Hochzeitsorchester, wie sich herausstellt.

Durch die offenen Seitenfenster weht der süße Duft von Girlanden aus Jasmin, Lotus und Chrysanthemen, die in ordentlichen Stapeln auf den fahrbaren Holzständen des Basars liegen, durch den sich der Bus hindurchboxt. Die kleine Stadt siedet vor Aktivität. Alles in der flimmernden Mittagshitze ist in eine hellbraune Schicht Staub gehüllt. Nichts ist neu, ganz oder glänzend, alles halb fertig und abblätternd. Nichts ist still. Alles in Bewegung.

Die Busfahrt durch die lebendige Umgebung fühlt sich wie die Essenz des Reisens auf eigene Faust an. Niemand hat geputzt, etwas arrangiert oder geschmückt, weil ich zu Besuch komme, sie wussten ja nicht einmal, dass ich auf dem Weg bin. Und wenn ich mit irgendetwas nicht zufrieden bin, gibt es keine Instanz, bei der ich mich beklagen und mein Geld zurückverlangen könnte, so wie es wäre, wenn ich eine Pauschalreise gebucht hätte. Ich bin aus eigenem Antrieb hier. Planung und Durchführung liegen in meiner eigenen Verantwortung. Ich habe keine Reisegesellschaft, sondern nur mich selbst. Die unberechenbare, sich ständig verändernde Wirklichkeit inszeniert die Show von gestern, heute und morgen. Niemand weiß, was als Nächstes passieren wird, am allerwenigsten ich selbst. Gewiss, irgendwann erreiche ich mein Ziel. Aber wann? Vielleicht vor dem Sonnenuntergang, vielleicht erst um Mitternacht. Das hier ist das verkehrte Land – hier ist die Verspätung das Normale und der Fahrplan das Ungewöhnliche. Dass ich trotz allem nicht frustriert und unruhig bin, so wie sonst, wenn der Bus zur Arbeit zehn Minuten verspätet ist, bedeutet, dass ich auf gutem Wege bin, in den anderen Lebenstakt hineinzukommen und die Seele des Reisens zu entdecken.

Und schon dröhnt das grüne Blechmonster aus der Stadt hinaus, an dunklen, frisch gepflügten Kartoffelackern und prachtvollen in Rot prangenden Flammenbäumen vorbei. Traktoren, die Rinnen ins Feld ziehen, und Frauen, die mit großen Bündeln trockener Äste auf dem Arm und Wasserkrügen aus glänzendem Blech auf dem Kopf auf den Pfaden zwischen den Ackerstreifen gehen. Selbst die ländliche Umgebung vibriert von Leben. Überall sind Menschen und Tiere. Überall Arbeit und Plackerei. Und dennoch kommt einem die Landschaft im Herzen Indiens in dem diesigen Sonnenlicht friedlich und verträumt vor.

Der Bus rollt eifrig und ungeduldig weiter durch eine Allee mit Ästen und Blättern, die sich über die Straße wölben, um sein Ziel zu erreichen, ehe die Sonne untergeht.

Und genau da wünsche ich mir, nirgendwo anders zu sein.

Durch eine für mich jungfräuliche Landschaft zu fahren, ist berauschend. Es ist, als würden die Sinne geschärft und als würden die Dinge zu mir sprechen. Nichts ist unbedeutend, trivial oder alltäglich. Alles bedeutet etwas, hat eine Botschaft und ist ein kleiner, aber bedeutungsvoller Teil von etwas Größerem.

Wenn die Eindrücke mich überspülen, ist es, als könne ich die unsichtbaren Fäden erkennen, die erklären, warum etwas so aussieht, wie es aussieht, und warum die Menschen tun, was sie tun. Zumindest bilde ich mir das ein. Diese Erkenntnis ist es, die mich berauscht, ganz gleich, ob sie echt ist oder falsch.

Eines Morgens steige ich in Amritsar, dem allerheiligsten Ort der Sikh, im Nordwesten Indiens nahe der Grenze zu Pakistan, aus dem Nachtzug und nehme eine Fahrradriksha zum Mittelpunkt der Stadt, dem Goldenen Tempel. Ich betrete die Gebetshalle, in der sich eine fremdartige Hymne, die dem unteilbaren Gott gewidmet ist, zum Dach erhebt, wo Tausende blaue und rote Stanniolstreifen im Windzug der elektrischen Ventilatoren rascheln. Und ich stehe lange da und betrachte die Menschenschlange auf der Brücke, die direkt in das Bassin zur Insel mit Hari Mandir, dem allerheiligsten Gebäude der Sikh, führt, wo das Grant Sahib, das allerheiligste Buch der Sikh, in einem überbordend geschmückten Andachtsraum aufbewahrt wird.

In dieser goldglänzenden, gottesfürchtigen und von ihrer eigenen Heiligkeit erfüllten Stadt begegne ich einem anderen Abtrünnigen. Der vierundzwanzigjährige Praveen Dixit kam auch heute Morgen mit dem Zug. Als er mich sieht, hat er eben im Sri Guru Ram Das Niwas eingecheckt, der größten und ältesten der drei Pilgerherbergen. Morgen wird er zu arbeiten beginnen, die Zeitung «Mandi Reporter» schickt ihn, um einen Artikel über Aussaat und Mühlen und über das Landwirtschaftsorgan des Punjab zu schreiben.

«Können wir zusammen in den Tempel gehen?», bittet er so kläglich und geradeheraus, dass ein Nein sich anfühlen würde, als ließe man einen alten Freund im Stich.

Wir gehen gemeinsam, und nach dem Tempelbesuch spazieren wir unter einem Wirrwarr von Elektroleitungen, die wie

Lianen in einem zugewachsenen Dschungel aussehen, in die zusammengewürfelten Gassen der Altstadt. Er wirkt gestresst und unsicher. Es ist seine erste Reportagereise, erzählt er, er ist allein in der fremden Stadt und außerdem hat er ein leichtes Fieber. Er fühlt sich verletzlich.

Nach einem Monat des Reisens in Indien habe ich einen siebten Sinn erworben, um zu erkennen, ob Menschen, die Kontakt zu mir aufnehmen, etwas verkaufen wollen, mich hereinzulegen versuchen, gesellschaftssüchtig oder ganz einfach nur neugierig auf Menschen im Allgemeinen und Ausländer im Besonderen sind. Er ist der ehrliche, neugierige Typ. Sein Gesicht ist ein offenes Buch und leicht abzulesen. Dafür bin ich sehr dankbar.

Wir treffen uns zwei Tage lang hier und da, trinken Tee und erkunden den Tempel. Eines Abends nehmen wir eine Fahrradriksha vom heiligen Mittelpunkt der Stadt in ihr kommerzielles Herz, die Lawrence Road, wandern an exklusiven Bekleidungsgeschäften, glitzernden Juwelierboutiquen und parkenden Autos vorbei und werden vor einer Eisdiele in eine Menschenmenge gedrängt. Praveens Augen funkeln, und ich begreife, dass für ihn der glitzernde Kommerz auf der Lawrence Road und nicht die goldene Pracht im Goldenen Tempel die eigentliche Sehenswürdigkeit von Amritsar darstellt. Wieder und wieder bleibt er vor den modernen Geschäften stehen und murmelt «very beautiful».

«Sie sind ein sehr gebildeter Mann», sagt er, als wir jeder auf einem roten Plastikstuhl auf dem Bürgersteig sitzen und Tee trinken, «sagen Sie mir, was kann ich tun, um Geld zu verdienen?»

«Das weiß ich nicht», antworte ich. «Alles, was ich verdiene, geht jeden Monat für Miete und Essen drauf. Da habe ich keine guten Ratschläge zu geben.»

Praveen sieht verwirrt aus. Er betrachtet mich, einen weißen, wohlgenährten Westler, der aus einem weit entfernten Land mit dem Flugzeug hierher geflogen ist.

Er erzählt, dass er umgerechnet ungefähr tausend Kronen im Monat verdient.

«Darf ich fragen, wieviel Sie verdienen?», fragt er schüchtern.

Am liebsten würde ich nicht antworten. Ich schäme mich dafür, dass mein Lohn so viel höher ist. Doch schließlich überwinde ich mich. Praveen macht große Augen. Die Summe, die ich nenne, so erklärt er mir, würden in Indien nur Direktoren in hohen Positionen und berühmte Filmstars verdienen.

Ich sage, dass ich nicht so lebe wie die. Ich habe keine Hilfen zu Hause, weder für Putzen noch für Kinderbetreuung, meine Freundin und ich kochen unser Essen selbst, fahren unser Auto selbst, waschen unsere Kleider selbst, bringen unsere Kinder selbst ins Bett, putzen unser Zuhause selbst ... Und ich höre dann auf mit dem Aufzählen aller Dinge, die wir ohne Hilfe von außen tun, weil er aussieht, als würde er sich an dem Tee verschlucken.

«Sie, ein gebildeter Mann mit so hohem Lohn, putzen die Toiletten? Sind Sie verrückt?», stöhnt er.

Ich bestehe darauf, ihn zu einem Eis einladen zu dürfen.

«Sie sind mein bester Freund,» sagt er zwischen zwei Löffeln Eis. «Das fühle ich aus der Tiefe meines Herzens.»

Nach zwei Tagen ist es Zeit, den Zug zurück nach Neu-Delhi zu nehmen, während Praveen, der mir langsam wie ein kleiner Bruder ans Herz gewachsen ist, noch ein paar Tage bleiben wird, um seinen Landwirtschaftsartikel zu schreiben. Als ich auf dem Bahnsteig stehe und zwanzig Minuten, ehe der *Golden Temple Mail* losfahren wird, eine Zigarette rauche, sehe ich, wie er vom Bahnhofsgebäude angelaufen kommt.

«Ah, da sind Sie. Ich bin zu Ihrem Hotel gegangen, um mich zu verabschieden, aber da waren Sie bereits abgereist.»

Da sehe ich, dass er zum ersten Mal eine Brille trägt, ein ovales, fast rundes goldfarbenes Metallgestell, genau wie ich es habe.

«Die habe ich heute gekauft ... aber es ist nur Fensterglas.»

Er nimmt sie ab und steckt sie in die Brusttasche.

Als ich mir eine weitere Zigarette anzünde, will er auch eine haben. Weil ich ihn bis dahin noch nie habe rauchen sehen, frage ich forsch als der große Bruder, als der ich mich fühle:

«Rauchen Sie wirklich?»

«Neee.»

Widerwillig lade ich ihn zu einer Zigarette ein. Er pafft ungeübt, sieht mich bewundernd an und sagt:

«Aber Sie tun es.»

«Rauchen ist nicht gut», wende ich in meiner vernünftigsten Stimmlage ein.

«Nein, es ist schlecht zu rauchen, aber Sie sind ein guter Mensch», sagt er.

Erst jetzt verstehe ich, was für einen großen Eindruck ich auf ihn mache. Er, ein erwachsener Inder, noch unverheiratet und in seiner neuen beruflichen Rolle als Reporter noch ungeübt. Ich, ein älterer Kollege, der aus dem technisch und wirtschaftlich hochstehenden Westen kommt, Redakteur bei einer Zeitung ist, die im Gegensatz zum *Mandi Reporter* Farbbilder druckt, und der darüber hinaus mehr Geld verdient und besseres Englisch spricht als er.

«Okay, ich höre auf zu rauchen, wenn Sie nicht anfangen», sage ich in einem Versuch, meine Heldengloriole mit Verantwortungsgefühl zu verwalten.

«Okay», sagt Praveen mit funkelnden Augen.

Dann geht er, unsentimental und eilig. Seine hoch aufgeschossene Figur wird bald vom Menschengewimmel verschluckt, und sein «bye, bye» ist in der Kakophonie aus knasternden Lautsprecherdurchsagen und Ausrufen der Teeverkäufer kaum zu vernehmen.

Zwei Tage! Wer erinnert sich schon an so kurze Bekanntschaften, wenn die Zeit darüber hinweggegangen ist? Dennoch dachte ich noch lange über das Zusammentreffen mit Praveen nach, vielleicht wegen des Gefühls, das ich bekam, als mir die Hierarchie klar wurde, die zwischen uns herrschte. Meine Vorstellung davon, dass ich mich als verwahrloster Rucksack-Landstreicher auf demselben Niveau befände wie die Lokalbevölkerung, bekam einen Knacks. Wir stammten aus unterschiedlichen Welten und lebten in ganz unterschiedlichen wirtschaftlichen Verhältnissen. Dennoch hatte diese Erkenntnis nichts Bedrückendes. Trotz der Unterschiede konnten wir beide Gewinn aus unserer Begegnung ziehen.

Doch es gab noch etwas anderes, das mich das Treffen nicht vergessen ließ. Etwas, das so deutlich hervortrat, wenn wir sprachen und Vergleiche zogen. Ich, aufgewachsen in einer modernen und säkularisierten Gesellschaft, suchte und fand das Exotische in den wimmelnden Basaren und den anderen Heiligtümern, während er, aufgewachsen in einer Umgebung, die in mehrfacher Hinsicht der meinen direkt entgegengesetzt war, hauptsächlich den Schmutz, das Durcheinander und Dysfunktionale sah. Ich sehnte mich nach orientalischer Schönheit. Ihn verlangte es nach meiner technologisch entwickelten Welt, nach dem Grauen, Geraden und Vorhersagbaren, nach all dem, wovor ich zu fliehen suchte.

Viele Begegnungen bleiben kurz und oberflächlich, manche sogar wortlos. So wie die, als ich von einem der schnurgeraden Boulevards in den riesigen Schachbrett-Vierteln Pekings mit ihren hohen Wolkenkratzern in eine Gasse eines Hutongs abbog. Hier in den traditionellen Vierteln mit niedrigen Einfamilienhäusern, in denen so wie früher gelebt wird, schmutzig, unmodern, reich an Gerüchen und ungeordnet, aber auch offen gegenüber der Umwelt und ohne sichtbaren Stress, stand ich plötzlich vor einem dunklen Laden, der Teekannen und Teetassen verkaufte.

Draußen saß ein alter Mann und hielt Ausschau, als wartete er darauf, dass jemand bald kommen und ihm Gesellschaft leisten würde. Sein Gesicht war schrumpelig wie eine Rosine, die Augen lagen tief in ihren Höhlen, so dass man dort, wo man Pupillen erwartete, nur zwei kleine Striche wahrnehmen konnte. Er lächelte mich mit dem ganzen Gesicht an, so dass die Schlitze noch schmaler wurden, und bedeutete mir mit den Händen, dass ich mich auf einen winzigen Plastikhocker neben ihn setzen solle.

Vor uns stand ein niedriger Tisch, der so klein war, dass er für eine Puppe gepasst hätte. Als ich mich setzte, servierte er Tee in einer Tasse, die aus einem Puppenservice stammen konnte und nur einen einzigen Schluck enthielt. Ich trank aus, und der Mann schenkte mir nach. Auch das trank ich in einem Schluck. Er schenkte nach. Ich trank aus. Er schenkte wieder nach …

So machten wir eine Viertelstunde lang weiter, während wir ohne gemeinsame Vokabeln, jedoch in dem starken Willen, einander trotzdem zu verstehen, Konversation betrieben. Ich habe vergessen, was wir einander zu erzählen versuchten, indem wir bloß die Körpersprache und kurze konzentrierte Sätze benutzten, von denen der andere keinen Schimmer verstand. Vermutlich waren es vor allem Platitüden über China und Schweden. Was ich jetzt, einige Jahre später, noch erinnere, ist das sehr starke Gefühl seiner Gegenwart, als er da saß, Tee trank und versuchte, mit mir zu reden, mit einem Fremden, der, wenn man unsere Kommunikationsprobleme bedenkt, genauso gut von einem anderen Planeten kommen konnte.

Eine Begegnung. Kurz, zufällig, intensiv, ein wenig verkrampft, aber dennoch offenherzig, aufgrund von Kulturunterschieden und Kommunikationsproblemen leicht verwirrend und deshalb absurd und unvollkommen. Ein Irrlicht, das plötzlich verglomm, aber in Erinnerung blieb und sich so viel größer und wichtiger anfühlt als so viele andere triviale Geschehnisse an diesem Tag, in dieser Woche, auf dieser Reise.

Zug, bring mich fort!

Als in der Mitte des 19. Jahrhunderts die Eisenbahn gebaut wurde, revolutionierte sie nicht nur das Reisen. Bahnsteige und Zugabteile wurden zu Lieblingsplätzen von Poeten und Romanautoren. Das Dröhnen auf den Schienenstößen, die schnaubende Dampflok und die klappernden Waggons sowie die Tatsache, dass alles so technologisch avanciert war und so entsetzlich schnell ging, wurden Teil einer neuen Symbolwelt. Doch zu Anfang fand man die Eisenbahnen nicht sonderlich romantisch. Dass sie zur selben Zeit eingeführt wurden, als die Romantik in voller Blüte stand, brachte mit sich, dass viele Schriftsteller sie eher als Bedrohung ansahen. William Wordsworth, einer der ersten romantischen Dichter Englands, sah von seinem Zuhause in Somerset aus, wie die rauchende und dampfende Lok das pastorale Idyll verdarb, das er so gern besang. Als die Eisenbahnstrecke in den 1840er-Jahren durch seinen Heimatort gebaut wurde, schrieb er ein Gedicht, in dem er empört fragte, ob es nicht «einen einzigen Winkel auf Englands Boden» gäbe, der vor ihrem Eindringen geschützt sei.

Selbst die Besucher des Grand Café in Paris im Frühjahr 1895 empfanden die Ankunft des Zuges als Bedrohung. Hier zeigten die Gebrüder Lumière den ersten beweglichen Film der Welt: «Der Zug fährt in den Bahnhof Ciotat ein». Als die Menschen im Publikum die Dampflok auf der Leinwand auf sich zurasen sahen, sprangen sie auf, um zu fliehen.

Das hohe Tempo des Zuges, ungefähr fünfzig Stundenkilometer, wurde zu einer Metapher für die schnelle Industrialisierung und Urbanisierung der vorigen Jahrhundertwende. In einem Antiquariat in Skellefteå finde ich die Anthologie «Zugpoesie», die 1981 in einem Verlag mit dem kongenialen Namen Bokomotiv [Bok=Buch, Anm. d. Ü.] herausgegeben wurde und wie ein altmodischer Zugfahrschein auf dickem Karton gestaltet ist. Ich überfliege die Seiten, auf denen die Dichter von der Eisenbahn mal fasziniert und dann wieder darüber erschrocken sind, und lande bei Bo Bergmans Gedicht «Die Reise» von 1917, in dem der Zug so schnell fährt und durch so lange Tunnel, dass der Ich-Erzähler die Kontrolle verliert, Angst bekommt und sich um eine beruhigende Information an den Schaffner wendet:

Auf einem Zug kam ich in die Welt.
Es ist schwer, sich zurechtzufinden.
Jetzt fahre ich schon lang und die Reise
geht einfach weiter, und bald wird man
den Kopf neigen dürfen,
und niemand hat eine Rückfahrkarte.
Er dröhnt dumpf und Pfeifen tönen,
in der Dunkelheit, durch die ein eiliger Zug fährt.
Wann wird dieser lange Tunnel zu Ende sein?
Herr Schaffner, wann bin ich am Ziel?

Ich blättere weiter, finde Gustav Frödings «Thronwechsel» von 1894 und spüre, welche gemischten Gefühle er gegenüber der Geschwindigkeit des Zuges und der Umwandlung der Gesellschaft gehabt haben musste. In dem Gedicht stirbt nämlich König Kronos, und der Sohn erbt den Thron, um «der König des 19. Jahrhunderts» zu werden. Der neue König ist «eiligen Sinnes und leichten Fußes» und lenkt trotzig «die Flucht seines brausenden Eilzuges». Am Ende geht es ein wenig zu schnell, der Zug schnaubt und stampft in Rauch und Staub, und die Waggons sausen immer schneller und schneller vorüber:

> *Es war das rollende Jetzt, das*
> *hinter der nächsten Ecke verschwand.*
> *Die Alten, sie wenden sich langsam um,*
> *doch alles, was sie sehen, ist – Rauch.*

Als Jugendlicher war es nicht die *Zugpoesie*, sondern es waren die Eisenbahnfilme der Vierziger- und Fünfzigerjahre, die mein Begehren weckten. Sie handelten nicht mehr von metaphorischen Lebensreisen, sondern von den Zügen als vielversprechenden Begegnungsstätten, wo Menschen aus unterschiedlichen Teilen der Gesellschaft zufällig zusammengeführt wurden. Wie in David Leans «Kurze Begegnung» von 1945, wo sich die Hausfrau Laura im Bahnhofscafé auf den ersten Blick in den Doktor Alec verliebt. Laura fragt sich, wie sie so plötzlich einem fremden Mann verfallen konnte, wo sie doch glücklich verheiratet ist. Erstaunt bricht es aus ihr hervor:

«Ich bin doch ein gewöhnlicher Mensch, ich dachte, so etwas geschieht gewöhnlichen Menschen nicht.»

Doch in ihrem tiefsten Innern weiß sie, dass es der Bahnhof ist, der Treffpunkt der neuen Zeit, der als Katalysator das stillstehende bürgerliche Leben erschüttert.

Während der ersten hundert Jahre der Eisenbahngeschichte waren die Erste-Klasse-Abteile verschlossen und konnten nur vom Bahnsteig aus betreten werden. Der verschlossene Raum war wie geschaffen für Gespräche zwischen den unterschiedlichsten Reisenden, während draußen vor dem Fenster die Landschaft vorbeirauschte. Das Zugabteil wurde damit zum Lieblingsort nicht nur für Kammerspiele, sondern auch für Geschichten, in denen es um Übergriffe oder Mord ging. Die früheren Filmemacher waren schnell bei der Hand, sich die schauerliche Ästhetik des geschlossenen Raumes zu eigen zu machen.

In Russland erhielten die Eisenbahn und das Zugabteil eine ganz besondere und in nicht geringem Maße künstlerische Funktion, stellt der Übersetzer Lars Erik Blomqvist in seinem Vorwort zu Leo Tolstois «Kreutzersonate» fest. Das ist kein Wunder, schreibt er: «Der Bau der Eisenbahn gehörte zu den großen Projekten des zaristischen Russland, gerne mit ausländischer, vor allem französischer, Finanzierung. Hier sollten die Eisenbahngleise, leider mit einer anderen Spurbreite als im restlichen Europa, sowohl Großstädte als auch kleine Orte miteinander verbinden, deren Menschen noch nie zuvor die Möglichkeit gehabt hatten, einander zu begegnen. An Bord der mäßig bequemen Waggons lassen sich jetzt Bauern mit ihren Säcken nieder, arme Studenten, entlassene Militärs. Unzählige von ihnen findet man in der russischen Literatur und bildenden Kunst.»

Die Eisenbahn war eine Befreiungsreise von der elenden Heimat, und das Zugabteil eine Bühne für Monologe und Dialoge. Dafür gibt es zahlreiche Beispiele. Ilja Ehrenburg schreibt in seinem Schelmenroman «Julio Juanito» (1922) über einen russischen Immigranten in Paris, «der es gewohnt war, unbekannten Menschen an Bord von Eisenbahnwaggons seine Lebensgeschichte zu erzählen», und der deshalb seine Zuhörer immer auf einen Bahnhof mitnahm.

Auch ich ließ mich von der prachtvollen Eleganz der Abteile und Speisewagen verführen, mit roten Samtpolstern, dunklen Holzpaneelen und Schildern in glänzendem Messing, auch wenn es die Abteile mit dem Direkteingang vom Bahnsteig aus schon lange nicht mehr gab. Im «Orientexpress» von 1932 nimmt Graham Greene mit auf eine Reise in dem mythenumsponnenen Zug, der zum Sinnbild für den Glamour des Reisens in der Zwischenkriegszeit wurde. Die Hauptperson des Romans, ein gut gekleideter jüdischer Geschäftsmann, bemerkt, wie die Kellner auf den Gängen des Zuges auf und ab gehen und «Das erste Abendessen ist serviert!» rufen. Die gedeckten Tische im Speisewagen waren von kleinen Lämpchen mit malvenfarbenen Schirmen beleuchtet, und die Funken von der Dampflok leuchteten im Dunkel «wie Schwärme von roten Glühwürmchen, die von der Nacht angelockt worden waren».

Die Sehnsucht, die solche Formulierungen wecken, ist eine Erklärung dafür, dass der Orientexpress als ein unsagbar teurer Luxuszug (man muss mit siebzigtausend Kronen für die einfache Fahrt zwischen Paris und Istanbul rechnen) mit ein paar wenigen Fahrten im Jahr wieder aufleben konnte. Mehrere vergleichbare Luxuszüge mit Rundumservice, königlichen Goldkanten oder schwülstiger Kolonialromantik rollen von der Malackenhalbinsel (Eastern & Oriental Express zwischen Bangkok und Singapur), Südafrika (Rovovs Rail zwischen Kapstadt und Dar es-Salaam), Indien (Maharadscha Express auf Rundreise durch die Teilstaaten Rajasthan und Utta Pradesh) und Peru (der Hiram Bingham-Zug nach Machu Picchu).

Als Graham Greene seinen Eisenbahnroman schrieb, war die Große Depression, die 1929 mit dem Wall-Street-Crash in New York begonnen hatte, bereits spürbar. In der Ersten Klasse floss dennoch weiterhin der Champagner, doch nicht einmal die Reisenden konnten ihre Augen vor den Klassenunterschieden verschließen. Greene schildert, wie seine Hauptperson seinen Jahrgangswein aus der Bourgogne im Speisewagen austrinkt und sich dann auf eine Wanderung durch die schmalen Gänge macht, um schließlich in die Abteile der Dritten Klasse zu gelangen. Dort, wie auf Besuch in einer anderen Welt, sieht er unrasierte Männer mit aufgeknöpften Westen und Frauen mit dem Haar in Mützen, «die an Netze erinnerten». Die Begegnung mit der Dritten Klasse des Zuges gleicht einer Wanderung in die Arbeiterviertel der Stadt. Hier ist das Leben dürftiger, schmutziger und rauer – aber auch gemütlicher und weniger kompliziert.

In den Eisenbahnen auf der anderen Seite des Atlantiks ist gleichzeitig ein Lumpenproletariat unterwegs. Der Folksänger Woody Guthrie berichtet in seiner Autobiografie «Die ganze Herrlichkeit» von den Armenvagabunden, die auf der Jagd nach Arbeit und Glück in den Güterzügen schwarz mitfahren – eine Welt, die weit entfernt ist von Greenes und Christies feinen Weinen und Schlafwagen mit frisch gemangelter Bettwäsche. Hier hingegen sind die Reisenden hungrig, durstig und in blaue Blusen und Latzhosen gekleidet, die den sauren und bitteren Geruch von Schweiß verströmen. Auch so konnte eine Zugreise aussehen.

Auch wenn das Dasein für die Arbeitslosen in den Dreißigerjahren hart war, haftet ihrer Art des Reisens doch eine Art Romantik an, die sich dann über die Beatgeneration und die Hippiekultur verbreitete, um sich im Sommer 1972 in Form der Interrail-Fahrkarte des europäischen Eisenbahnverbunds zu materialisieren. Mit dem Zug herumzufahren, eine Reiseform irgendwo zwischen Woody Guthries Güterzügen und Graham Greenes Erste-Klasse-Abteilen, wurde zu einer neuen europäischen Jugendbewegung.

Zug war gleichbedeutend mit Aufbruch. Ich erinnere mich, wie ich als gelangweilter Fünfzehnjähriger mit meinem Freund Jonas auf dem Bahnhof von Västerås stand und die Züge anschaute, die quietschend bremsten, um dann wieder wegzufahren. Wahrscheinlich hatte uns angelockt, dass der Bahnsteig der einzige Platz in der Stadt zu sein schien, der wirklich in Bewegung war, aber auch weil die Züge uns, theoretisch betrachtet, von dort wegbringen konnten.

Wenn ich an diese Tage Ende der Siebzigerjahre zurückdenke, in denen wir Woody Guthrie spielen wollten, dann wird die Erinnerung immer noch von dem Gefühl beherrscht, dass alles um uns herum total stillstand. Der Wind war eingeschlafen. Die Baumkronen schwiegen. Sogar die Schönwetterwolken am Himmel standen still. Alles schwieg und stand still! Nur die Züge nicht.

Nicht, dass wir Geld gehabt hätten. Aber es konnten ja Wunder geschehen, und das tat es auch in Form einer schnellen Erkenntnis. Wir sprangen auf den Zug nach Hallsberg auf. Ich verspürte, wie eine Welle des Glücks mich überspülte, als wir aus dem stillstehenden Bahnhof rollten. Endlich Bewegung. Dann wurde mir klar, was wir getan hatten, und ich sah verzweifelt zu Jonas. Gleich würde der Schaffner kommen und die Fahrkarten von uns verlangen, die wir nicht hatten.

Um Strafe und Rauswurf zu vermeiden, schlossen wir uns schnell auf der Toilette ein. Da saßen wir nun eng zusammengedrängt, bis der Zug nach anderthalb Stunden für längere Zeit anhielt. Draußen hörten wir Stimmen und Rauschen von Autos und Bussen. Es klang wie eine Stadt. Das konnte nicht Köping, Arboga, Frövi oder ein anderer kleiner Ort sein, in denen alles nur noch stiller stand als in Västerås. Es musste eine große Stadt sein.

Wo befanden wir uns? Wir schlossen die Toilettentür auf, gingen in den Flur und sahen aus dem Fenster. Über den Hausdächern erhob sich ein pilzförmiger Betonturm. «Örebro» lasen wir auf dem Schild im Bahnhof.

Als wir mit dem Abendzug nach Hause fuhren, waren wir immer noch pleite und jetzt auch hungrig, aber der Schaffner ließ sich nicht so leicht reinlegen. Er schloss die Toilettentür mit seinem Schlüssel auf und entdeckte zwei Jungs, die jeder auf seiner Seite des Klodeckels hockten und verschämt aussahen, weil sie beim Schwarzfahren erwischt worden waren.

Er hatte überhaupt kein Verständnis für jugendliche Abenteuerlust und warf uns unerbittlich in Arboga aus dem Zug. Von dort mussten wir dann nach Hause trampen.

Als ich in den Zwanzigern war, habe ich Patricia Highsmiths Debutroman «Fremde in einem Zug» gelesen, und mein Gefühl wurde bestätigt: Wer sein sicheres Heimatdasein verlässt und einen Zug besteigt, dem kann alles Mögliche passieren. Landet man nicht in Örebro, dann begegnet man womöglich einem Mörder. Im Fernsehen habe ich die Verfilmung des Buches von Alfred Hitchcock gesehen und verspürte Unbehagen. Es ist ein gruseliger Film, doch enthält er auch die Erwartung eines spannenden Lebens. Von außen sah ich zwei gut gekleidete und wohlsituierte Männer in einem silberglänzenden Zugwaggon mit den bulligen Formen der 40er-Jahre-USA. Aber unter der netten Oberfläche blubberte mentale Unruhe. Nach einigen Glas Whisky in dem schwankenden Zug hatte der eine von ihnen ein wenig zu plauderhaft dem anderen von seiner untreuen Frau erzählt, die sich weigerte, in die Scheidung einzuwilligen. Die unerwartete Begegnung veranlasst die Hauptperson, sich zu öffnen, was sich zu einem psychologischen Morddrama voller finsterer Energie entwickelt, das der Kern der Erzählung ist.

Für mich blieb der Bahnhof ein Ort voller Hoffnungen und Sehnsucht. Irgendwann nahm ich den Zug nach Stockholm zu den spannenden Punkrock-Konzerten, und der Zug nach Kopenhagen war der Anfang für mein erstes europäisches Interrailabenteuer. Die Spannung lag im Fehlen eines klaren Planes. In Stockholm übernachtete ich nach den Konzerten auf einer Wiese auf Djurgården oder auf der Treppe zu einem Wohnhaus, in das meine Freunde und ich uns geschlichen hatten. Draußen in Europa schlief ich in den Gängen der Züge, auf Bahnhöfen oder in Jugendherbergen. Ich wollte so schrecklich gern das Unerwartete erleben. Natürlich keinen Mord, aber Freundschaft, Liebe, verrückte Unternehmungen, plötzliche Ideen und unerwartete Gelegenheiten. Die Eisenbahnfilme hatten meine Phantasie in Gang gesetzt.

Eine Zeitlang hörte ich überall Züge. Wenn man aufmerksam horcht, dann entdeckt man die Lokomotive und die Schwellenstöße selbst in Jazz, Blues, Country und Rock. Ich hatte das Gefühl, als seien die Geräusche eines Zuges in Bewegung das Sinnbild für die Vorwärtsbewegung der Musik. Wie in Elvis Presleys «Mystery train», «Locomotive breath» von Jethro Tull, «Station to Station» von David Bowie, «Road to nowhere» der mitsingfreundlichen Talking Heads («We know where we're going / But we don't know where we've been»), John Coltranes bebop-jazziges «Blue train» und der Countrysong von Johnny Cash mit demselben Namen. Mit einer Begleitung, die bei den meisten seiner Songs an Aufnahmen von Lokomotivgeräuschen erinnerte, sang Johnny Cash:

There's an engine at the station and the whistle calls my name
It's callin' callin' callin', «Come and get aboard the train»

Sogar die ganz Widerwilligen ließen sich locken. An einem Tag zu Beginn des neuen Jahrtausends begab sich Jenny Diski auf eine Zugreise in die USA, um das Buch «Fremder im Zug – wie ich mit gewissen Unterbrechungen mich durch Amerika tagträumte und rauchte» zu schreiben. Sie, die am liebsten für sich allein ist, bestieg mit skeptischer Miene den Amtrak im Wissen, dass sie mit anderen Passagieren konfrontiert werden würde. «Folglich», schreibt sie, «ist es seltsam, dass ich erwäge, mich auf eine Reise zu begeben und ein Buch darüber zu schreiben. Im Prinzip möchte ich, dass eine Reise ereignislos ist, und deshalb würde auch das mögliche Buch dies sein.»

Eigentlich will sie nicht dir und mir von der Welt erzählen. Sie wäre voll und ganz zufrieden damit, das Reisen um des Reisens willen zu unternehmen, einfach mit seinen Träumen in Ruhe gelassen zu werden an irgendeinem Ort, an dem man seine Zigaretten rauchen kann. Doch da das Reisen Geld kostet, sah sie sich genötigt, die Idee von einem Buch zusammenzustricken, das von ihrem ereignislosen Umhertreiben handeln soll.

Jenny Diski widerstrebt das, sie ist ein wenig bockig und ohne Erwartungen. Doch ihre Neugier betrügt sie, und das Ergebnis ist, dass Begegnungen stattfinden und neue Freundschaftsbande geknüpft werden. Ehe sie den Amtrak bestieg, hatte ihr die Vorstellung einen Kick gegeben, in den nächsten Monaten eine Fremde zu sein. In ihrer Vorstellung waren die Menschen, die sie kennenlernen würde, «rasch hingeworfene Skizzen, wie Augenblicke oder Zusammenfassungen von Leben», die einen kurzen Moment aufglommen, wenn sie ihren Weg kreuzten, aber dann wieder verschwanden. Praktisch und schnell. Soziale Kontakte ohne Verpflichtungen. Einer der höchsten Wünsche des Reisenden, oft unterbewusst. Doch es kam anders.

Sie ist eine extrem widersprüchliche Reiseerzählerin. Ihre Schilderungen sind frei von dieser Art abenteuerlicher Strapazen und messbarer Tätigkeiten, von denen andere Reisebücher oft so voll sind. Aber ereignislos wird es dennoch nicht. Genau wie der Thriller von Patricia Highsmith ist das Buch eine Kombination aus dem Vergangenen – in diesem Fall die problematische Kindheit der Autorin – und unerwarteten Begegnungen mit Zugpassagieren, die Spannung erzeugen.

Wem es in Amerika gut geht, der fährt Auto oder nimmt das Flugzeug. Die ärmeren oder angeschlagenen Menschen (und der eine oder andere ausländische Tourist) wählen Bus oder Zug. An Bord des Zuges fühlt sich eine Reihe schräger Existenzen zu ihr hingezogen. Alle scheinen das dringende Bedürfnis zu haben, die oft tragischen Geschichten ihres Lebens zu erzählen. Im Raucherabteil begegnet sie einer kunterbunten Klientel Amerikaner, mit denen sie sich schnell anfreundet. In anderen Zusammenhängen versucht sie, Menschen aus dem Weg zu gehen, damit sie ihr nicht die Aussicht ruinieren, aber jetzt nehmen die sie gefangen und sie antwortet, indem sie sich öffnet, wenn auch widerwillig.

In einem Zugabteil kommt man einander näher. Jenny Diski stellt fest, dass sie diese Leute niemals getroffen hätte, wenn sie auf andere Weise gereist oder gar zu Hause oder in einem Hotel geblieben wäre. Die weite Strecke, auf der Fremde manchmal mehrere Tage hintereinander miteinander auskommen müssen, oft sitzend und einander zugewandt, ist die Voraussetzung für die abrupte Intimität, die entsteht. Hier, denke ich, liegt vielleicht auch die Erklärung, dass die Hauptperson in Patricia Highsmiths Thriller einem unbekannten Mitreisenden ihr Herz öffnet. Alle sind auf dem Weg in dieselbe Richtung, es dauert lange und es gibt viele Verspätungen und unerwartete Halte. Die amerikanischen Personenzüge sind oft extrem verspätet, weil die lukrativeren Güterzüge auf den Gleisen Vorrang haben. Deshalb, so meint Jenny Diski, entsteht ein ungewöhnlich starkes Wir-Gefühl in der zufällig zusammengesetzten Gruppe aus Reisenden, die sämtlich verärgert sind, weil etwas nicht so passiert, wie es sollte. Das Ausgeliefertsein und die Frustration werden rausgelassen und in Freundschaftsbande verwandelt.

Die Geschichte von der Zugreise in den USA beginnt, als Diski ein Teenager ist und im Zentrum von London lebt. Da gibt es eine U-Bahn-Linie, die sich in einem ununterbrochenen Kreis bewegt. Für die halbwüchsige Jenny, die weder in der Schule noch in ihrem Zuhause in Notting Hill sein möchte, wurde die Circle Line zur Zuflucht. Ein Kreis dauerte achtundvierzig Minuten, und sie fuhr von morgens um zehn bis fünf am Nachmittag eine Runde nach der anderen – das macht fast neun Runden –, während sie Zigaretten rauchte (erst 1974 wurde das Rauchen in der Londoner U-Bahn verboten) und Bücher las. Die U-Bahn in ihrem Ewigkeitskreislauf ohne Endstation wurde die Rettung aus einem unsicheren und anstrengenden Zuhause mit einer psychisch kranken Mutter. Was könnte ein besseres Beispiel sein? Die Bewegung im Allgemeinen und die Zugreise im Besonderen, wenn auch in Jennys Fall sehr lokal, haben eine therapeutische Funktion.

Als sie mit fünfzig Jahren in die USA reist, um mit dem Amtrak zu fahren, der sie in einem weiten Kreis durch das Land führt, muss sie an die Circle Line in London denken. Aber die Circle Line der Neuen Welt ist natürlich von ganz anderen Dimensionen. Eine Runde braucht eher achtundvierzig Tage. New York, Chicago, Portland, Sacramento, Denver, Houston, New Orleans, Atlanta und Washington, D.C. und dann zurück nach New York – und die Runde ist geschlossen.

Eine hippe amerikanische Modezeitschrift hörte von Jenny Diskis Zugfahrt. Die Redaktion fand, dass ein Langstreckenzug so abgefahren klang, dass man sie bat, eine Reisereportage zu schreiben, so dass die amerikanischen Leser begreifen könnten, worauf sie aus war. Die meisten Amerikaner finden es schließlich komplett verrückt, den Zug für etwas anderes als kurze Strecken zu nehmen. «Als ich nach Hause nach England kam, mailte ich ihnen meinen Text», erzählt sie, «und wurde dann angerufen von der Person, die den Text redigieren sollte. Der sei ausgezeichnet, aber vielleicht könnte ich ein bisschen was von dem Text über den Zug und meine Mitreisenden wegnehmen und stattdessen etwas mehr Landschaft und Natur reinschieben?» Die schrägen und mitgenommenen Charaktere, einige von ihnen dysfunktional, die sie getroffen hatte, waren nichts, was man den Leserinnen der Modezeitschrift zumuten wollte. Nein, lieber die malerischen Beschreibungen einer britischen Autorin von der ikonischen amerikanischen Landschaft, das Leere, Schöne, Stilreine.

Aber warum sollte man überhaupt die amerikanische Landschaft in einer Reisereportage schildern?, fragte sich Jenny. «Die amerikanische Landschaft ist bekannt, genauso wie gewisse Sätze aus Shakespeares Stücken oder bestimmte Verse aus der King James Bibel bekannt sind. Man hat sie bereits so oft gehört, dass, wenn man ihnen in ihrem richtigen Zusammenhang begegnet, sie schon falsch klingen und das Erlebnis verdrehen.» Trotzdem. Es gibt doch wohl etwas über die Landschaft zu berichten, oder? Ja, etwas zutiefst Persönliches: «Es fühlte sich mehr so an, als würde Amerika durch einen selbst passieren, durch das, was man ist, das, was man erlebt hat. Dazusitzen und in die Landschaft hinauszuschauen, ist, als würde man eine Kontrastflüssigkeit injiziert bekommen, die die Erinnerungsplätze im Gehirn leuchten lässt und die eigene private Geschichte beschreibt.» Als sie zurückgelehnt im Raucherabteil im Sunset Limited sitzt und auf die seltsamen Steinformationen der Wüstenlandschaft starrt – Wermutkraut, Kakteen, Steppenläufer und Palmlilien –, sieht sie plötzlich das Kino ihrer Kindheit auf der Tottenham Court Road in London, in dem sie ihren ersten Western sah. «Der Geruch aus dem Kino und das Gefühl von dem dicken, weichen Teppich unter meinen Füßen überkam mich, meine gespannte Erwartung, wenn das Licht ausgemacht wurde, die große dunkle Gestalt meines Vaters neben mir, der blaue Rauch von seiner Zigarette, der sich in die helleren Lichtstrahlen ringelte …»

Die Erinnerungen überkommen sie. Neue Begegnungen reißen sie heraus. Fremde berühren sie. Für die ständig rauchende und grübelnde Jenny Diski führte die Eisenbahn zurück in die Vergangenheit und in ihre Seele.

Früher einmal war Amerika das gelobte Land der Eisenbahn und nicht des Autos. Der Höhepunkt für die Zugreisen kam in der Zwischenkriegszeit, erst mit den Diesel-, dann mit den Elektroloks, die immer schneller wurden. Doch dann begann die Regierung der USA, von der Reifen- und Ölindustrie angetrieben, das nationale Netz der Autobahnen auszubauen, die die Eisenbahn verdrängten. Bahnhöfe wurden geschlossen, Gleise wurden aufgegeben, Loks und Waggons wurden verschrottet. Im Versuch, zu retten, was noch zu retten war, sprangen 1971 die föderalen Regierungen ein und verstaatlichten die privaten Zugunternehmen, die schon lange nur noch Verluste eingefahren hatten.

Vielleicht ist die Erinnerung an die große Zeit der Eisenbahn, die eng mit dem Zusammenwachsen der neuen Nation verknüpft ist, eine Erklärung dafür, dass amerikanische Musiker so gerne von Zügen singen. Der Cowboy zu Pferde, der den Kontinent kolonialisierte, war nur die Vorhut. Die Eisenbahn vollendete den Job. Die Musiker, die nostalgisch von der Eisenbahn als Symbol für Freiheit und für den Traum von der Freiheit, im Westen das Glück zu suchen, singen, sehnen sich ganz einfach in eine Zeit zurück, die im bleichen Licht der Geschichte als edler, wahrer und echter dasteht.

Die Wanderer

Mehrere meiner Jugendfreunde waren begeisterte Scouts und redeten oft davon, wie herrlich es sei, im schwedischen Fjäll zu wandern. Ich bin nie mitgegangen. Da rumlaufen, von Mücken belästigt werden und in Bachwasser aufgelöste Pulvernahrung schlabbern? Nie im Leben.

Doch am Ende konnte ich der Anziehungskraft des Wanderns nicht widerstehen. Als Zwanzigjähriger auf Rundreise in Asien habe ich meine Wanderunschuld an den nepalesischen Himalaya verloren. Das Wandern, das ich früher verachtet hatte, wurde meine neue Leidenschaft. Vielleicht lag es auch daran, dass das Gepäck so leicht, die Temperatur so angenehm, die Mücken so selten und die Aussicht über Annapurna so hinreißend war. Es gefiel mir auch, dass sich die körperliche Belastung in Grenzen hielt. Ich wollte nicht erforschen, wie viel mein Körper vertrug, sondern wählte Wege aus, auf denen man nicht durch lange Tagesmärsche, extreme Wetterverhältnisse oder Höhenkrankheit erschöpft und geschwächt wurde. Entlang dieser Wanderwege gab es Dörfer mit Herbergen, in denen abends knisternde Feuer brannten, und wo Lokale dampfenden Chai und stark gewürztes dal bhat servierten, einen Linseneintopf mit Reis. Das war einfaches Essen, und die Einrichtung war ebenfalls einfach, aus Holzplanken zusammengezimmert, doch musste ich so kein Zelt und keinen 20-Kilo-Rucksack mit allem Möglichen mitschleppen.

Die Wildnis zeigte sich von ihrer besten Seite, wenn jemand vorangegangen und den Weg bereitet hatte, so dass man mit leichtem Gepäck wandern konnte. Die moderne Stadt, die Umgebung, in der ich aufgewachsen war, hatte mich bequem gemacht und meinen Blick auf die Natur geformt, doch sie hatte meine Wanderlust nicht auslöschen können.

November 1983. Meine erste lange Wanderung. Nach einem schweißtreibenden Aufstieg zum Dorf Naudanda auf 1458 Metern Höhe wandere ich einen sich schlängelnden Schotterpfad entlang, der auf dem schmalen Bergrücken balanciert. Ich habe das Gefühl, auf eines Messers Schneide zu gehen, hoch über allen Motorengeräuschen, Abgasen, Bewegungen der Zivilisation. Nördlich der scharfen Schneide erheben sich die spitzen Berggipfel, schneeweiß, gewaltig, still. Über der Spitze des Annapurna schwebt eine Wolkengloriole. Das Pokhara-Tal und der Phewa-See ganz unten links und der glitzernde Yangdi-Fluss im dunklen Tal rechts. Nur ein diffuser Ton von dem rauschenden Fluss mischt sich mit dem Singen des Windes. Ansonsten herrscht Stille.

Doch schon bald wandere ich durch Dörfer und über terrassierte Anbauflächen, wo gerade die Ernte in einer hektischen Periode ist. Wie kleine Kirchtürme sind Maiskolben aufgestapelt, um in der Novembersonne zu trocknen, und Weizen ist auf geflochtenen Bambusmatten auf den Hausdächern ausgestreut.

Frauen, die mit Stöcken dreschen. Männer, die mit dampfenden Teegläsern in den Händen an Hausfassaden gelehnt stehen. Verrotzte kleine Jungen, in zerschlissenen Wollpullovern, die hinter mir herlaufen und rufen: «Schoolpen, schoolpen, schoolpen!»

Morgendämmerung. Langsam steigt die Sonne hoch, und das Licht klettert in die Talrinnen hinunter, Baum für Baum, Stein für Stein, bis es die matte Oberfläche des türkisfarbenen Flusses erreicht, der von der Berührung mit dem Morgen glitzert. Über eine Hängebrücke kommt eine tibetanische Familie mit einer Karawane von Ponys, die mit Waren bepackt sind. Sie sind auf dem Weg zum Markt in der Stadt. Das Leitpony trägt einen rot-weiß-gelben Püschel auf dem Kopf und eine scheppernde Glocke um den Hals. Die Frau in einem roten Knöpfmantel aus Wolle, einem geblümten Rock und zerschlissenen Nike-Sportschuhen. Der Mann in blauer Synthetikjacke, die Haare zu einem strengen Knoten im Nacken gebunden und ein musikdröhnendes Transistorradio an einem Riemen um den Hals. Er pfeift, während er eilig den Abhang hinter dem letzten Tier her rutscht. Als die Frau und der Mann mich sehen, suchen sie beide meinen Blick und rufen unisono:

«Namaste! Guten Tag!»

Auf zweitausend Metern Höhe wandere ich in einen Rhododendronwald hinein. Der süße Duft der Blumen kitzelt in der Nase. Nur schmale Streifen Lichts sickern durch das dicht von Moos bewachsene Astwerk und malen helle Striche auf den Weg. Feucht, kühl, schattig. Klares Wasser perlt in einem Bach.

Während ich wandere, denke ich wie so oft an das, was direkt vor mir liegt. Das ist notwendig, damit ich nicht stolpere oder umknicke oder in einen Bach trete und nasse Füße bekomme. Da ist ein Stein, dort eine Abbruchkante, hier geht es bergauf, da ist es abschüssig. Weil ich auf dem Weg nicht allein unterwegs bin, denke ich auch darüber nach, wann ich etwas kommentieren sollte, das ich sehe, und wann ich es nicht tun soll. Ich merke, wie die Gedanken über mein Sozialverhalten fast all meine Kapazitäten beanspruchen. Wenn ich zu lange schweige, wird sie sich vielleicht fragen, ob ich über etwas, das sie gesagt oder getan hat, sauer bin. Wenn ich zu viel rede, wird es sie vielleicht ärgern, dass ich mit meiner Aufmerksamkeit von der Natur ablenke.

Man liegt vollkommen falsch, wenn man sich in der Vorstellung wiegt, dass man, sowie man sich auf eine Wanderung begibt, sofort von großartigen und existentiellen Gedanken erfüllt sein wird. Erst kommen die Gedanken an die Blase, die ich allmählich fühle, und die Verärgerung darüber, dass meine Wandergenossin unser gesamtes gemeinsames Klopapier verbraucht, indem sie sich ständig darein schnäuzt – meine Güte, kann sie sich nicht einfach vorbeugen und den Rotz in einen Busch ausschnauben? Dann denke ich daran, wie sehr ich mich auf den süßen und warmen Tee freue, den ich bald trinken werde, und ob mein Schlafsack wohl gegen die klare, nächtliche Kälte ausreichen wird.

Doch ab und zu zwinge ich mich, stehen zu bleiben, ein paar tiefe Atemzüge zu nehmen, um die Gedanken zur Ruhe zu bringen und den Blick zu heben. Dann sehe ich den tiefblauen Himmel und die glitzernden, schneeweißen Berge, die vor mir liegen. Machapuchare, Dhaulagiri und Annapurna, der mächtigste Berg der Welt, und es erfüllt mich das Gefühl, dass in mein Leben so viel mehr hineinpasst als praktische kleine Sorgen.

Als ich weitergehe, werde ich schneller und ziehe davon, bis ich meine Wanderbegleiterin nicht mehr sehen kann. Und dann beginne ich Bob Segers «Kathmandu» zu summen. Ich spreche die Worte leise vor mich hin: «I'm tired of looking at the TV news. I'm tired of driving hard and paying dues / I figure, baby, I've got nothing to lose / I'm tired of being blue / That's why I'm going to Kathmandu ... that's the mountains I'm going to ... Ka-

Ka-Ka-Ka-Kathmandu, that's where I'm going to.» Auch ich war, genau wie im Song, den Alltag zu Hause leid gewesen und träumte von etwas anderem. Aber jetzt bin ich bereits in etwas anderem. In den Bergen.

Dann, plötzlich: ein kurzer Moment totaler Nähe. Ein Zustand, den ich nur wenige Minuten aufrechterhalten kann, ehe die Realität und die Trivialitäten mich zurückholen. Hinterher denke ich, dass das, was ich einen kurzen Moment lang dort auf dem Wanderpfad im Himalaya erlebte, so nah war, wie man dem Gefühl des Flow wohl kommen kann. Er beschreibt einen Bewusstseinszustand, der eintritt, wenn man von einer Aktivität völlig aufgesogen wird und seine reflektierende Selbstbewusstheit hinter sich lässt – während man gleichzeitig die Kontrolle behält. Es war, als würden das Gehirn, der Körper und die Welt um mich herum miteinander reden, eine Kommunikation, die mich in Trance versetzte.

Die kurzen Momente des Erhöhtseins kommen und gehen wie Blitze, heftig und plötzlich, und sind schnell vorüber. Dann fange ich wieder an, peinliche Erinnerungen über Dinge, die in meiner Vergangenheit passiert sind, zu wälzen und Großtaten zu planen, die ich mit etwas Glück in der Zukunft werde durchführen können. Vielleicht werde ich mich im nächsten Herbst an der Universität einschreiben, vielleicht werde ich mir ein Dauerlos kaufen und eine Million gewinnen und alle meine materiellen Träume verwirklichen, vielleicht werde ich im nächsten Brief endlich wagen, ihr zu schreiben, dass ich sie liebe, ihr, die ich verlassen habe, als ich mich auf meine ein halbes Jahr währende Rundreise durch Asien begeben habe.

Als ich viele Jahre später unter der brennenden Sonne durch die indische Wüste wanderte, hatte mein Kopf vollauf damit zu tun, methodisch eine anstrengende Erinnerung an ein Ereignis zu bearbeiten, das sich einige Wochen vor der Abfahrt zu Hause begeben hatte. Langsam hatte sich das, während ich lief, nach oben gearbeitet, als würde ich auf einer Couch liegen und von einem geschickten Therapeuten gelenkt.

Zusammen mit meiner fünfjährigen Tochter war ich beim Schwarzfahren in der Stockholmer U-Bahn erwischt worden. Man kann es nicht anders formulieren. Obwohl das Ereignis starke Gefühle hervorgerufen hatte, hatte ich seither keinen Gedanken daran verschwendet. Die Kontrolleure hatten meinen Ausweis sehen wollen, um einen Strafzettel schreiben zu können. Aber ich weigerte mich und behauptete, ich hätte ihn zu Hause vergessen. Ich, der ansonsten gern hochfahrend die kollektive Verantwortung und das Wohl der Allgemeinheit verteidigte, war als ein simpler Schmarotzer erwischt worden. Ich schämte mich. Es war, als würde ich wie bei Alice im Wunderland schrumpfen und ein winzig kleines Kind werden, während die Kontrolleure zu Riesen wuchsen.

Die wurden immer bedrohlicher, erhoben ihre Stimmen und nannten mich einen Lügner. Ich weigerte mich weiterhin, denn zu gestehen, wäre ein großer Prestigeverlust gewesen. Doch als meine Tochter anfing zu weinen, konnte ich dem Druck nicht mehr standhalten. Ich kapitulierte und nestelte den Ausweis hervor. Mir schien, als würden die Kontrolleure zufrieden grinsen, ja geradezu schadenfroh und fast sadistisch. Aber das bildete ich mir wahrscheinlich nur ein. Ich musste sie zu den Tätern machen, um meine ursprüngliche Weigerung zu rechtfertigen. Ich schämte mich doppelt. Wie hatte ich mich weigern können, den Ausweis zu zeigen und meine Tochter einer solch belastenden Situation aussetzen? Ich war ein schlechter Vater.

Doch seit ich mit meiner immer noch schluchzenden und schniefenden Tochter an der Hand aus der Unterwelt der Bahn aufgetaucht war, hatte ich gekämpft, um das, was sich in einem

Wagen der roten U-Bahnlinie Richtung Norsborg abgespielt hatte, zu verdrängen. In der Zeit direkt danach tat ich, was ich immer machte: Ich sorgte dafür, dass ich anderes hatte, worüber ich nachdenken musste, und verdrängte das unangenehme Ereignis.

Doch als ich dort durch den indischen Wüstensand wanderte, spielte sich das Ganze noch einmal in meinem Innern ab, und ich ließ die Gefühle heraus, die ich bis dahin unterdrückt hatte – inklusive einer zornigen Lust, mich irgendwie an den Kontrolleuren zu rächen. Ich dachte alle Gedankenfäden zu Ende, die ich abgeschnitten hatte. Als ich nach drei Tagen meine Wanderung beendete, hatte ich auch das Ereignis geklärt und mich ein wenig mit mir selbst versöhnt. Die Scham, die immer noch da war, verblasste in dem Tempo, in dem die Blasen an den Füßen heilten. Ich war frei.

Nach einiger Zeit wurde meine Lust auf Wanderungen in der Natur schwächer. Vielleicht lag das daran, dass der Traum, das aufregende Leben in der Großstadt zu erleben, mit neuer Kraft wiederkehrte. Ich wollte Städte besuchen, je größer desto besser, und um einen runden Cafétisch sitzen, Gauloises rauchen und über wichtige Dinge reden. So stellte ich mir das Leben des echten erwachsenen Reisenden vor.

Aber man kann nicht den ganzen Tag still sitzen, der Körper braucht Bewegung. Deshalb begann ich immer mehr, durch Großstädte zu trotten. Ich wurde ein Asphaltwanderer. Da brauchte ich nicht einmal einen Rucksack, alles passte in die Hosentaschen. Eine Karte zu haben, wäre praktisch gewesen, aber es funktionierte auch wunderbar, auf gut Glück loszulaufen, ohne richtig zu wissen, wo man war. Zwar ist die Gefahr, sich zu verlaufen, in der Großstadt genauso groß wie in der freien Natur, aber die Konsequenzen waren doch sehr andere. Die Gefahr zu verdursten oder zu verhungern gab es nicht, und es mussten auch keine Helikopter ausgesandt werden, um mich zu suchen. Und man muss sich nicht mit anderen messen. Kein anderer Wanderer wird am Abend in der Hotellobby sitzen und wissen wollen, wer mehr Kilometer oder Höhenmeter bezwungen und wer die meisten Mücken totgeschlagen hat.

Die besten Städte sind die mit vielen Passagen, Querverbindungen und Geheimgängen – so wie auf einem orientalischen Markt –, und meine besten Langstreckentouren habe ich daher auch in Bombay unternommen. Mein Favorit wurde der Wanderweg durch die Basare zwischen Byculla und Victoria Terminus (13,3 km, 2,5 Stunden laut Google Maps). Eine Stadtlandschaft mit vielen Wasserlöchern und Schutzhütten (die kleinen Lokale liegen dicht an dicht) sowie einem reichen Tierleben (meist Promenadenmischungen und Kühe) und einem multikulturellen Volksleben (Millionen von Menschen, die unterschiedliche Götter anbeten, verschiedene Sprachen sprechen und unterschiedliche Essgewohnheiten pflegen).

Aber dann war da noch der Traum vom Wandern in den Alpen. Der war zum Leben erweckt worden, als ich eine Fernsehreportage gesehen hatte, in der die Wanderer ohne Gepäck wanderten, Mittagessen auf Porzellan und Wein in Gläsern serviert bekamen und oben in Berggasthöfen in weichen Betten unter fluffigen Daunendecken schliefen. Das war so ziemlich das völlige Gegenteil von einer schwedischen Fjällwanderung, wo man immer alles schleppen muss, was man braucht. Hier sah es aus, als befänden sich die Wanderer in einer Stadt.

September 2015. Es ist Morgen im Val Gardena in den italienischen Dolomiten, als ich meine Wanderung beginne. Es geht steile Wiesen hinauf, vorbei an lila Klee, weißen Butterblumen und Edelweiß und an Viehhütten und aus dunklen Stämmen gebauten Scheunen. Die spitzen Berge um mich herum sehen aus wie Steinkirchen. Die Morgensonne lässt den mächtigsten Felsen von allen, den Sassolungo, erröten. Ich bin im Laufe der Jahre ein klein wenig höhenängstlich geworden und bin froh, dass ich mich auf einem sicheren Weg befinde und nicht mit Seil und Karabiner an der lotrechten Wand des Stevia hänge, des Berges, der wie ein gigantischer Steintisch aussieht. Ich sehe einen gelben Rettungshelikopter vor der Bergwand schweben, schaue durch das Fernglas und sehe drei Kletterer auf einem Felsabsatz. Einer von ihnen liegt, die anderen stehen um ihn herum. Etwas ist passiert.

Für uns, die sich an die Wege halten, sind die Gefahren nicht so dramatisch. Natürlich können wir uns Blasen laufen und einen Sonnenstich kriegen. Und wir können müde werden. Das passiert mir ziemlich oft. Deshalb nehme ich für das letzte kleine Stück zum Berggipfel mit dem Kruzifix und der schönen Aussicht die Seilbahn. Es ist schön, die Beine ein wenig auszuruhen, während man an Alpenkrähen vorbeischwebt, hoch über grüne Grasböschungen mit blühendem Enzian.

In meinem Obstkorb zu Hause liegen grüne Äpfel mit einem Etikett, auf dem «Südtirol» steht. Ich hatte immer gedacht, diese Äpfel seien aus Deutschland oder Österreich importiert. Aber nun, da ich auf dem Bergpfad wandere, der sich im Zickzack durch den Lärchenwald und eine abschüssige Alpenidyll-Wiese hochzieht, begreife ich, wohin Südtirol, die Region, in der sich die Dolomiten größtenteils befinden, eigentlich gehört: nach Italien. Ein Italien, in dem man Männer in Lederhosen sieht, die Ziehharmonika spielen, und Frauen im Dirndl, die jodeln.

In diesem Europa mit Grenzen, die das Ergebnis eines expansionistischen Krieges, eines wachsenden Nationalismus und erniedrigender Friedensvereinbarungen sind, gibt es so viele Völker und Sprachen, die auf der «falschen» Seite einer Grenze gelandet sind. Einige von denen sind die Einwohner des Val Gardena und des Val di Fassa. Wenn man in diesem Teil Italiens unterwegs ist, stellt man schnell fest, dass man hier mehr Knödel, Kartoffeln und Jodler antrifft als Pasta und Pavarotti.

Es gibt viele Möglichkeiten, sich zur Geschichte zu verhalten, denke ich, als ich zu den gedrehten Kalksteinspitzen des Sassolungomassivs hochsehe, die an Gaudís Sagrada Família in Barcelona erinnern. Eine Art ist, von vorn zu beginnen. Vor zweihundertachtzig Millionen Jahren waren die Dolomiten Meeresboden. Doch dann stießen zwei Kontinentalplatten zusammen, es erhoben sich mächtige Kalkmassive und bildeten die Kalkalpen Salzburgs im Norden und die Dolomiten im Süden. Dann macht man einen Sprung über die Jahrmillionen und landet im 19. Jahrhundert, also gerade gestern, als die Dolomiten ein Teil des deutschsprachigen Habsburgerreiches waren. Da wurden die Menschen in den Tälern Südtirols von Wien aus regiert, was die Knödel und das Jodeln erklärt. Doch während des Ersten Weltkrieges drangen die Italiener nach Norden vor. Es gab einen erbitterten Krieg, dessen Fronten geradewegs durch die Dolomiten verliefen. Die Kämpfe waren besonders intensiv an den Cinque Torri oberhalb von Cortina d'Ampezzo. Hier lagen sie, die eben noch Freunde gewesen waren und sich einander umarmend hatten fotografieren lassen, und schossen sich gegenseitig tot.

Orangeschwarze Nesselschmetterlinge flattern über meinem Kopf, als ich den Friedrich-August-Weg entlangwandere. Der Wanderweg, berichtet Martino Danielli, mein Bergführer, ist nach Friedrich August I. benannt worden, den man «Den Gerechten» nannte, und der zu Beginn des 19. Jahrhunderts König in Sachsen war. Er liebte das Wandern im Allgemeinen und vor allem in den Dolomiten.

Ah, ein weiterer Einfluss aus Deutschland, denke ich, als es Zeit für die erste Kaffeepause des Tages in einer Hütte oder «Rifugio», wie die italienischen Touristen sagen, ist. Die Hütte heißt auch Friedrich August. Immer dieser deutsche König. Drinnen in der dunklen Stube kollidieren verschiedene zentraleuropäische Einflüsse. Hier treffen deutscher Apfelstrudel und Marschmusik aus dem Wien der vorigen Jahrhundertwende auf pechschwarzen italienischen Espresso. Und in einer Ecke sitzt eine Gruppe älterer Herren und singt auf Ladinisch, der lokalen Sprache, die mit dem schweizerischen Rätoromanischen verwandt ist.

«Wovon singen sie?»

«Die singen davon, wie sehr sie die Italiener verabscheuen. Zum Glück verstehen wir nicht alles, was sie singen», lacht Martino, der neben der Arbeit als Bergführer noch als Sportwagendesigner in Mailand arbeitet und Italienisch als Muttersprache hat.

«Aber sind sie nicht selbst italienische Bürger?»

«Doch, aber sie fühlen sich nicht als solche.»

Kein Wunder, dass man im Val Gardena, oder Grödnertal, wie die meisten sagen, bis in die Sechzigerjahre hinein darum kämpfte, mit den Resten des Habsburgerreiches, also Österreich, wiedervereint zu werden. Und auch kein Wunder, dass man das Deutsche oder Ladinische dem Italienischen vorzieht.

So also gestaltet sich mein italienisches Wanderabenteuer, das so anders als die Großstadtspaziergänge oder die Himalayawanderungen ist. Ich wohne in einem «Gasthaus» mit Halbpension im Val-Gardena-Dorf, das auf Italienisch Selva heißt und Wolkenstein auf Deutsch. Ausgedehntes Frühstück, Mittagessen mit sättigender Polenta, das mit noch sättigenderem Apfelstrudel auf der Terrasse in der Sonne abgeschlossen wird. Jeden Nachmittag ein paar Stunden Dösen im Spa des Hotels und danach langgezogene Dreigängemenüs zum Abend, bis einem die Lider schwer werden. Das klingt wie der absolute Faulenzerurlaub. Doch nein, die restlichen Tagesstunden wandere ich. Konstant. Kilometer um Kilometer geradeaus und Höhenmeter um Höhenmeter auf und ab. Im beinharten Kampf zwischen der Einnahme von Kalorien und deren Verarbeitung herrscht lange Zeit Gleichstand, doch als meine Wanderwoche vorüber ist, hat die letztere der Urlaubsaktivitäten die Oberhand gewonnen.

Der Weg schneidet durch Lehmschichten, balanciert an steinigen Absätzen entlang und ringelt sich über abschüssige Wiesen. Ab und an ist ein langgezogenes Pfeifen zu hören. Das Geräusch kehrt in regelmäßigen Abständen wieder. Angreifende Vögel? Ein wütender Schiedsrichter, der sich verlaufen hat? Doch dann sehe ich, woher das Geräusch kommt. Neben schwarzen Löchern und Erdhaufen sitzen pelzbekleidete Minibären – oder sind es vielleicht Riesenratten? – und pfeifen, als wollten sie meine Aufmerksamkeit gewinnen.

«Murmeltiere», erklärt Martino. «Das hier ist deren Land. Sie leben in Gängen unter der Erde, und wenn sie in die Sonne hinaufkommen, um sich vor dem Winterschlaf dick und rund zu fressen, setzten sie sich hin und pfeifen, um ihren Kumpels zu signalisieren, dass die Luft rein ist.»

Im Moment ist kein gefährlicher Fuchs oder Adler in Sicht, sondern nur Menschen, deren Verlangen nach Nahrung nur das betrifft, was in der nächsten Hütte angeboten wird.

«Im nächsten Rifugio, verbessert mich mein Bergführer aus Mailand.

Wir, die wir an diesem sonnigen Spätsommertag um den Sassolungo wandern, ansonsten aber im Alltag still sitzende Bürohengste sind, werden von dem Gefühl getrieben, das an den amerikanischen Schriftsteller Henry David Thoreau erinnert, der Mitte des 19. Jahrhunderts in seinen berühmten Wanderessays schrieb: «Ich glaube, ich kann meine Gesundheit und mein ausgeglichenes Gemüt nicht bewahren, wenn ich nicht mindestens vier Stunden am Tag, gern mehr, damit verbringe, völlig frei von weltlichen Banden durch die Wälder und über Berg und Feld zu stromern.» Dann fügte er noch hinzu, dass die Handwerker und die

Ladeninhaber, diese frustrierten Stillsitzer, dafür gelobt werden müssten, dass sie nicht schon längst Selbstmord begangen hätten. Thoreau war überzeugt, dass es einen Zusammenhang zwischen körperlicher Aktivität und geistiger Arbeit gäbe und stellte fest: «In dem Moment, in dem meine Beine anfangen, sich zu bewegen, beginnen meine Gedanken zu fließen.»

Wir, die das Glück haben, in Bewegung sein zu dürfen, sei es auch nur für eine einzelne Urlaubswoche, uns stellt diese ursprünglichste Form der Fortbewegung sehr zufrieden, langsam aber sicher einmal alles hinter sich zu lassen, was von Menschen künstlich erschaffen und allem Natürlichen und Ursprünglichen entgegengesetzt ist.

Als die Sonne hinter dem Horizont untergegangen und die Abendluft eiskalt geworden ist und meine latente Höhenangst sich zu erkennen gibt, sehe ich endlich den Rauch aus dem Schornstein der Toni-Demetz-Hütte. Und da, als ich das Ende der Strapazen vor Augen habe, fühlen sich die bedrohlichen Berge, die steilen Pfade und die tiefen Abgründe nur mehr wie eine mittelmäßige Herausforderung an, die eigentlich nie wirklich gefährlich war, aber dennoch mein Gefühl bestärkt hat, zu sein, zu leben – und nicht alles für selbstverständlich nehmen zu müssen.

Es fühlt sich an, als wäre ich am Ende der Welt angekommen. Oder auf dem Dach der Welt. In den Alpen sind 2685 Meter über dem Meeresspiegel wirklich keine extreme Höhe, aber die Lage ist spektakulär. Die Hütte balanciert auf einem schmalen Bergrücken, der mir in seiner schrägen Lage messerscharf vorkommt. Sollte ich von hier aus einen Tennisball werfen, würde er, egal in welche Richtung, mehrere Kilometer rollen, ehe er liegen bliebe.

Enrico Demetz, der diesen rauen Ort bewirtet, serviert mir schwarzen Ramazotti-Kräuterschnaps als Aperitif, während er erzählt, warum seine Familie an einem derart unzugänglichen Platz eine Hütte gebaut hat.

Am 17. August 1952 hatte sein großer Bruder Toni zwei Touristen aus Mailand mitgenommen, um den 3182 Meter hohen Sassolungo zu besteigen, der mit seinen lotrechten Bergwänden seit jeher alle gelockt hat, die das Schicksal herausfordern müssen, um sich lebendig zu fühlen. Doch dieses Mal war das Schicksal gnadenlos. Sie wurden von einem Gewitter überrascht. Der Blitz schlug ein und tötete Toni und einen der Touristen.

«Im darauffolgenden Jahr bauten wir dieses Rifugio, um Bergsteigern einen Schutz vor Unwetter zu bieten. Und jedes Jahr an Tonis Todestag findet hier ein Gottesdienst unter freiem Himmel statt, um an ihn zu erinnern und an alle Bergsteiger, die in den Bergen gestorben sind», erzählt Enrico, der fünf Jahre alt war, als sein großer Bruder vom Blitz erschlagen wurde.

Für den, der auf einen Berggipfel steigt, ist das Dasein ein wenig herausfordernder als für den, der auf Wegen wandert. Ich weiß genau, wo mein Platz ist, und welche Herausforderungen für mich machbar sind. Es lockt mich nicht im Geringsten. Auf einen der spitzen Gipfel zu klettern, ist ausgeschlossen für mich.

«Sich zu Fuß fortzubewegen macht es scheinbar leichter, durch die Zeit zu reisen, das Bewusstsein wandert durch Zukunftspläne, Erinnerungen und Beobachtungen», schreibt Rebecca Solnit in «Wanderlust – a history of walking». Weit zu wandern und groß zu denken hängen zusammen. Zu wandern ist eine Methode, das Erodieren der Erinnerung zu stoppen. Die Welt zu entdecken, ist eine Methode, sich selbst zu erforschen. Das Wandern trägt dich ganz einfach in die Welt hinaus und in dich selbst hinein. Jean-Jacques Rousseau, der meinte, nur dann meditieren zu können, wenn er ging, schrieb: «Wenn ich stehen bleibe, höre ich auf zu denken, meine Seele funktioniert nur, wenn sie mit meinen Beinen zusammenarbeitet.»

Die Liste der wandernden Denker ist lang: Aristoteles, Jeremy

Bentham, John Stuart Mill, Thomas Hobbes, Sören Kierkegaard ... sie alle zogen es vor zu wandern, während ihre Köpfe an neuen Theorien meißelten. Aristoteles gründete sogar eine philosophische Schule, deren Anhänger Peripatetiker genannt wurden, was bedeutet «die umherlaufen». Der ein oder andere hatte dabei sogar ein Horn mit Tinte an seinem Wanderstab, um schnell stehen bleiben und neu gefundene Ideen niederschreiben zu können. Einige von ihnen wanderten durch die Dörfer, andere in der Stadt. Kierkegaard marschierte durch sein Kopenhagen, und das nicht nur aus Vergnügen, sondern auch aus therapeutischem Anlass. «Um meine seelischen Spannungen auszuhalten, muss ich abgelenkt werden», schrieb er, «abgelenkt von den spontanen Begegnungen und Kontakten, die auf Straßen und Gassen geschehen. Jeden Tag bewege ich mich in einen Zustand des Wohlergehens und spaziere jede Krankheit weg. Ich habe mich zu meinen besten Gedanken spaziert, und ich kenne keinen Gedanken, der so bedrückend wäre, dass man ihn nicht wegspazieren könnte.»

Wenn wir gehen, schlägt das Herz schneller, mehr Blut zirkuliert, mehr Sauerstoff wird transportiert, und das nicht nur in die Muskeln, sondern in alle Organe, auch ins Gehirn. Der amerikanische Wissenschaftsjournalist Ferris Jabr schreibt in einem Essay im «New Yorker» über die Vorliebe der Philosophen für das Wandern, weil es Erinnerung und Aufmerksamkeit stärke. In seinem eigenen Takt zu wandern, vereint die Rhythmen im Körper mit dem mentalen Zustand auf eine Weise, wie es mit anderen körperlichen Aktivitäten nur schwer zu erreichen ist. Wer täglich eine Wanderung unternimmt, befördert neue Verbindungen zwischen den Gehirnzellen, verhindert die Verkümmerung von Hirnsubstanz, die mit dem Alter kommt, und steigert den Umfang des Hippocampus, des Teils des Gehirnes, der entscheidend ist für das Kurzzeitgedächtnis, die Bildung neuer Erinnerungen und die Fähigkeit, sich in unbekanntem Terrain räumlich zu orientieren.

Natürlich passiert in der Verbindungsstation des Gehirns auch etwas, wenn wir joggen oder Gymnastikübungen absolvieren, doch wenn wir lange Strecken gehen, scheint es, als würden wir auf eine kontrolliertere Weise unsere Gedankenverläufe lenken können, indem wir vorsichtig das Tempo senken und erhöhen, so dass die Gedanken länger und tiefsinniger werden. Außerdem ist die Bewegung des Wanderns so einfach und das Durchatmen so befreiend, dass man sich nicht auf die Anstrengung selbst konzentrieren muss, sondern Zeit übrig hat, die Gedanken wandern zu lassen.

Ich selbst kam allerdings nicht mit irgendwelchen neuen spannenden existentialistischen Theorien aus den Dolomiten heim. Doch hatte ich viele Überlegungen über die nationalen Grenzen Europas, die ethnischen Minoritäten und meine privaten Beziehungsprobleme angestellt. Allein mit meinen Gedanken auf dem Wanderweg, mit einem zusätzlichen Schuss an Sauerstoff in meinem Gehirn, war plötzlich alles ganz klar.

In der modernen Welt zu wandern, wo es so viele schnellere Methoden gibt, sich fortzubewegen, ist im Grunde schon ein romantischer Gedanke. Hermann Hoffmann-Fölkersamb wollte trotz seines großbürgerlichen Hintergrunds gehen, so weit die Wege reichten, und sich frei wie ein Vogel fühlen. Er hatte in Berlin Jura und Orientalistik studiert und war von der romantischen Idee beseelt, dass das Gefühl über die Vernunft gehen müsse. Er meinte, der technische Fortschritt, Materialismus und Industrialisierung machten das Leben immer seelenloser, und träumte sich in die Zeit zurück, als wir noch im Einklang mit der Natur lebten.

Er bekam eine Anstellung als Lehrer in einer Knabenschule im Berliner Stadtteil Steglitz, wo er 1895 einen Studentenclub gründete, in dem man die Ideale der Romantik diskutierte, sich aber auch auf lange Sommerwanderungen in Wälder, Berglandschaften und Flusstäler begab. Im Jahr 1896 begann die Gruppe, sich «Wandervogel» zu nennen. Das Wandern wurde immer wichtiger, ebenso wie die Ideale Freiheit und Abenteuer, aber auch Verantwortung und deutscher Nationalismus. Hermann Hoffman-Fölkersamb träumte von einer Gesellschaft, in der die Menschen das moderne bürgerliche Leben ablegten und zu ihren «germanischen Wurzeln» zurückkehrten.

Seine Ideen fanden bald viele Anhänger. Die Industrialisierung hatte binnen kurzer Zeit das Leben von Millionen von Europäern verändert, und viele hatten bereits begonnen, sich nach einem friedlicheren und idyllischen Leben zurückzusehnen. Im Jahre 1901 wurde die Wandervogelbewegung mit Gruppen in mehreren deutschen Städten gegründet. Immer mehr Jugendliche aus der Mittelklasse ließen sich von der Idee eines gesunden und einfachen Lebensstils mit Wandern unter freiem Himmel und Gesang verlocken.

Doch dann kam der Erste Weltkrieg, und die Bewegung spaltete sich auf. Eine Gruppe, die sich «Blau-Weiß» nannte, entwickelte sich zu einer zionistischen Jugendbewegung und einer jüdischen Pfadfinderorganisation, während andere Gruppen offen antisemitisch waren. 1933 wurde die Bewegung von der Hitlerjugend übernommen. Dort gefiel die Idee vom Bedürfnis des germanischen Volkes, rein und ungestört im Einklang mit der Natur zu leben.

Nach dem Zweiten Weltkrieg erstand die Wandervogelbewegung sowohl in Europa wie in Japan neu, nun als weniger ideologische und mehr aktivitätsorientierte Freiluftgruppen mit einigen tausend Mitgliedern. Doch sie wurde nie wieder so groß, wie sie zu Beginn des 20. Jahrhunderts gewesen war. Stattdessen lockten weniger politisch schwülstig und mehr praktisch orientierte Organisationen wie die Svenska Turistföreningen (STF), die französische Union Nationale des Centres Sportifs de Plein Air (UCPA) und die italienische Federazione Italiana Escursionismo (FIE), und auch der Deutsche Alpenverein (DAV) legte seine nationalistischen Ideen ab und wurde zu einem politisch neutralen Wanderverein.

Dem Gedanken von Hermann Hoffmann-Fölkersamb vom Wandern als Zivilisationskritik widmeten sich andere, zum Beispiel die Jugendlichen, die ab 1966 gegen Krieg, Kommerzialisierung und Entfremdung zu kämpfen begannen und im Berkeleys People's Park in San Francisco «peace, love & understanding» riefen.

Es sind mehr als dreißig Jahre vergangen, seit ich mich auf eine erste längere Wanderung begeben habe. Es sind seither noch viele dazugekommen, auf Kiespfaden an mächtigen Bergen entlang und durch dunkle Wälder, aber auch auf Asphalt in menschenwimmelnden Städten.

Was ich empfand, als ich auf diesem Weg im Himalaya wanderte, als Kopf, Körper und Welt miteinander sprachen, habe ich danach nicht mehr oft erlebt. Es ist ein schwer zu beschreibender Zustand. Doch manchmal findet es sich ein, dieses seltene Gefühl totaler Gegenwart, vollkommen von dem verschluckt zu werden, was man tut, jenseits der reflektierenden Selbstbewusstheit zu landen, während man gleichzeitig noch einen Schritt macht und noch einen ...

Kreuz und quer über einen herumirrenden Planeten

Oktober 2013. Ich sitze im Speisewagen im Express von Paris nach Rom, esse Spaghetti Bolognese und trinke Rotwein. Es ist ein Waggon älteren Modells, solche, wie sie üblich waren, als ich Anfang der Achtzigerjahre mit Interrail fuhr. Tische mit weißem Leinen und Ober in ebenso weißen Kellnerwesten.

Aber trotzdem ist nicht alles so wie früher. Damals wurde das Essen auf Porzellan serviert, das Metallbesteck lag einem schwer in der Hand, und man trank den Hauswein, ganz gleich, wie dünn und billig er auch war, aus frisch polierten Weingläsern, die «pling!» machten, wenn man mit dem Finger daran schnippte – und das alles, ohne dass die Mahlzeit ein Vermögen kostete. Heute sind Plastik und Pappe am Start. Aber die Zugfahrt selbst geht genauso langsam wie in den Achtzigern.

Zwei Stunden sind vergangen, seit ich in Paris am Gare de

Lyon den Zug bestiegen habe, an diesem über hundert Jahre alten Bahnhof in protzigem Art déco mit seinem Glockenturm, der Big Ben so verwirrend ähnlich sieht, und dem Restaurant Le Train Bleu mit seinem palastartigen goldglänzenden Dach in Neobarock und den Erinnerungen an Stammgäste wie Coco Chanel und Brigitte Bardot. Es fühlt sich immer glamourös an, unter das Jugendstildach aus Stahlbalken des Gare de Lyon zu treten, feierlich und historisch, als wäre es eine kulturelle Veranstaltung. So viel schöne Architektur, so viel Patina.

In vielen der klassischen europäischen Bahnhöfe lebt die Atmosphäre der Hochzeit der Eisenbahn noch in den Konstruktionen weiter. Ich schwanke hin und her, ob ich das gut oder schlecht finden soll. Gut, denn ich finde den Gedanken herrlich, mich in die erste Hälfte des 20. Jahrhunderts zurückzuversetzen, als der Orientexpress die normale Art war, nach Osten zu reisen. Gut, weil die Erhaltung der alten Bahnhöfe bedeutet, dass man sich um das Kulturerbe kümmert.

Schlecht, weil es auch etwas darüber aussagt, wie selten man etwas abreißt oder neu baut, also, wie wenig Geld noch in Züge investiert wird, wenn man es einmal mit Flugzeugen vergleicht. Schlecht auch, weil es dazu führt, dass Leute wie ich, die den Zug wählen, um zwischen den Großstädten Europas hin und her zu fahren, als Nostalgiker und Museums-Nerds abgetan werden können.

Man stelle sich vor, das Fliegen wäre ebenso nebensächlich geworden. Da gäbe es vielleicht Flughafenterminals aus der Zwischenkriegszeit, die stehen geblieben wären, vielleicht mit dorischen Säulen beim Einchecken und verschnörkelten Jugendstilgeländern an der Sicherheitskontrolle, und man würde diese Nostalgie empfinden, wenn man ein Flugzeug bestiege, wie wenn man einen Zug vom Gare de Lyon nimmt.

Warum fahre ich denn überhaupt zwischen Paris und Rom

mit dem Zug, wenn ich doch fliegen könnte? Die Flugreise wäre so viel schneller vonstattengegangen als die mit dem Zug, in dem ich jetzt sitze und am offenen Rotwein des Hauses nippe. Ich bin nicht schneller, wenn ich den Zug wähle, und ich spare auch nicht mal Geld damit, denn im Europa von heute ist Fliegen leicht und billig, während internationale Zugreisen umständlich und teuer sind.

1962, in dem Jahr, als ich geboren wurde, kostete das billigste Flugticket Stockholm-Bangkok hin und zurück mit der SAS ungefähr fünftausend Kronen. Das ist zwar dieselbe Summe, die man auch heute dafür bezahlen würde, doch damals entsprach das ungefähr drei Monatsgehältern eines Vollzeit arbeitenden Büroangestellten. Damals war es nur ein kleiner Kreis in der höchsten Finanzelite, der sich eine Flugreise ins Ausland leisten konnte.

Im selben Maße, in dem das Fliegen weniger elitär geworden ist, hat sich die Welt vergrößert, wie eine Blase, die sich langsam, aber sicher immer mehr ausdehnt. Die weißen Flecken in unserer Vorstellungswelt haben Farbe und Form bekommen. Die Welt ist entmystifiziert worden, das Fremde ist näher gerückt. 1950 reisten fünfundzwanzig Millionen Menschen in den Ferien ins Ausland. Diese glücklich Gestellten entstammten der gesellschaftlichen Oberschicht in Europa und Nordamerika und konnten in mehrfacher Hinsicht als eine Fortsetzung des Kolonialismus betrachtet werden. Kein Wunder, dass Menschen, die flogen und Zug und Ozeandampfer fuhren, auf den alten Reisebüro-Plakaten und in den Hollywoodfilmen so schick aussahen. Auch in Agatha Christies «Mord im Orientexpress», in dem Hercule Poirot und die anderen Figuren aus dem Pera Palace Hotel in Istanbul auschecken und an Bord des legendären Zuges steigen, um nach Calais und dann weiter nach London zu reisen, werden natürlich Menschen aus dieser Klasse abgebildet. In niedrigeren Gesellschaftsschichten und im Rest der Welt war der Gedanke an Auslandsreisen entweder eine Utopie oder verknüpft mit Flucht, Arbeitssuche und Gedränge in der Dritten Klasse.

Doch das ist lange her. Seither zeigt die Kurve des internationalen Tourismus ausschließlich nach oben, und nichts hat diese Entwicklung aufhalten können. Die Wirtschaftskrisen 1992, 2001 und 2008 sind nur als kleine Kerben in der steigenden Kurve erkennbar. 2015 unternahmen die Einwohner der Erde 1,2 *Milliarden* Auslandsreisen, was achtundvierzigmal mehr ist als 1950.

Heute machen die größte Gruppe der Auslandsreisenden weder Amerikaner, noch Engländer oder Deutsche aus, sondern Chinesen. Die Chinesen reisen nicht nur am häufigsten ins Ausland, sondern sie geben auch in den Ländern, in die sie reisen (vor allem Japan, Südkorea, Thailand, Philippinen und Malaysia), am meisten Geld aus. Die Chinesen führen also, aber die Inder sind stark im Kommen. Es wird nicht mehr lange dauern, dann wird der typische Tourist kein Europäer mehr sein, sondern ein Asiate, was den Vorwurf, dass internationaler Tourismus eine Fortsetzung des europäischen Kolonialismus sei, dann endgültig aus dem Weg räumt.

Die Ursache für diesen Reiseboom ist das immer billigere und damit immer üblichere Fliegen. Denken Sie, nur die weiße, westliche Mittelklasse der Welt fliegt? Das war vielleicht früher einmal so. Doch immer mehr Auslandsreisen der Schweden zum Beispiel werden von Bürgern getätigt, die Verwandte in ihrem alten Heimatland besuchen. In der Reisebranche wird das «ethnisches Reisen» genannt und ist die Erklärung dafür, dass es von Schweden Direktflüge nach Erbil, Teheran und Addis Abeba gibt. Ein deregulierter Markt, beinharte Konkurrenz, niedrige Löhne für das Kabinenpersonal und Treibstoff sparende Flugzeuge haben dazu geführt, dass es sich immer mehr Menschen leisten können, in der Luft anstatt auf dem Boden zu reisen.

Aber wer wollte eine derart monumentale Demokratisierung

der Möglichkeiten des Menschen kritisieren, eine Auslandsreise zu unternehmen, seinen Horizont zu erweitern und seine Lieben in nah und fern zu besuchen? Somit ist es schon ein wenig versnobt, wenn ich mich nach der Zeit zurücksehne, als wir nach Istanbul den Zug nahmen. Dennoch sehe ich auch mit Erschrecken die negativen Effekte des Fliegens. Auf der Minusseite steht natürlich der Ausstoß von Treibhausgasen, die zur globalen Erderwärmung beitragen. Wenn ich fünfhundert Kilometer fliege, so habe ich auf der Seite des Naturschutzwerks gelesen, stoße ich einhundertsechzig Kilo Kohlendioxid aus, aber wenn ich den Zug nehme – vorausgesetzt, dass er von einer elektrischen Lok gezogen wird –, dann sind es nur drei Kilo. Das bedeutet, dass ich dreiundfünfzig Zugreisen unternehmen kann, ehe ich auf denselben Ausstoß wie bei einer einzigen Flugreise komme. Da könnte schon das Umweltargument allein genügen, um entweder zu Hause zu bleiben oder eine andere Reiseform zu wählen.

Doch Flugreisen tun auch noch etwas anderes. Sie verzerren unser Bild von der Welt. Wir sind so verführt von der Struktur des Fliegens, dass wir begonnen haben, die Welt als einen Fächer aus Fluglinien zu sehen anstelle von einem Knäuel aus Eisenbahnlinien, Autostraßen und Kuhstiegen an Wiesen und Seen vorbei und durch Wälder und über Alpenpässe. Trotz aller entlegenen Orte, an die ich schon gereist bin, und aller Begegnungen mit Kulturen, die ich hatte, hat das Fliegen doch dazu geführt, dass meine Auffassung von Raum immer eingeschränkter geworden ist. In unserer Zeit, in der wir kreuz und quer über den Planeten unterwegs sind, haben wir das Gefühl dafür verloren, wie diese Teile zusammenhängen.

Schon in der Kinderzeit des Fliegens ahnte der philosophierende französische Pilot Antoine de Saint-Exupéry, in welche Richtung wir unterwegs waren. Mehrere Jahre lang flog er mit einer einmotorigen Postmaschine über die Sahara, das Mittelmeer und die Anden. In seinem autobiografischen Buch «Wind, Sand und Sterne» beschreibt er, wie die Flügel uns von der Wirklichkeit entfernen. Oben in der Luft verlieren wir den Kontakt zu den sich windenden Wegen (dem Alltagsleben) und lernen, der direkten Linie (dem Fernweh) zu folgen, lösen uns von allen geliebten Banden (Sorgen) und sind frei, Kurs auf die Ferne zu nehmen (Hoffnung auf Veränderung).

Das Reisen auf der Ideallinie war eine infrastrukturelle Revolution, die innerhalb von hundert Jahren unsere globalen Bewegungsmuster veränderte. Ohne das Flugzeug würden die Menschen, simpel gesprochen, nicht eine knappe Milliarde Auslandsreisen im Jahr bewerkstelligen können. Wer einfach so schnell wie möglich vorankommen möchte, sieht natürlich kein Problem darin, der Ideallinie zu folgen. Das ist viel sicherer, und Passagier, Post und Waren kommen so viel schneller ans Ziel.

Doch Saint-Exupéry, der Pionier mit der Lederkappe und der Fliegerbrille, konnte nicht aufhören, darüber nachzudenken, was die Flugreisen mit seiner Wahrnehmung machten. Während eines Flugs in den Zwanzigerjahren verlor er komplett den Kontakt zur Wirklichkeit. Er wusste nicht einmal mehr, wo oben und wo unten war und was Wirklichkeit und was Illusion. Ohne einen genauen Horizont war unmöglich zu unterscheiden, was die Erde war und was der Himmel. Die Sinne konnten nicht folgen: «Jetzt fühlten wir uns im Weltall verloren. Unter hundert unnahbaren Planeten waren wir auf der Suche nach einem einzigen: unserem Planeten ...»

So fühlt es sich auch in mir an, wenn ich auf dem Weg zwischen zwei Weltstädten in dem hoch fliegenden Düsenflugzeug im Sitz eingezwängt bin und auf dem Bildschirm im Vordersitz meinen Reiseweg als einen digitalen schnurgeraden Strich auf der animierten Weltkarte betrachte. Ins All geworfen. Von der Wirklichkeit entfernt. Verloren. Wie David Bowman, der Astronaut in Stanley Kubricks Film «2001 – Odyssee im Weltraum», der einsam und verwirrt in seiner Kapsel durch einen Tunnel aus Licht in eine andere Dimension transportiert wird. Obwohl ich es sehr attraktiv finde, für eine Weile Flügel zu bekommen, sehne ich mich immer mehr nach der Erde zurück, um kreuz und quer zu fahren, langsam, in sich schlängelnden Kurven, zerstreut und neugierig anstatt schnell und geradeaus.

Es gibt tatsächlich noch ein Argument, für Fahrten zwischen Europas Städten den Zug zu nehmen und nicht das Flugzeug. Ich stelle mir einen typischen Flugreisetag vor: Ich stehe vor Sonnenaufgang auf, sitze mit verschlafenem Blick im Bus zum Flughafen und starre in die Dunkelheit, rolle meinen Koffer durch endlose Gänge, stehe in langen Schlangen zum Einchecken und in noch längeren zur Sicherheitskontrolle, bekomme schlechte Laune, weil ich zu wenig geschlafen habe, und fluche auf das Sicherheitspersonal, das meine Tasche nun schon zum zweiten Mal durchsucht. Danach werde ich in einen Sitz mit minimaler Beinfreiheit eingeklemmt, bekomme lauwarmen Kaffee serviert und kaufe ein trockenes Brötchen für viel zu viele Euros, lande und gehe noch mehr Gänge entlang, spüre den Schweiß am Leib kleben, warte auf das Gepäck, bin frustriert, weil es so lange dauert, und fahre mit einem weiteren Flughafenbus ins Zentrum der Stadt, in der Nachmittagshitze viel zu warm angezogen.

Diese Reise wird fast den ganzen Tag dauern, obwohl der Flug selbst weniger als zwei Stunden dauert. Außerdem werde ich sehr genervt und erschöpft sein, wenn ich ankomme, weil ich so früh aufstehen und so viele verschiedene Stressmomente mit Adrenalinsteigerungen durchleben musste.

Wie wäre es denn, wenn ich am Abend vor diesem geplanten Reisetag einen internationalen Nachtzug besteigen würde, von denen es in Europa so viele gab, ehe die Konkurrenz der Flugzeuge übermächtig wurde? Da würde ich an Bord zu Abend essen können und dann in einem Abteil in einem Bett mit weißem Bettzeug schlafen und träumen können, während der Zug durch die Nacht saust, und dann würde ich am frühen Morgen auf einem Bahnhof im Zentrum der Stadt ankommen und nicht, wie mit dem Flugzeug, an einem Terminal auf einem windigen Flugfeld etliche Kilometer außerhalb.

Reiseerinnerungen haben die Tendenz, beschönigend zu wirken. War die unendlich verspätete und schweißtreibende Zugreise von Brindisi nach Neapel, die ich als Neunzehnjähriger unternommen habe, tatsächlich so wunderschön, wie ich sie im Gedächtnis habe? Habe ich es wirklich genossen, auf einem Badehandtuch auf dem schmutzigen und harten Fußboden im Gang zu liegen, während andere Passagiere über mich stiegen? Dachte ich «Oh, wie romantisch!», als ich als einundzwanzigjähriger Indienreisender mehrere Stunden lang mit dem Rucksack auf dem Kopf in dem vollgestopften und fünf Stunden verspäteten Zug zwischen Bombay und Goa auf einem Fuß stand? Nein, natürlich verkläre ich das. Natürlich vergesse ich die tristen Transportstrecken zwischen den magischen Momenten.

Aber dennoch. Während der scheinbar monotonen Fahrt des Zuges schafft man so viele andere Dinge. Wenn die Verhältnisse einigermaßen bequem sind, kann man Tagebuch schreiben, einen Roman lesen oder einfach dasitzen und nachdenken. Die gleichförmigen Bewegungen des Zuges sind Kontemplation und Meditation. Die Reise wird zur Hebamme der Gedanken, wie der Philosoph Alain de Botton es formuliert hat. «Es gibt einen etwas seltsamen Zusammenhang zwischen dem, was wir vor Augen haben, und dem, was wir im Kopf haben können: Großartige Gedanken brauchen manchmal großartige Aussichten, neue Gedanken, neue Orte», schreibt er in «Die Kunst des Reisens» (2004).

Landschaften, die sich die ganze Zeit nähern und verschwinden und mitgleiten, «während das Auge ein kleines Detail, eine Wolke, ein bizarres Gebäude, ein aufgestöbertes Tier wahrnimmt, aber es doch nicht mit dem Blick festhalten kann, indem man vorbeirollt», wie Jenny Diski es beschrieben hat. Und genau wie wenn man lange Strecken wandert, kann man gleichzeitig, während man sich vorwärts bewegt, an etwas anderes denken. Gedanken können unabhängig davon, was das Auge gerade aufnimmt, existieren, sie dürfen sich gern selbst versorgen.

Am besten entstehen Gedanken, wenn die Landschaft in einem gemäßigten Tempo vorbeigleitet. Der Zug bewegt sich schnell genug, dass einen immer Gleiches nicht langweilt, aber langsam genug, dass man noch Details und Eigentümlichkeiten erkennen kann. Das ist so viel lebendiger als die Reise mit einem Flugzeug oder auch einem Ozeandampfer mit der eintönigen Aussicht auf unendliche Wolkendecken oder gleichbleibendes Meer.

Als mein Vater im Juni 1955 nach Paris fahren wollte, nahm er den Zug. Das war für ihn eine selbstverständliche Wahl. Der Preis für ein Flugticket war unfassbar hoch, der für ein Zugbillett im Rahmen der Möglichkeiten. Zweihunderteinundzwanzig Kronen und fünfundneunzig Öre steht mit blauer Tinte auf der Fahrkarte, die mein Vater in sein Fotoalbum geklebt hat – neben das Foto vom Eiffelturm und die exotische Preisliste des Wein- und Schnapsgeschäfts Caves St. Michel. Das war auch damals nicht furchtbar billig, aber ein Flugticket kostete dreimal so viel.

Wenn mein Vater verreisen wollte, dann musste er nicht Monate im Voraus buchen, um den besten Preis zu bekommen. Er schlenderte einfach ein paar Tage vor der Abreise zum Bahnhof in Krylbo und kaufte eine Fahrkarte, die immer gleich viel kostete, egal, wann er sie kaufte. Der Zug brachte ihn dann mit Umsteigen in Malmö und Hamburg den ganzen Weg bis hin zum Gare du Nord.

In den Achtzigerjahren herrschten die europäischen Eisenbahnen. Ich erinnere mich, wie die Reklame aus den Schaufenstern der Reisebüros einen anlachte und dass zwischen den Großstädten Europas die Direktzüge im Shuttle-Takt verkehrten. Während des Sommerhalbjahres gab es Schlaf- und Liegewagen und Speisewagen mit Service am Tisch für die gesamte Strecke von Stockholm nach Paris. Alle, die ich kannte, nahmen den Zug, wenn sie auf den Kontinent fuhren. Niemand flog. Es war cool, Zug zu fahren, und außerdem bequem. Und immer noch so viel billiger als das Fliegen.

Doch zu Beginn der Neunzigerjahre passierte etwas. Die streng geregelten europäischen Flüge wurden dereguliert. Plötzlich gab es eine freie Preisgestaltung, Fluglinien konnten mit Zustimmung von den Behörden nur eines Landes gegründet werden, und alle Fluggesellschaften mit Sitz in der EU betrieben in sämtlichen Mitgliedsländern ihre Linien. Mit Hilfe von außereuropäischen Zeitarbeitsfirmen verschafften sich die Billigfluggesellschaften schlecht bezahltes Personal und konnten so ultrabillige Tickets verkaufen, was ihrerseits die alten Monopolfirmen wie SAS, Alitalia, Air France oder Lufthansa herausforderte. Folgerichtig gaben die Reisenden die Gleise auf, um über den Wolken zu schweben. Warum auch sollten sie das nicht tun? Plötzlich war ja die Welt umgekehrt: Das Fliegen war das neue Billigreisen.

Wäre ich ein Verschwörungstheoretiker, dann würde ich darüber spekulieren, wie die Herren über Europas Eisenbahnfirmen mit den Taschen voller Bestechungsgelder aus der Flugbranche sich trafen, gemein gelacht und dann gescherzt haben: «Jetzt werden wir den Zugreisenden mal das Leben so richtig schwer machen. Erst mal stellen wir die internationalen Verbindungen ein, und dann erhöhen wir auf den noch verbleibenden die Preise um hundert Prozent.» Oder ich würde mir die Politiker vorstellen, die auf einem anderen Zusammentreffen riefen: «Ha, ha, jetzt sorgen wir mal dafür, dass die Flugpreise runterreguliert werden, und pumpen ordentlich Steuergelder in den Bau von Flugplätzen.» Und die Ölscheichs und die Flugzeugbauer skandierten: «Hurra! Dann werden wir noch reicher!»

Doch ich glaube nicht an Verschwörungen, sondern eher an die Unfähigkeit des Menschen, die Konsequenzen seines Tuns vorauszusehen. Unsere Abgeordneten mit ihrer Deregulierung der Flüge haben nicht begriffen, dass sie den Zugreisenden alles verdarben, ebenso wenig, wie die Russen mit ihrer Invasion von Afghanistan 1979 und die Iraner mit ihrer Revolution im selben Jahr daran dachten, dass sie damit den beliebten Landweg nach Indien, die Zug- und Busrouten der Hippiereisenden abschnitten. Sie hatten anderes zu bedenken, aber das war das Ergebnis. Und seither fliegen alle normalen Menschen, wenn sie ins Ausland wollen.

Stellen wir uns einmal vor, dass die Politiker Europas sich nächste Woche auf einer Konferenz darauf einigen, eine Umweltsteuer einzuführen, die den Preis der Flugtickets um 50 Prozent erhöht. Ein Schock, ohne Frage. Aber wenn wir bedenken, dass ein Flugticket nach Rom, das heute 1200 Kronen kostet, damit auf 1800 steigen würde, dann wird uns schon klar, dass die Welt deshalb nicht untergehen würde, sondern dass es sich um eine verständliche Erhöhung zugunsten der Umwelt handeln würde. Wenn nun dieselben Politiker sich einig wären, dass man diese Steuergelder in neue Gleise investiert und in die Umschulung der Stewardessen und Piloten der Fluglinien zu Zugbegleitern und Lokführern, was würde dann passieren? Dann würden Sie zwischen einigen der Großstädte des Kontinents – Kopenhagen, Berlin, Köln, Brüssel, Paris, Rom, Madrid, München, Wien und Prag – mit dem Schnellzug fahren können, und zwar in derselben Zeit, die es dauert, zu fliegen, zumindest, wenn man die Fahrt mit dem Flughafenbus zu abgelegenen Billigflugplätzen und das Schlangestehen in Sicherheitskontrollen dazurechnet.

Mit der Schildkröte an der Leine

Sumatra, November 1988. Der Bus nach Süden durch endlosen Dschungel. Die Stunden vergehen, und die dichte Vegetation, die vor dem Busfenster vorbeiwischt, ändert nur ihr inneres Aussehen. Es ist einschläfernd eintönig, schlimmer, als durch die Kiefernwälder Norrlands zu fahren. Eine Stunde. Ein Vormittag. Ein Tag. Eine Nacht dazu. Dieselben Bäume. Dieselbe Straße.

Eines Nachmittags steige ich mitten in der Einöde aus und spaziere auf einem kleinen Schotterweg hinunter zum Ufer des Lalang. Bayungclinicir ist ein anspruchsloses Walddorf mit verfallenden Holzhäusern auf Baumstämmen in der Brandung, einer Ansammlung schmaler, niedriger, kanuähnlicher Boote, die im Hafenbassin schaukeln, rostigen Konservendosen in einem Graben, ein paar kleinen Jungs, die glotzen. Der Verfall der ländlichen Besiedelung, denke ich.

Ich bin aus einem Grund hergekommen: Ich möchte die riesigen Sumpfgegenden mit dem Flussboot durchqueren. Ich bin die

Busse und die einförmigen Waldränder so leid und habe mir gedacht, dass die Windungen des Flusses zum Meer hinunter mehr Überraschungen bieten als die asphaltierte, schnurgerade Straße. Außerdem verlocken mich das geringe Tempo der Flussboote und die Möglichkeit, Details in der Landschaft, an der ich vorbeikomme, aufzunehmen.

Wie sich herausstellt, gibt es das Passagierboot, zu dem der Lonely-Planet-Reiseführer rät, nicht mehr, aber ich treffe einen Mann, der sich anbietet, mich in seinem kleinen Motorboot auf die zehnstündige Fahrt nach Karangagung mitzunehmen. Von dort, so sagt er, geht ein Passagierboot nach Palembang, der Stadt in dem großen Erdöldistrikt. Wir einigen uns auf einen Preis, schütteln einander die Hände, und dann gehe ich, um mich im Dorfladen mit Proviant zu versorgen.

Eine Stunde später wirft der Bootsführer den Außenborder an, und wir steuern auf den spiegelglatten Fluss hinaus. Wir begeben uns in die unwegsamen ausgedehnten Mangrovensümpfe hinein, die sich vor der Ostküste Sumatras ausbreiten. Sumpfgebiete, die so groß sind wie ganz Götaland. Unwegsam, aber nicht unberührt. Das hier ist das Rohwaren produzierende Sumatra. Seit die Holländer im 17. Jahrhundert hierherkamen, ist das Land ein Lebensnerv der westlichen Welt, wie ich im Reiseführer lese. Tabak, Gummi, Kaffee, Erdgas, Öl und Holz. Entlang Lalang, Calik, Banyuasin und Musi, den Flüssen, die durch die sumpfigen Wälder im südöstlichen Sumatra fließen, liegen Sägewerke und Dörfer dicht an dicht. Die Flüsse sind die Verbindungen mit der Außenwelt für Menschen und für Rohwaren. Der Wald ist die Hauptnährungsquelle. Die hochgewachsenen Bäume werden gefällt, ins nächste Sägewerk geflößt und dann in die Exporthäfen draußen auf dem Meer. Eine hyperempfindliche Region zwischen Wildnis und Weltmarkt. Niedrige Konjunktur in Europa, eine Bankenkrise in Japan, steigende Arbeitslosigkeit in den USA – schon die kleinste Veränderung dort pflanzt sich hier wie Ringe auf dem Wasser fort. Ich kann spüren, wie die Umgebung den Sumpf umschließt, wie sie ständig gegenwärtig ist und sich aufdrängt.

Das Boot gleitet langsam an grauen Holzhäusern auf Pfählen, schnaubenden mit Dampf betriebenen Sägewerken und schwimmendem, rotbraunem Holz vorüber. Das ist seltsam und zugleich ein wenig feierlich. Ich habe das Gefühl, hier zweihundert Jahre Industrialisierung in der Veredelungspyramide des Menschen zu sehen. Hier beginnt alles, was neunundzwanzig Verbindungen später zu einem roten Plastiktelefon oder einem grünen Tennisball wird. Ohne dieses hier gibt es nichts anderes.

Auf den Stegen vor den Wohnhäusern findet das Leben statt: Frauen waschen in dem colafarbenen Flusswasser, stillen Babys, kochen Essen über Feuerstellen und winken den vorbeifahrenden Booten zu. Ich kann direkt in die Wohnzimmer der Leute sehen, in die Küche und ja, sogar in die Toiletten – hallo, hallo, ich bin nur auf der Durchreise –, aber meine Blicke werden meist mit Lächeln und Winken beantwortet, als wäre es die natürlichste Sache der Welt, dass die Flussreisenden vorbeigleiten und die Leute ansehen, wie sie dasitzen und ihre Notdurft verrichten.

Viele Stunden später und zahlreiche Meilen stromabwärts kommt die Dunkelheit, wie immer in der Nähe des Äquators plötzlich. Es fühlt sich weniger wie eine natürliche Dämmerung an, sondern als wäre eine Sicherung durchgebrannt. Ich kann noch die Silhouetten von Raubvögeln und von Affen mit langen Schwänzen in den spitzen Baumkronen erkennen, dann eilt das letzte Licht hinter den Horizont und alles wird schwarz.

Um halb eins in der Nacht erreichen wir Karangagung, ein Dorf, das ganz auf Pfählen in der Brandung zwischen Fluss, Meer und Sumpf direkt vor der Einmündung des Lalang in die Südchinesische See gebaut ist. Wir legen an einem Steg an, ich rolle mich auf dem Boden des Bootes zusammen und schlafe ein. Ich träume davon, dass die Dorfbewohner kommen, um uns auszurauben, aber wie so oft ist die Angst unberechtigt.

In der feuchten, kühlen Morgendämmerung, der Stunde, ehe die Sonne heiß wird und die dünnen Nebel teilt, verabschiede ich mich von dem Bootsführer, der mich hierher gebracht hat, und steige in ein schnelles, kleines, reguläres Passagierschiff um, das mich nach Palembang bringen wird. Neben mir in dem frühen Morgenboot sitzen müde Pendler auf dem Weg in die Stadt zur Arbeit. Das schnelle Boot hat zwei Außenborder und röhrt stromabwärts in ein Delta hinaus, biegt dann nach Westen ab, kreuzt drei große Seen, kommt an fünf Fischerdörfern vorbei und fährt dann stromaufwärts in dem Fluss, der in das gelobte Land des Erdöls führt, wo die schwarzen Eingeweide Sumatras veredelt werden, um auf irgendeiner Rohölbörse an einem anderen Ende der Welt in Dollar verwandelt zu werden.

Nach ein paar Stunden halten wir an einem löchrigen Holzsteg an. Zusammen mit den anderen Passagieren steige ich aus und bestelle an einem wackeligen Holztresen einen Kaffee mit Kondensmilch – kopi susu. Und so stehen wir da mit verschlafenem Blick und schauen über den zähfließenden Fluss in der milchweißen Dämmerung. Wir haben keine gemeinsame Sprache, und deshalb sagen wir nichts. Trotz des Schweigens empfinde ich eine gewisse Zusammengehörigkeit.

Wir fahren weiter. Einige Stunden später sehe ich rauchende Industrieschlote und brennende Schornsteine von Ölraffinerien am Horizont. Die Bebauung entlang des Ufers wird dichter. Man hört Autos, Fahrräder, Menschen. Das Schiff hüpft auf dem sich kräuselnden Fluss direkt ins Herz der Stadt, auf und ab geht es, die Bauchmuskeln zucken. Plötzlich nimmt der Kapitän den Fuß vom Gas, wir beschreiben eine scharfe Kurve und legen an einem wackligen Holzsteg direkt gegenüber einem Viertel mit Holzbruchbuden und engen, lehmigen Gassen an.

Wäre ich weiter mit dem Bus gefahren, dann wäre ich schon am Abend zuvor da gewesen. Aber dann hätte ich nicht erfahren, wie es sich anfühlt, in Nebel gewickelt auf einem Steg in einem tropischen Sumpf zu stehen und zusammen mit den Pendlern der Feuchtgebiete süßen Kaffee zu trinken.

Als der polnische Auslandsjournalist Ryszard Kapuściński zum ersten Mal aus dem kalten Warschau über das feuchte London ins heiße Accra in Ghana flog, war er verwirrt. Es war in den Fünfzigerjahren, und Flugreisen über so weite Entfernungen waren etwas Neues. «Überall Licht. Überall hell. Sonne überall», notierte er, als er ankam. Eben hatte er sich noch im regengetränkten England befunden, aber dank der schnellen Reise des Flugzeugs hatte er nun kalten Wind und Dunkelheit gegen ein sonnengetränktes Leben bereits am Morgen eingetauscht. Er war überwältigt.

Die schnelle und sichere Reise in sehr hoch fliegenden Stahlkokons war natürlich verglichen mit den langsamen und gefährlichen Reisen auf knarrenden und krängenden Segelschiffen ein ungeheurer Fortschritt. Aber wie funktionierte es mit der Anpassung an die neue Umgebung, wenn das Reisen immer mehr an die Teleportierungen der Science-Fiction-Literatur erinnerte? Früher, als die Menschen zu Fuß durch die Welt reisten oder ritten oder segelten, gewöhnten sie sich im Verlauf der Reise an die Veränderungen. «Die Bilder von der Erde wechselten langsam vor ihren Augen, die Welt als Bühne drehte sich kaum merkbar. Die Reise nahm Wochen, Monate in Anspruch», schrieb Kapuściński in «Ebène» (Ebenholz), das eines der besten Reportagebücher über Afrika ist, die ich je gelesen habe. «Man hatte Zeit, sich an die andere Umgebung, die neue Landschaft zu gewöhnen. Selbst das Klima veränderte sich etappenweise, allmählich. Ehe der Reisende aus dem kalten Europa an den glühenden Äquator kam, hatte er die behagliche Wärme von Las Palmas hinter sich gelassen, die Hitze von El-Mahar und die ʻHölle von den Kapverden.»

Heute ist von diesem Gewöhnungsprozess nichts mehr übrig. Stattdessen sind wir von der Magie des Teleportierens verführt. Die Möglichkeit, sich schnell und ohne Opfer von einem Ort zum anderen zu begeben, hat uns so blind gemacht, dass wir Verspätungen und gestrichene Flüge als ernsthafte Kränkungen unserer persönlichen Integrität und unserer Menschenrechte betrachten. Man hört das an der Tonlage der betroffenen Reisenden, die interviewt werden, wenn ihr Flug durch einen Streik, einen technischen Fehler oder durch die Staubwolke eines isländischen Vulkans aufgehalten wurde.

«Damit haben wir wirklich nicht gerechnet! Jetzt ist der Urlaub ruiniert!», verkünden sie mit tränenerstickter Stimme vor den Fernsehkameras.

Wenn sie eine kurze Wochenendreise geplant hatten, dann stimmt das natürlich. Ich möchte auch die Enttäuschung nicht kleinreden, die man empfindet, wenn man auf einen sehnsüchtig erwarteten Urlaub gespart hat und dann auf einem Flugplatz in einem chaotischen Meer von frustrierten Reisenden festsitzt. Aber die Enttäuschung gründet darauf, dass wir schnelle und problemfreie Beförderungen für selbstverständlich halten – und dass Verkehrsstörungen eher etwas Unnormales sind, womit man nicht rechnet, obwohl dabei Menschen sowie ausgefeilte Technik und die Kräfte der Natur mit am Start sind.

Im Verlauf des letzten Jahrhunderts sind wir immer schneller geworden. Da genügt es schon, in alten Reiseführern zu blättern, um die Veränderungen festzustellen. Im deutschen Baedeker-Führer Rom von 1909 werden mindestens vierzehn bis sechzehn

Tage in der Stadt empfohlen. Wie soll man sonst Rom erleben können? In Ellen Rydelius' klassischem Reiseführer «Rom in 8 Tagen», dessen erste Auflage 1927 erschien, hört man schon am Titel, wie modern er ist. Die Reisenden jener Zeit müssen ausgerufen haben: Stell dir mal vor, Rom in nur acht Tagen! Heute finden wir, dass eine Wochenendreise von drei bis vier Tagen die ultimative Reisedauer für einen Besuch in einer europäischen Großstadt ist. Alles andere weckt nur Fragen. Eine ganze Woche in Rom? Willst du da hinziehen oder was?

Die Zeit ist knapp geworden, obwohl wir kürzere Arbeitszeiten haben und mehr Urlaub als je in der Geschichte, und obwohl die Reise selbst so schnell geht. Als Ryszard Kapuściński anfing, nach Afrika zu reisen, waren Interkontinentalflüge noch etwas Neues, und er konnte nicht anders, als über den Unterschied zwischen dem Flug und den Zug- und Schiffsreisen nachzudenken, die bis dahin vorherrschend gewesen waren. «Das Flugzeug reißt uns brüsk aus Schnee und Frost und wirft uns schon am selben Tag in den glühenden Rachen der Tropen. Plötzlich – wir schaffen es kaum, uns die Augen zu reiben – da sind wir schon in einer Hölle der Feuchtigkeit. Sofort beginnen wir zu schwitzen. Wenn wir aus dem europäischen Winter gekommen sind, werfen wir Mäntel und Pullover ab. Das ist die erste Initiationsgeste für uns Nordländer, die in Afrika ankommen.»

Wir sehen uns gezwungen, effektiv zu sein und schnell zu reisen. So sieht unsere Kultur aus. Dem zu widerstehen, ist schwer. Solange es schnelle Transportmittel zu vernünftigem Preis gibt, wird die Mehrheit sich gegen die Langsamkeit entscheiden, ganz gleich, wie viele vernünftige Umweltargumente und philosophische Überlegungen wir hören.

Die letzte Hoffnung ist, dass das ganze Leben anfängt, *zu schnell* zu gehen, und dass wir uns im Effektivitätsrad gefangen fühlen. Dann kann das langsame Reisen eine Methode sein, einmal eine Pause von allem zu machen. Damit meine ich keine Langsamkeit als nostalgischen Blick zurück, sondern als die Zukunftsvision von einer harmonischeren Art zu leben. So sieht die Vision der Slow-Travel-Bewegung aus. Der Weg bis zum Ziel ist ein wichtiger Teil der Reise. Das Vergnügen an der Reise verschwindet, wenn man sich zu sehr auf das Ziel konzentriert. Geht es zu schnell, dann verpasst man Erlebnisse. Wenn wir für eine längere Zeit verreisen, dann müssen wir nicht die Sehenswürdigkeiten abhaken, als wären sie Waren auf einer Einkaufsliste – ein Verhalten, das unseren Alltag prägt. Sondern wir haben Muße, immer nur ein Ding zur gleichen Zeit zu tun und die Eindrücke in aller Ruhe einsinken zu lassen. Dann können wir die Langsamkeit als den Luxus begreifen, der sie ist. «Festina lente», also «beeile dich langsam», soll Kaiser Augustus gesagt haben, um zu betonen, dass Schnelligkeit manchmal auch zum Nachteil der Menschen sein kann. Walter Benjamin schrieb in seinem 1980 posthum erschienenen Werk über Paris «Das Passagen-Werk», dass es im 19. Jahrhundert als elegant galt, mit einer Schildkröte an der Leine spazieren zu gehen. Die Schildkröte, die dafür sorgte, das Tempo niedrig zu halten, wurde zu einem Statussymbol, denn nur die Reichsten konnten es sich leisten, sich nicht um den zwanghaften Fluss der Zeit zu scheren und so langsam zu spazieren, wie das Tier es verlangte.

Das Slow-Travel-Manifest, das 2009 in der Zeitschrift «Hidden Europe» in die Welt gerufen wurde, unterscheidet sich gar nicht so groß von den Gedanken der naturromantischen Urlaubswanderer des 19. Jahrhunderts. Zwar steht da nichts von Spaziergängen mit Schildkröten, doch stellt der Redakteur der Zeitschrift, Nicky Gardner, die Segelreise des Odysseus als ein Vorbild dar: «In den letzten Jahrhunderten hat eine subtile Veränderung in unserem Denken über Reisen stattgefunden. Dantes Reise durch die drei Todesreiche kann als eine spannende Reisebeschreibung gelesen werden, ebenso wie die Odyssee des Homer. Doch heute ist das eigentliche Reisen aus der Mode gekommen. Es stimmt, dass wir immer mehr hierhin und dorthin fliegen, doch wertschätzen wir die Reise nicht mehr. Die Beförderung ist zu einer Belastung geworden, die zwischen Abfahrt und Ankunft stattfindet. Das Erlebnis der Reise wird von der Sehnsucht nach dem endgültigen Ziel verdunkelt.»

Hört auf, immer schneller zu werden, steht in dem Manifest: «Denken Sie noch einmal mehr nach, ehe Sie fliegen. Reisen Sie lieber langsam. Erforschen Sie die Wege. Vermeiden Sie die großen Sehenswürdigkeiten. Und bleiben Sie an jedem Ort länger.»

Die Slow-Travel-Bewegung ist von dem französischen Schriftsteller, Dichter und Reiseautor Théophile Gautier (1811–1872) inspiriert worden, der einer wachsenden Schnelligkeit seiner Zeit gegenüber kritisch war. Gautier meinte, der Mensch sei vom hohen Tempo besessen. Ein geringeres Tempo, so schrieb er, würde es möglich machen, im Verlauf der Reise Kontakt zu den Gesellschaften entlang des Weges aufzunehmen. Doch die Erhöhung des Tempos verläuft wie ein roter Faden durch die Jahrhunderte. Die Schnelligkeit, die Théophile Gautier nicht wollte, war die der Eisenbahn – technologische Neuheit des 19. Jahrhunderts. Die moderne Slow-Travel-Bewegung hingegen entscheidet sich natürlich gegen das Fliegen.

Auf der Salentohalbinsel in der Region Apulien auf Italiens Stiefelabsatz begegne ich einem hingebungsvollen Fahrradfahrer namens Carlo Cascione. Er war Radioreporter bei mehreren unabhängigen Sendern in Spanien und Frankreich gewesen, war dann aber nach Apulien zurückgekehrt, um ein Projekt in seiner Heimatregion zu starten. Er wollte einen Schritt zurück machen und gleichzeitig einen nach vorn. Er wollte die Italiener dazu bringen, das Auto stehen zu lassen und stattdessen mit dem Fahrrad zwischen ihren Dörfern hin und her zu fahren und dabei zu entdecken, dass die lokale Kultur einen höheren Wert hat, als ihnen bewusst war.

Gleichzeitig beobachtete er die Touristen aus dem Norden, die gestresst mit ihren Mietautos durch die Gegend fuhren und Sehenswürdigkeiten abhakten. Sie verspürten nicht den Duft der Frühjahrsblumen an den Wegesrändern und verpassten es, eine schmale Abzweigung zu nehmen und durch die Olivenhaine zu wandern. Außerdem brachten sie eine Menge Abgase mit und wurden von der mangelnden Bewegung fett.

Während der Rest Italiens von Silvio Berlusconi geblendet war, hatte Apulien 2005 einen kommunistischen Ministerpräsidenten gewählt. Das war das erste und bisher einzige Mal, dass dies in Italien passierte. Seit Nichi Vendola das Ruder in Süditalien übernommen hat, ist er aus der Kommunistischen Partei ausgetreten und hat auf bekannte italienische Manier eine neue Partei gegründet: Sinistra Ecologica Libertà – Freie Ökologische Linkspartei. Aber Vendola war nicht nur rot und grün, sondern auch noch offen homosexuell und Unterstützer der LGBT-Bewegung, was das katholische, wertkonservative Italien schaudern machte. Aber vor allen Dingen: Er hatte keine Angst zu sagen, wie wenig ihm die führenden Politiker in Rom und die lokale Mafia gefielen. Nichi Vendola wurde bei allen bekannt für seine Rede, in der er den Premierminister Silvio Berlusconi beschimpfte und ihn eine «vulgäre Mischung aus männlicher Omnipotenz, Sexismus und Machokultur» nannte.

Der ehemalige Kommunist Nichi Vendola setzte auf neue Ideen, wie den Fahrradtourismus, und örtliche Unternehmer, wie Carlo Cascione, der in der Region, in der mehrere große Fabriken geschlossen worden waren, ein Unternehmen gegründet hatte, um einem armen Landesteil neues Leben einzuhauchen. Mit Hilfe regionaler staatlicher Unterstützung und zusammen mit zwei Freunden arrangierte Carlo Fahrradtouren für Touristen aus nah und fern. Ausflüge, auf denen Langsamkeit, Genuss und Sein im Hier und Jetzt betont wurden, und nicht Schnelligkeit und körperliche Herausforderung. Heute strampeln die Gruppen Carlos langsam durch die sandsteinhelle Landschaft und bleiben oft bei örtlichen Käsereien, Weinbauern und Dorfkneipen hängen. Das Logo des Touristenunternehmens spricht für sich selbst: Es ist eine Kombination aus einem Fahrrad und einer Schnecke.

Die Pasta ist aus Dinkelmehl, das Pesto aus Mandeln und Erbsen, und der Salat ist mit Fenchel und Leinsamen gemischt. Carlo und ich essen nach einer Fahrradtour am Ende der Welt in einem ökologischen und vegetarischen Lokal zu Abend. Ein paar Stunden zuvor waren wir noch mit einer Gruppe Sonntagsradfahrer von der Stadt Maglie im Licht der Dämmerung auf dem weißen Kiesweg neben den knotigen Olivenbäumen geradelt.

Während ich Rote Bete und Blumenkohlcreme und das traditionell harte Brot probiere, erzählt mir Carlo, wie sie gestresste Europäer mit lokal produziertem Essen, traditioneller Kultur, Wein aus der Umgebung und Langsamkeit in die Region locken. Hier geht das Fahrrad vor Auto und Bus. Was früher ein Symbol der Armut war, ist etwas Erstrebenswertes geworden. So wie Carlo mir wieder und wieder erklärt: Das Alte und Traditionelle ist in das Neue und Zukünftige verwandelt worden. «Wir haben unsere Identität als Apulier zurückerobert», sagt Carlo fröhlich, als wir am nächsten Tag wieder im Sattel sitzen und an Äckern vorbeifahren, auf denen die Kartoffelpflanzen schon Anfang Mai blühen und es am Wegesrand nach trockenem Gras und Fenchel riecht.

Mit der Kultur fing es an. Heute werden Konzerte arrangiert mit allem von Pizzica, dem traditionellen Volkstanz von der Salentohalbinsel, bis hin zu von Jamaika inspirierten Reggaemusikern, die in lokalem Dialekt singen. Dann hat sich die neue Philosophie auf das Essen, den Wein und das Handwerk ausgedehnt. Die Fahrradfahrer in Apulien haben sich zu einer handfesten Widerstandsbewegung in einer sich immer schneller drehenden Welt entwickelt. Sie sind die Schildkröte, die die Voraussetzungen des Reisens verändert hat und nun den Hasen herausfordert.

«Die Menschen pflegen heute eine Wertigkeit an sich, die es vor fünfzehn Jahren nicht gab. Apulier, die ins Ausland oder nach Norditalien emigriert waren, kehren zurück und sind stolz auf die lokale Landwirtschaft, das Essen und die Musik», erzählt Carlo, als wir abgestiegen sind und uns auf eine der vielen Steinmauern, die Äcker und Olivenhaine einrahmen, setzen, um auszuruhen.

Doch das Ausmaß dieses Stolzes verstehe ich erst am Tag darauf in seinem ganzen Ernst, als Carlo, der ein rotes T-Shirt mit der Aufschrift «Il futuro è di chi lo fa» (Jeder bestimmt sein eigenes Schicksal) trägt, sich weigert, mich den örtlichen Mozzarella probieren zu lassen, weil der «zu alt» sei. Zwar ist er am selben Morgen gemacht worden, aber jetzt sei Nachmittag, und der Käse solle am Vormittag verbraucht werden, wenn er noch lauwarm sei.

Neben mir radelt Carlos Kollegin Guilia Tenuzzo. «Das ist ein wunderbares Gefühl», sagt sie, und der Wind fährt ihr durchs Haar. «Wir sind nicht allein. Es gibt eine starke Bewegung, die dafür kämpft, sich wieder dem Lokalen zuzuwenden. Im Bed & Breakfast zu wohnen und nicht in einem Hotel, das internationalen Ketten gehört, lokales Handwerk zu kaufen und Essen aus der Region zu essen.»

Warum soll man tatenlos darauf warten, dass die Erlösung von außen kommt? Und vor allem: Warum sollte man es eilig haben? Im Schneckentempo radeln wir weiter zum nächsten Weinbauern.

Zurückkehren und bewahren

Langsam zu reisen kann auch bedeuten, mehrmals an denselben Platz zurückzukehren, um unter dessen Oberfläche zu kriechen und an Schablonen und vorgefassten Meinungen vorbeizusehen, Menschen kennenzulernen, sich vielleicht echte Beziehungen zu schaffen und das Erlebnis zu vertiefen. Der durch die Stadt wandernde Existentialist Sören Kierkegaard dachte so, als er schrieb: «Wer sich für die Wiederholung entscheidet, lebt. Die Wiederholung, das ist die Wirklichkeit und der Ernst des Lebens.»

Ich werde oft gefragt, welche Orte ich unbedingt noch besuchen möchte. Und dann sehe ich die erstaunten und enttäuschten Mienen, wenn ich antworte, dass ich gern wieder und wieder auf die griechische Insel Naxos und in die indische Stadt Bombay zurückkehre, zwei Orte, die ich fast mein ganzes Erwachsenenleben lang regelmäßig besucht habe.

«Aber wie es da aussieht, wissen Sie doch schon», bekomme ich dann zu hören.

«Es ist, als würde man ein Puzzle legen. Die erste Reise war das erste Puzzleteil. Je mehr Puzzleteile ich lege, desto klarer wird das Bild. Jedes Mal, wenn ich zurückkomme, erfahre ich ein wenig mehr», versuche ich dann zu erklären.

Ich möchte keinen Rekord schlagen, indem ich in jedes der 195 Länder der Erde reise. Ich träume nicht einmal davon, Mitglied im Club 100 zu werden, der als Aufnahmebedingung hat, dass man hundert der UN-Mitgliedsländer besucht hat.

«Aber wäre das nicht krass?», fragt ein Freund.

«Das wäre, als würde man so viele Restaurants wie möglich besuchen, ohne die Zeit zu haben, zu spüren, wie das Essen eigentlich schmeckt, und ohne ein Wort mit den anderen Gästen an der Tafel wechseln zu können», antworte ich.

Früher oder später kommt man nämlich an einen Punkt im Leben, an dem man es müde wird, ständig neue Orte zu besuchen, und wo sich das Sammeln von Reiseerlebnissen – geradeso, als handele es sich um Bierdeckel oder Vogelarten – plötzlich sinnlos anfühlt.

Als Jenny Diski für ihr Buch «Fremder im Zug» recherchiert hat, reiste sie zweimal in die USA, um dort mit dem Zug durchs Land zu fahren. «Da ich nun schon raus und reisen wollte», fragt sie sich selbst, «warum bin ich dann nicht an einen Ort gefahren, an dem ich noch nie war, und habe etwas gemacht, was ich noch nie gemacht hatte?» Und sie antwortet auf ihre eigene Frage: «Nun, weil das, was mich interessiert, die Wiederholung ist, die Intensivierung, mehr von der gleichen Ware.»

Schon in meinen frühen Jugendjahren habe ich, damals noch mit meinen Eltern, angefangen, in Griechenland von Insel zu Insel zu reisen. Ich habe nie gezählt, aber ich denke, dass ich zwischen dreißig und vierzig griechische Inseln besucht habe. Ich erinnere mich, dass ich während einer Charterreise nach Kos, die wir unternahmen, um den sechzigsten Geburtstag meiner Mutter zu feiern, frustriert war, als mir klar wurde, dass ich nach Hause fahren würde, ohne mehr als eine Insel besucht zu haben. Nur eine einzige! Die Frustration nahm noch zu, als ich am Strand lag, im Reiseführer von Rough Guides blätterte und davon träumte, wie ich weiter nach Kalymnos, Leros, Patmos reisen würde … Und was sind Schiffsreisen schon anderes als die Suche nach der richtigen Insel? Und die hatte ich noch nicht gefunden.

Aber ein paar Jahre später wurde ich fündig. Beim ersten Mal war Naxos nur ein Halt auf einer gewöhnlichen Inseltour auf der Jagd nach dem Bergdorf mit dem ursprünglichsten Gefühl, der besten Taverne mit dem besten Moussaka und dem besten Strand mit dem hellsten Sand und dem klarsten Wasser. Aber beim zweiten Mal beschloss ich, dass ich wiederkommen würde. Und im Jahr darauf blieb ich drei Wochen am selben Strand, ohne auch nur einmal darüber nachzudenken, noch auf eine andere Insel zu fahren. Die Frustration war verschwunden. Ich war angekommen. Seither bin ich praktisch jedes Jahr wiedergekommen.

Warum wurde es nicht eine der Nachbarinseln, Io, Paros oder Amorgos? Oder Sikinos, Koufonissi oder Folegandros? Vielleicht war es das Zusammentreffen mit dem Fotografen Micke Berg auf der Hafenpromenade am ersten Tag. Auch er hatte sich nach Wiederholung gesehnt, hatte den Prozess bereits durchlaufen und sich für Naxos entschieden. Er war schon ein Zurückkehrer. Über einem Ouzo im Café Rendezvous an der Hafenpromenade erklärte er mir, warum man nicht weiterreisen musste. Er hatte lange nach dem Ort in der Welt gesucht, an dem alles stimmt. Für ihn musste es ein Platz sein, der sich sowohl rau als auch sicher anfühlt, ungeschliffen und schön.

Vielleicht war es auch, weil ich Vangelis kennenlernte, der ein kleines Apartmenthotel in schlechter Lage an der Landstraße in der Nähe des kleinen Flughafens betrieb. Mit Hilfe von Charme, lokalem Weißwein und selbstgezogenen Gurken versuchte er, es uns angenehm zu machen. Vielleicht war es die Begegnung mit ihm und das Gefühl, so sehr willkommen zu sein, das mich zum Zurückkehrer machte.

Doch noch wichtiger war die Entdeckung von Plaka. Sieben Kilometer hellgelber Strand, von blaugrünem Meer eingerahmt, grasbewachsene Sanddünen, sanfte Klippen, ein Hotel, zwei Campingplätze, ein paar traditionelle griechische Restaurants und ein staubiger Schotterweg, der das Gefühl vermittelt, jenseits der Zivilisation, jenseits des Zurechtgelegten, jenseits von Europa zu sein – ein Gefühl, nach dem ich auf praktisch allen meinen Reisen gesucht habe. An dem Schotterweg voller Schlaglöcher eine Taverne mit schiefen Holztischen unter einer großen Tamariske mit dem Ägäischen Meer als Hintergrund, ein archetypisches Bild vom griechischen Archipel.

In den Achtzigerjahren, so erfuhr ich, lagen die Inselhopper dicht an dicht auf ausgerollten Schlafsäcken unter Strohdächern am Strand und lasen zerfledderte Taschenbücher von Castaneda und Marquez. Andere schliefen am Strand. Die Reisenden waren Möchtegern-Naturkinder, die den physischen wie auch den sozialen Folgekrankheiten der Zivilisation entkommen wollten. Eine von ihnen war die Holländerin Petra, die später einen Griechen heiratete, den Nachnamen Kalogitona bekam und Besitzerin eines Campingplatzes wurde.

«Die Hippies kamen zu Fuß mit ihren Rucksäcken vom Hafen in Chora, manchmal fuhren sie auch eigene Bullies oder Motorräder. Am Strand war Party und Nacktbaden», erinnert sie sich, als sie mit einer Zigarette und einem Glas Frappé auf dem Plastikstuhl vor ihrer Wohnung gegenüber vom Campingcafé sitzt, das jetzt ihr gehört. Bei jedem erneuten Besuch auf Naxos habe ich bei Petra gewohnt. Sie, oder besser gesagt, ihr Campingplatz, ist ein weiterer Grund, warum ich zurückkehre. Heute campen dort meist Italiener. Viele von ihnen haben nagelneue Wohnmobile, die genauso viel kosten wie eine Sommerhütte in Schweden. Die meisten von uns anderen wohnen in einer der Ferienwohnungen auf der Anlage, die alle eine eigene Küche und eine Terrasse haben.

Irgendwelche Inselhopper mit von der Sonne ausgebleichten Rucksäcken, die unter dem Strohdach des Campingplatzes herumhängen, sieht man nicht mehr. Die Zeiten sind vorbei. Die jungen Reisenden von heute sind ebenso bequem wie ihre Eltern und begnügen sich nicht mit weniger als einer Reisetasche voller Partyoutfits, Zimmer mit Dusche, Klimaanlage mit Fernbedienung und Veranda mit richtigen Stühlen, auf der man den abendlichen Ouzo einnehmen kann. Doch die Naturkinder der Siebzigerjahre sind auch hier. Heute sind sie um die Sechzig und hängen splitterfasernackt hinter den Sanddünen herum, wo Nudisten nach wie vor akzeptiert sind.

Die Macht der Gewohnheit. Jeden zweiten Morgen jogge ich entlang der vom Rosmarin gesäumten Kieswege in die trockene Landschaft hinein, die von Geröll und Kakteen gepunktet ist. An eigentlich jedem Abend besuche ich die Taverna Paradisos mit der Tamariske und sage dem Besitzer Guten Tag, … ja, auch er heißt Vangelis. Jeden Tag gehe ich zum Strand und schnorchele in der Hoffnung, die Riesenschildkröte zu sehen, die meine Freunde vor ein paar Jahren vor der Nudistenklippe gesehen haben. Einmal in der Woche fahre ich in die Hafenstadt, esse Gyros in Pitabrot, nehme einen Kaffee in Micke Bergs alter Lieblingsbar und schaue mir zum Abschluss entweder einen Film im Freiluftkino Cine Astra an oder esse ein Eis in der Dimokritougasse.

In einem Sommer habe ich mich selbst damit überrascht, dass ich etwas getan habe, was ich noch nicht gemacht hatte: Ich habe den Bus in das Bergdorf Filou genommen und bin auf den Gipfel des 1001 Meter hohen Berges Zeus, den höchsten der Kykladen, gestiegen. Vielleicht unternehme ich dieselbe Wanderung im nächsten Jahr, wiederhole alles und vollende damit das Erlebnis.

Naxos ist im Grunde zu meinem Sommerhaus geworden. Mehr als das ist es nicht. Es ist sehr verlockend, es ein Paradies zu nennen, aber Paradiese gibt es nur in den Träumen. Bleibt man ein wenig länger und kommt man oft genug wieder, dann wird man auch das entdecken. Beim ersten Mal ist man noch von seinem romantischen Blick blind. Als Zurückkehrer beginnt man langsam aber sicher die Wirklichkeit etwas realistischer zu betrachten. Am Ende dann treten die internen Konflikte der Ortsansässigen zutage.

In einem Sommer, als ich zur Insel zurückkehre, ist etwas geschehen. Der ikonische Tamariskenbaum der Taverna Paradisos, der den wackeligen Tischen, die im Sand verstreut stehen, angenehmen Schatten spendet, hat seine wie ein Schaft geformten Blätter verloren und sieht mehr wie ein totes Skelett als wie ein lebendiger Baum aus.

«Was ist denn passiert?», frage ich eine der Kellnerinnen.

«Der Baum ist vergiftet worden», antwortet sie mit zusammengebissenen Zähnen.

«Von wem?»

«Wir wissen es nicht ... sicher.»

Ihr Zögern macht mich neugierig. Wer würde diesem schönen Ort Böses wollen? Ich frage Micke Berg, der nach zwanzig Jahren des Zurückkommens jetzt ein Haus auf der Insel gekauft hat.

«Ach, das ist ein alter Erbstreit», berichtet er. «Jeden Herbst kommt die Schwester des Taverna-Besitzers Vangelis mit einer Motorsäge und zwei Polizisten und droht, den Bartresen durchzusägen, wenn sie nicht ihr rechtmäßiges Erbteil bekommt. Ich habe das schon mit eigenen Augen gesehen. Sie tobt und schimpft, die Polizisten stehen passiv ein Stück beiseite und lächeln ein wenig. Jedes Mal bekommt sie von ihrem Bruder eine Summe Geldes, damit sie Ruhe gibt. Dann zieht sie ab. Aber der Erbzwist bleibt ungelöst. Nächsten Herbst wird sie wiederkommen ...»

Die Tamariske ist ein Baum, der bereits im Ersten Buch Mose erwähnt wird: «Abraham pflanzte eine Tamariske in Beer Sheva und rief dort den Herrn, den ewigen Gott, an.» Dass dieser Baum viel aushält, das wird einem aus dem Bibelzitat schon klar, denn Beer Sheva liegt in der Wüste Negev, wo es nur selten regnet. Er erträgt eine extrem trockene Umgebung ebenso wie Salzwasser, so dass die Blätter manchmal sogar Salz ausdünsten. Einen solchen Urbaum, eng verbunden sowohl mit dem christlichen Schöpfungsmythos als auch mit dem biologischen Kampf ums Überleben, kriegt man nicht so leicht kahl. Als ich im folgenden Jahr auf die Insel zurückkehre, sieht der Baum des Paradisos immer noch mitgenommen aus, hat aber seine länglichen Blätter zurück, die den Mittagsgästen wieder Schatten spenden können.

Zurückzukehren klingt resigniert. Warum soll man nicht lieber die Macht der Gewohnheit herausfordern? Sind die Zurückkehrer nicht einfach nur von einem altersbedingten Bequemlichkeitsbedürfnis befallen? Ich denke an die Charterreisenden in meiner Elterngeneration, die zehn Jahre hintereinander in dasselbe Hotel auf Mallorca oder Rhodos zurückgekehrt sind. Über sie habe ich geseufzt und gedacht, dass ihr Verhalten der Höhepunkt des Konservativismus und der Phantasielosigkeit sei.

Doch die Zurückkehrer hatten etwas entdeckt, das wird mir jetzt klar. Die zweite Reise an denselben Ort kann seelisch betrachtet da beginnen, wo die erste endete. Man muss nicht mehr verschlafen nach den ganz elementaren Dingen suchen und im Halbdämmer umherirren. Da können wir, genau wie Jenny Diski während ihrer zweiten Runde durch die USA, aufhören, nach weiteren Inseln zu suchen und uns stattdessen der Wiederholung widmen, der Intensivierung und dem Mehr vom Gleichen.

Zurückzukehren bedeutet, Langsichtigkeit und Kontinuität zu befördern – und damit Haltbarkeit. Immer weiter weg zu reisen, wird normalerweise als Zeichen für mangelnde Ethik und Moral genommen. Je weiter die Flugreise, desto größer der Ausstoß an Treibhausgasen. Das ist indiskutabel. Doch bedeutet es nicht, dass die besten Beispiele für nachhaltigen Tourismus in unserer direkten Nähe zu finden wären.

Mein erster Gedanke, als ich ins indische Kerala komme, ist, dass die Natur in den Tropen mit ihrer biologischen Vielfalt einfach göttlich, magisch, verzaubert ist. So artenreich, so intensiv, so voller Leben und deshalb so wertvoll. Gäbe es hier eine ökologische Katastrophe, dann würden die Opfer so viel zahlreicher sein als in den wohltemperierten und artenärmeren Gebieten der Erde.

Die Natur ist schnell dabei, sich zurückzuholen, was sie verloren hat. Die Gräben sind von dichtem Buschwerk zugewachsen. Die Veranden der Häuser glänzen vom Moos. Schlingpflanzen haben unfertige Hausbaustellen im Würgegriff, und schrottreife Lastwagen, die am Straßenrand zurückgelassen wurden, sehen aus, als habe jemand eine grüne Decke über alles geworfen, was der Mensch geschaffen hat. Wenn alle Einwohner plötzlich auf die Idee kämen, zu emigrieren, dann würde es nicht lange dauern, bis die Spuren menschlicher Aktivität getilgt wären.

Schildkröten schwimmen im Fluss, silbern glitzernde Buntbarsche lassen sich in Unterwasserkäfige locken, die den Reusen gleichen, mit denen meine Oma fischte, und Vögel, die eben noch in einem herbstkalten Sibirien losgeflogen sind, lassen sich auf der Telegrafenleitung nieder. Schwimmende Inseln mit Wasserhyazinthen, getrocknete Kokosnussschalen und PET-Flaschen und anderer Plastikmüll treiben auf das Meer hinaus. «Avoid plastic – save earth», steht auffordernd auf einem Schild am Straßenrand.

Die Probleme mit verunreinigten Flüssen sind groß. Die Probleme mit Leuten, die in Ermangelung von Papierkörben und Wiederverwertungsanlagen ihre Einmalverpackungen in die Natur werfen, sind gigantisch. Vor dreißig Jahren war das noch nicht so schlimm, als alle aus Pfand-Glasflaschen tranken und nicht aus PET-Flaschen ohne Pfand, als die Einkaufstaschen aus Jute gewebt waren und die Tassen und Teller der Straßenlokale aus ungebranntem Lehm und getrockneten Blättern. Da verrottete das Material im Nu. Aber jetzt! Entlang der Straßen verläuft ein Streifen von weißem Plastikmüll. Es sieht aus, als hätte es in den Tropen geschneit. Einen Schnee, der sich weigert, zu schmelzen. Trotzdem blühen die Seerosen im See, aber nur jetzt in der Dämmerung, denn wenn die Sonne brennt und ich in den Schatten gehe, um etwas zu essen, macht die Blume gemeinsame Sache mit mir: Sie wendet sich von den Sonnenstrahlen ab, schließt ihre Blütenblätter und ruht.

Kuttanad heißt das Sumpfgebiet und die See- und Flusslandschaft direkt vor der Küste des Indischen Ozeans. Die Gegend ist ein Volltreffer für die Tourismusindustrie von Kerala geworden. Es kommen einige ausländische Touristen, aber vor allem sind es die indischen Mittelklassetouristen, die das Leben im Ort verändert haben. Umgebaute Reistransportboote aus Holz und Bambus gleiten auf dem Vembanadsee und den Bächen und Flüssen im Sumpfgebiet herum und sind zum big business geworden. Sie dienen als luxuriöse Hausboote, auf denen Touristen in einem Rattanstuhl auf Deck sitzen und die Ruhe in Indiens größtem Süßwasserseen-System genießen. Doch in der Hochsaison herrscht ein ziemliches Gedränge zwischen den Touristenbooten.

In vielen Gebieten der Welt bedeutet Tourismus eine Entwicklung, die die Natur schwer strapaziert und die Lokalbevölkerung um die großen Scheine bringt. Immer ist es jemand anders, der sich oft von dem touristischen Ziel selbst weit entfernt befindet, der den größten Gewinn macht. In The Backwater, wie die Feuchtgebiete von Kerala auf Englisch heißen, sah es lange so aus, als würde es genauso kommen. Doch jetzt hat eine andere Entwicklung begonnen. Bauern und Fischer bessern ihre traditionellen Einkünfte auf, indem sie Zimmer an Touristen vermieten. Das System Homestay, das von der kommunalen Landesregierung unterstützt wird, sorgt dafür, dass ein großer Teil des Geldes in der Region bleibt. Und immer mehr Hotels setzen auf Sonnenenergie und Recycling, um den Druck auf das Ökosystem zu verringern.

An der Brücke über den Fluss Kavanar steige ich aus dem Bus und in ein dunkles Holzboot. Der Außenborder tuckert leise, als wir langsam stromabwärts zum Vembanadsee fahren. Früher lag am Ufer vor dem Dorf Kumarakom eine Kokosnussplantage. Jetzt wohnen dort Touristen in Bungalows aus Kokospalmenblättern und Holzpfählen, die man aus alten Häusern in der Umgebung wiedergewonnen hat. Coconut Lagoon ist eine luxuriöse Touristenwelt, die beim ersten Anblick in sich selbst verschlossen zu sein scheint wie jeder andere Club Med, doch in Wirklichkeit wird die Anlage von einer Ideologie bestimmt, die der genaue Gegensatz zu den abgeschlossenen All-inclusive-Hotels ist.

Zusammen mit Maneesh Manu, dem hoteleigenen Natur-Sachverständigen und Ornithologen, wandere ich über die Wege, die auf dem Gelände des Hotels angelegt worden sind. Es geht über kleine Hügel und Holzbrücken, die sich über schmale Bäche wölben, und wir begegnen Kindern in Schuluniform auf dem Weg zur Schule und Frauen, die zum See hinuntergehen, um nach den Reusen zu sehen. Die Fischzucht innerhalb der Hotelumgebung wird von einer Frauenkooperative geführt.

«Sie züchten Buntbarsche, die sie auf dem Markt im Ort verkaufen. Durch den Tourismus ist der Preis für den Fisch gestiegen, und damit steigen natürlich auch die Einkünfte der Frauen», sagte er. Plötzlich zuckt er zusammen, wendet sich um und sieht über den See nach einem Schwarm Reiher, der eben aufgeflogen ist, und nach einigen Kubapfeifgänsen, die auf einer der Wasserhyazinthen gelandet sind.

Um die Kluft zwischen der einheimischen Bevölkerung und den Touristen nicht zu verstärken, hat man auf einen Zaun verzichtet. Um die Neugier zu stillen und die Angst vor dem Fremden zu verringern, dürfen Fischerfrauen, Kuhhirten oder Schulkinder auf dem Weg zur Arbeit die Abkürzung über das Hotelgelände nehmen. Zudem gehören zu der Touristenanlage auch vier Hektar Reisfelder und acht eigene Vechur-Kühe, die kleinsten Kühe der Welt, die in Kerala bis in die Sechzigerjahre verbreitet waren, nun aber im Aussterben begriffen sind. Die Milch der Kühe kommt in Kaffee oder Tee, während aus dem Dung Biogas hergestellt wird, der in den Gasöfen verwendet wird.

Mehrmals im Jahr lädt das Hotel Schulklassen aus den Schulen in der Umgebung zu Studienbesuchen ein. «Sie sollen wissen, was wir hier machen, damit sie sich nicht irgendetwas zusammenphantasieren, was nicht stimmt», erklärt Maneesh, nach dem wir durch den ökologischen Küchengarten spaziert sind, nun im Restaurant unter dem Dach aus Palmblättern sitzen und ich ein Watalapam, ein regionales Dessert aus Palmzucker und Kokosmilch, bekommen habe.

Ich mache in einem kleinen Dorf Halt, in dem man seit Generationen davon lebt, Reis und Kokosnüsse anzubauen. Kanäle, Flüsse und Bäche bilden ein dichtes Netz von Wasserwegen. Die Reisfelder liegen unterhalb des Niveaus des Flusses, und wenn der Reis Wasser braucht, dann öffnet man eine Luke in dem grasbedeckten Erdwall und lässt das lebenspendende Wasser frei hineinfließen. Einer der Reisbauern des Dorfes heißt Hormese und ist der Sohn eines Reisbauern, der der Sohn eines Reisbauern ist, der ... Doch die Zeiten ändern sich. Hormese und seine Frau Lila können nicht mehr nur von dem leben, was sie anbauen. Jetzt nehmen sie stattdessen zahlende Gäste in ihr Heim auf, und nun bin auch ich einer davon.

«Die Konkurrenz durch importierten Reis ist zu groß, und der Preis für die Arbeitskräfte ist zu hoch», seufzt Hormese neben mir am Tisch in seiner geräumigen Küche in dem weißen Steinhaus mit Holzverzierungen, Fenstern und Türen und einem inzwischen leeren Reis-Silo aus hochglanzlackiertem dunklen Holz.

Hormese, Lila und ich bedienen uns am Buffet aus Hähnchencurry, dampfenden weißen Reispfannkuchen, die Appam genannt werden, und Krabben, die sie im Fluss gefangen haben, der nur wenige Meter von ihrer Veranda entfernt fließt.

Ich nehme einen der roten, staatlichen Busse weiter in die Großstadt Kochi, um den Hotelbesitzer George Dominic zu treffen. Er entstammt einer syrischen christlichen Plantagenbesitzerfamilie, die sich als die Nachkommen des Apostels Thomas betrachten, der im Jahre 52 nach Christus im Hafen Kodunhallur in Nordkerala an Land ging. Auf indischem Boden angekommen überzeugte er zwölf Brahmanenfamilien von der neuen Lehre. Georges Vater war es in den 1950er-Jahren leid, Pfeffer und Kardamom anzubauen, und so eröffnete er stattdessen auf Willingdon, einer Insel im stadtnahen Schärengarten vor Kochi, ein Hotel. George und seine fünf Brüder traten dann in die Fußstapfen des Vaters.

1987 reiste Premierminister Rajiv Gandhi mit seiner Familie zum Urlaub zu den noch unerforschten Lakkadiven, einem Korallenatoll, das an die Malediven erinnert und vor der Küste von

Kerala liegt. Das war ein großer Skandal. Die Zeitungen schrieben davon, wie unethisch es sei, dass ein Politiker so viel Geld für etwas so Unnötiges wie Urlaub verschwendet. Doch dank des Skandals wurden die Lakkadiven bekannt.

«Dann nutzen wir doch die Gelegenheit, die Inseln für den Tourismus zu öffnen», erwiderte der Premierminister.

George Dominic und seine Brüder bekamen mit ihrem Vorschlag, kleine Hütten im lokalen Stil zu errichten und nur Inselbewohner anzustellen, den Zuschlag für einen verantwortungsbewussten, sanften Tourismus.

«Zerstört die Inseln nicht! Tut nichts, was die einheimische Bevölkerung nicht getan hätte!», sagte Rajiv Gandhi zu den jungen Unternehmern.

Heute besitzt das Familienunternehmen siebzehn Hotels in Südindien, darunter auch Coconut Lagoon. Manche pflegen ein holistisches Gesundheitsprofil mit Yoga und ayurvedischen Spas, andere setzen auf Wildnis-Tourismus. Doch haben sie alle eine ökologische Ausrichtung, wollen die einheimischen Traditionen bewahren und haben den Ehrgeiz, die einheimische Bevölkerung zu integrieren.

Der größte Teil des Mülls von den Hotels wird wiederverwertet, und in manchen der Hotels stammt der größte Teil des Stroms aus selbstgewonnener Sonnenenergie. Das Ziel ist es, möglichst bald keinen Abfall mehr zu produzieren und sogenannte Passivhäuser zu haben, denen keine Energie von außen zugeführt werden muss.

«Wir müssen die ganzen Plastikflaschen wegkriegen, die herumliegen und in den Seen schwimmen. Deshalb unterrichten wir die Menschen in den Dörfern um unsere Hotels, wie man ökologischer denken kann. Und das nicht nur, damit die Landschaft schöner aussieht, sondern vor allem, weil sie selbst daran verdienen. Kerala darf nicht zu einer einzigen großen Müllkippe werden, dann hat sich das mit dem Tourismus erledigt», sagt er und nippt an seinem grünen Tee.

Der schnell wachsende Tourismus in der Welt muss kein Expresszug in den Untergang sein, bei dem wir die Kontrolle über die Lok verloren haben, denke ich, als ich auf der Passagierfähre sitze, die mich in das Zentrum der Hafenstadt zurückbringt, die im Übergang zwischen See und Meer auf Inseln erbaut ist. Riesige Supertanker und Kreuzfahrtschiffe begegnen kleinen, herumirrenden Autofähren und Passagierbooten. Es zwingt uns nämlich niemand zu irgendetwas. Urlaubsreisen sind eine freiwillige Unternehmung. Wir können langsam reisen, wir können zurückkehren und wir können aktiv diejenigen Tourismusunternehmen wählen, die sich entschieden haben, die Kontrolle zurückzugewinnen und vom Abgrund wegzusteuern.

Als Tourist, denke ich, während in der Ferne die Nebelhörner brüllen, habe ich immer eine Wahl. Ich kann wählen, ein Teil des Problems zu sein oder aber ein Teil der Lösung.

Der erloschene Stern

Als ich 1987 zusammen mit anderen die Reisezeitschrift «Vagabond» gründete, war ich schon mehrere Jahre lang im Winter als Rucksacktourist herumgereist und hatte im Sommer bei Tageszeitungen in Schweden ausgeholfen. Das war ein sehr kontrastreiches Leben. Nach hektischen und hellen Sommern als Lokalreporter in Västervik, Umeå oder Linköping kam der Herbst in Stockholm mit dunklen Abenden und dem Gefühl, das Leben würde immer langsamer werden. Je kürzer die Tage wurden, desto weniger Lebenskraft schienen sie zu enthalten. Viele Jahre sorgte ich deshalb dafür, dass ich um den 1. November ein Flugzeug der sowjetischen Aeroflot bestieg, der Fluglinie, die mich für das wenigste Geld am weitesten in die Welt bringen konnte, um mich zu vergewissern, dass das Leben nicht völlig stehen blieb. Ich war von einem Jahreszyklus abhängig geworden, der bedeutete, dass ich regelmäßig Horizont, Klima und Kultur auswechseln konnte.

Der Gedanke, in Schweden zu überwintern, gefiel mir nicht.

In seiner eigenen Kultur eingeschlossen zu werden und gleichzeitig Kälte und Dunkelheit aushalten zu müssen, war eine schaurige Vorstellung für mich. Viele hatten keine andere Wahl, aber ich hatte eine Methode gefunden, auch ohne große Einkünfte Teile des Jahres reisend verbringen zu können.

Eine Voraussetzung dafür war, dass ich billig reiste, was nicht dasselbe bedeutete wie langweilig oder dürftig. Ich erlebte vielmehr, dass das Billigreisen mich den Menschen und Kulturen, die ich kennenlernen wollte, näher brachte. Reiche Leute bezahlen ein Vermögen für Authentizität – den äußersten Luxus, den man sich wünschen kann, wenn man die goldenen Wasserhähne leid ist. Die bekam ich quasi gratis aus dem einfachen Grund, dass man sie genauso gut auch am anderen Ende der Preisskala finden kann.

Während dieser Zeit Mitte der Achtzigerjahre gab es einen Stern am Himmel der Reiseerzähler, der hell leuchtete. Für die breite, sesshafte Allgemeinheit war er kaum zu erkennen, aber für mich – und vermutlich auch andere, die reisten und lasen und für die das auch das Tollste und Wichtigste im Leben war – war es der am hellsten strahlende Stern.

Ich hatte seinen Debütroman «Liftare» («Tramper») (1971) gelesen, wo er im Geist jener Zeit durch Europa und Marokko trampt, und «Vägen till Kathmandu» («Der Weg nach Kathmandu») (1975), als er mit Bus und Bahn über Iran und Afghanistan nach Nepal reist. Und ich dachte, dass der Autor dieser Bücher, der Tomas Löfström heißt, sicherlich ebenso unnahbar wäre wie die anderen Sterne an meinem Himmel: die Abenteurer und Reiseschriftsteller Freya Stark und Alexandra David-Néel, die tot waren, sowie Bruce Chatwin und Paul Theroux, die noch lebten ... Aber wir nahmen unseren ganzen Mut zusammen, riefen ihn an und fragten, ob er in der Zeitschrift, die wir zu gründen im Begriff waren, schreiben wolle. Und das wollte er.

Sein erster Beitrag, drei maschinengeschriebene A4-Seiten, kam in einem Brief mit der Post und begann mit der Frage: «Warum reisen wir?» Das Fehlen einer guten Antwort hat seither an mir genagt. Wieder und wieder habe ich nach Antworten auf diese scheinbar einfache, aber doch zutiefst philosophische Frage gesucht, die er damals stellte. Der Text ging weiter: «Das Reisen hängt mit allem zusammen, was uns zum Homo Sapiens macht: Neugier, das Streben nach ‹unnötigem› Wissen, der Wille, den Intellekt zu erweitern, über den Horizont zu schauen, das Weltbild zu vergrößern und Chaos in Ordnung zu verwandeln.» Damit fasste er all das zusammen, worin meiner Meinung nach eine Reisebeschreibung wurzeln sollte. Er schrieb das, was ich empfand, wozu ich aber noch zu unerfahren war, um es zu formulieren.

Als «Vagabond» dann einige Jahre später begann, Reiseschreibkurse zu geben, las ich laut aus den Texten von Tomas Löfström vor, damit meine Schüler lernen konnten, den Blick nach außen zu richten und gleichzeitig ihr Inneres zu fühlen. Das Buch, aus dem ich las, mit dem Titel «Transit», ist wahrscheinlich dasjenige, was ich in meinem Leben am häufigsten in die Hand genommen habe, und mein Exemplar ist voller Unterstreichungen, Randbemerkungen und rostigen Büroklammerabdrücken. Manche Passagen kenne ich so gut auswendig wie einige der besten Songtexte meines Jugendidols David Bowie. Wenn ein Buch auch ein Stern sein kann, dann ist es «Transit» für mich. Und ich bin einer seiner hingebungsvollsten Deuter.

Tomas ließ anklingen, dass Reisen auch etwas Subversives habe. Das mochte ich. «Aufbrechen heißt auch Verbrechen», schrieb er und fuhr dann fort: «Während der Nomade zu frei ist, ist der Blick des Reisenden zu scharf. Wer unterwegs ist, hat die Möglichkeit zu vergleichen. Und keine bösen Blicke, keine soziale Kontrolle und keine gesellschaftlichen Sanktionen erreichen den, der schon bald wieder über alle Berge ist.»

Andere reisende Schriftsteller, die in der Zeit angesagt waren, wie etwa Sven Lindqvist und Jan Myrdal, kamen mir trocken wie Zunder vor und waren politisch indoktrinär. Niemand konnte wie Tomas das existentielle Gefühl des Reisens beschreiben und gleichzeitig die Umgebung in so vielen Nuancen schildern.

Warum also reisen wir? Auf diese Frage gibt es wahrscheinlich ebenso viele Antworten, wie es Reisende gibt. Gleichzeitig gibt es Triebkräfte, über die sich die meisten einig sind, so wie zum Beispiel die Erklärung von Tomas Löfström, dass wir uns aus einer ererbten Neugier auf das, was sich hinter dem Horizont befindet, von zu Hause aufmachen.

In seinem letzten Buch «Överbrygga» («Überbrücken») schreibt er von einem dunklen Herbstabend in den Fünfzigerjahren, als in der Kirchengemeinde Igellösa vor den Toren Lunds ein Versammlungsabend stattfand. Die Freiherrin Charlotte Gyllenkrok, die auf der anderen Seite der Wiese auf Svenstorps Schloss wohnt, ist eingeladen worden, um einen Vortrag zu halten. Heute Abend wird sie aber nicht von der schonischen Adelsklasse sprechen, der sie angehört, nicht von ihrem silberblauen Chevrolet und auch nicht vom Reiten oder der Jagd, den beiden Freizeitbeschäftigungen, denen sie nachgeht. Nein, heute Abend wird sie von ihrer jüngsten Reise erzählen, die nach Indien und dort nach Darjeeling ging, wo sie einen Blick auf den jungen Dalai Lama werfen konnte.

Tomas, damals acht Jahre alt, ist einer der Zuhörer im Kirchensaal. Er ist der Sohn des Pfarrers, sitzt ganz vorn auf dem Boden und lauscht andächtig. Die Bauern im Publikum haben den ganzen Tag über die Ernte eingefahren, und es fällt ihnen schwer, ihr Gähnen zu unterdrücken. Klick, klick macht es jedes Mal, wenn der Diaprojektor ein neues Bild an die Wand wirft. Die Freiherrin klopft jedes Mal auffordernd mit ihrem Zeigestock, wenn es an der Zeit ist, das Bild zu wechseln. Als Tomas sie reden hört und die indischen Berge mit schneeweißen Gipfeln und davor die grünen Täler sieht, ist es, als wisse er schon, dass er eines Tages dorthin reisen wird.

Aber vielleicht war es nicht nur der Diavortrag in der Kirche von Igellösa, der seine Reiselust geweckt hat. Als ich ihn nach mehreren Puzzlesteinen fragte, die seine Neugier auf die Welt ausgelöst haben, erzählte er, wie er ein Jahr lang mit seinen Eltern in Argentinien gelebt hatte, und dass sein Vater an Bord der HMS Älvsnabben um die Welt gereist ist und spannende Briefe mit schönen exotischen Briefmarken nach Hause geschickt hat.

«Ich konnte stundenlang über dem aufgeschlagenen Atlas träumen. Mit dem Finger folgte ich den Wegen über Berge und durch Wüsten und dachte darüber nach, wie es sich wohl anfühlte, da draußen in der weiten Welt zu sein», erzählte er mir am Telefon aus seinem Haus in Österlen, als er gerade siebenundsechzig geworden war und zu krank, um noch zu reisen.

Er erzählte, wie er in den Sechzigerjahren, in den Zeiten der Studentenrevolten, in seiner Heimatstadt Lund an dem Anteil genommen hatte, was im Studentenleben geschehen war, und Jack Kerouacs Roman «On the Road» gelesen hatte, über die «Perle», die für alles stand, was der Gegensatz des Alltäglichen, Einseitigen und Vorhersehbaren ist. Lund war wie eine Kleinstadt, und Tomas fühlte sich eingeschlossen. Er wollte in die Wirklichkeit hinaus, wollte der Welt begegnen, sich verändern lassen, jemand anders werden, als er war, größer, stärker, erkenntnisreicher, harmonischer. Am Ende packte er die Karten in den Rucksack, um richtig zu reisen: die Sprache hören, die Wüstenwinde spüren, die Geräusche einatmen.

Die Perle, die Kerouac dort drüben in Amerika suchte, schimmerte so schön und in so vielen Nuancen. «Die Perle war die Freiheit, aber auch das Schicksal», sagte er. Sie bedeutete Echtheit, Gegenwart, Wirklichkeit und natürlich Gemeinschaft und Liebe.

Die Perle war ein flüchtiger Freiheitsgedanke, aber es ging dabei doch niemals um eine Ideologie mit festen Regeln und Grenzen. Wenn es eine Ideologie gab, dann war es der Anarchismus. Oder besser gesagt waren das Reisen und der nomadische Lebensstil eine Ideologie für sich. Das Reisen sollte unvorhersehbar sein wie ein neu geöffnetes Buch. Der Reisende sollte nicht wissen, was oder wen er treffen würde.

Der Antrieb zu reisen hatte auch mit Erobern und Entdecken zu tun. Tomas wollte die Welt erkunden, nach Italien, Spanien, Griechenland und dann auch Afrika und Asien kommen. Er wollte mit eigenen Augen sehen, eine Beziehung zur Welt bekommen und sich selbst Bilder machen von Paris, Naxos, Marrakesch, Kathmandu ...

Vielleicht, dachte Tomas, ist die Reiselust auch angeboren und es gibt sie mehr oder weniger latent in uns allen? «Gemeinsam stand man an den Ausfahrten aus den Städten und traf sich dann in versifften Hotels und Herbergen wieder. Der Weg war unbekannt, die Welt war unberechenbar. Sicherheit fand man in der Gemeinschaft der Reisenden.»

In «Liftare», dem Buch, das er nach seinen europäischen Tramper-Reisen schrieb, nannte er die Reisenden «Das schöne Volk». Sie boten eine Gemeinschaft, die frei und offen war, und Tomas hegte die Vision von einem nomadisierenden Reisen, das die Menschen frei machte und eine harmonischere Gesellschaft und eine friedlichere Welt ohne Konflikte und Kriege schuf.

Doch die Visionen verblassten. Als er einige Jahre später auf dem Landweg nach Asien reiste – durch die Türkei, Iran, Afghanistan, Indien, Nepal und dann auch Tibet –, hatte er den Eindruck, das Kollektiv der Reisenden würde immer häufiger aus blasierten Aussteigern bestehen, die drogenabhängig und in religiösen Vorstellungen gefangen seien. Anstatt eine Verbindung in die Welt zu sein, wurden sie zu einem Hindernis, das die Begegnung mit dem Fremden erschwerte. Er wollte nicht, dass die einheimische Bevölkerung ihn als einen in der Menge der immer nur in ihr Inneres schauenden Hippies sah. Er wollte den Einheimischen auf Augenhöhe begegnen, ohne Vorurteile.

Werden wir bessere Menschen, wenn wir reisen? Tomas wollte das gern glauben. Aber er zweifelte auch. Vielleicht war die Veränderung der menschlichen Psyche und der sozialen Fähigkeiten des Menschen durch das Reisen doch nicht so umfassend, wie er es sich als junger Mann vorgestellt hatte. «Dennoch glaube ich weiterhin, dass jede Reise besser ist, als gar nicht zu reisen, dass die Begegnung mit der Welt ein Verständnis für Unterschiede schenkt, einen Blick für Ungerechtigkeiten und Zusammenhänge, und dass das Erlebnis der Reise selbst ein Gefühl der Freiheit gibt», sagte er, als wir spät an jenem Herbstabend unser Gespräch beschlossen.

Seine Reisen haben ihm nicht nur eine Laufbahn als Reiseerzähler, Romanautor, Kulturjournalist und Chronist geschenkt, sondern auch Kontakte und Ideen, die weitere Fahrten auf kurvenreichen Wegen mit sich brachten. Zehn Jahre lang arbeitete er in einem schwedisch-indischen Übersetzungsprojekt, das Lesen, Übersetzen, Treffen mit indischen Autoren sowie das Schreiben von Büchern und von Zeitungsartikeln erforderte. Und dann eröffnete er in seinem Sommerhaus in Österlen ein Buchcafé, ein Antiquariat und eine Bibliothek, weil sein eigenes Schreiben über Reisen zur Folge hatte, dass er so viele Reiseschilderungen in allen möglichen Sprachen anschaffte, an denen er andere gern teilhaben lassen wollte.

Der kleine Junge, der auf dem Boden in der Kirche gesessen und den Vortrag der Freiherrin über Darjeeling angehört hatte, wurde also selbst Reisender und darüber hinaus noch Schriftsteller. Seine Bücher über die Welt handeln nicht so sehr von den Orten, die er besucht hat, sondern mehr vom Reisen an sich, von den Menschen, denen er begegnet war, und wie man als Reisender die Welt betrachtet. Doch als er Ende der Sechzigerjahre sein erstes Buch schrieb, herrschten unter reisenden Autoren aus Schweden ganz andere Ideale vor.

Zehn Jahre zuvor hatte Jan Myrdal ein Buch über eine Reise nach Afghanistan geschrieben, das den Titel «Kulturers korsväg» («Kreuzweg der Kulturen») bekam und der Anfang eines stetigen Stroms von Büchern reisender Autoren wurde. Reiseziel: arme Länder. Absicht: von Unterdrückung und Not berichten und von anderen Lebensformen als denen, die in unserem privilegierten Westen gelebt werden. Myrdal fand, dass alles Bisherige einen ordentlichen Schwung mit dem Besen verdient hätte, und wollte mit den ganzen unpolitischen und zu blumigen Reiseschilderungen aufräumen. «Der Reiseromantiker», so schrieb er im Vorwort, «verbirgt die Verachtung gegenüber den Völkern unter schönen Wörtern wie Landschaft, Sitten und Gebräuche.»

Sven Lindqvist, Folke Isaksson, Sara Lidman, sie alle schrieben Bücher, die auf Reisen gegründet waren, aber getreu Myrdals Geist nicht so sehr von den Gedanken, Träumen und Zweifeln der Reisenden handelten. Stattdessen lag der Fokus auf gesellschaftlichen Missständen in der Makroperspektive. Es entstand ein Bild von der westlichen Welt, die trotz der Entkolonialisierung weiterhin die sowohl politisch als auch wirtschaftlich Armen unterdrückte.

Die neuen Bücher waren schwer zu lesen und verlangten ein brennendes Engagement, damit man es bis zur letzten Seite durchhielt. Die Leser durften an Tabellen über alles teilhaben, von Chinas und Indiens Produktionsergebnissen bis hin zu Lateinamerikas Staatsverschuldung, unendliche Zahlenreihen mit Dezimalstellen und allem. Oder wie in Myrdals klassischem «Rapport från kinesisk by» («Bericht aus einem chinesischen Dorf») von 1963: Namen, Alter und Geschlecht eines jeden einzelnen Einwohners im Dorf Liu Ling. Seriös und gründlich wie in einem Forschungsbericht. Es gab den Glauben an die politische Sprengkraft der nackten Dokumentation. Myrdal erklärte im Vorwort zu seinem Chinabuch, warum das trocken und schwer sein musste: «Ich habe nicht angestrebt, eine leicht zu lesende Beschreibung von China zu verfassen. Ich habe angestrebt, das Material herauszugeben, das ich selbst während meiner Asienreisen vermisst habe.» Als würde er ausschließlich für Wissenschaftler und andere intellektuelle Giganten schreiben, wie er selbst einer war, und nicht für die reisende und lesende Allgemeinheit.

Tomas Löfströms Perspektive war eine andere. Er betrachtete den reisenden Schriftsteller als ein Subjekt und fühlte sich mit der Rapport-Tradition und ihrer Forderung, dass die Berichterstatter sich nicht in subjektive Eindrücke vertiefen dürften, nicht wohl. In gewisser Weise hatte er dasselbe Ziel wie Myrdal und die anderen: die Augen vor dem Hässlichen nicht zu verschließen, nicht zu versuchen, Dinge zu verdrehen und zu beschönigen, sondern etwas Authentisches zu beschreiben. Doch da hatten die Ähnlichkeiten auch schon ein Ende. Tomas wollte persönlich und literarisch schreiben, um ein weniger programmatisches Weltbild zu erzeugen. Er wollte über sich selbst als Reisender schreiben, er wollte biografisch schreiben und auf eine Weise, die es ihm ersparte, die «Wahrheit» über die Welt formulieren zu müssen.

Denn wer sagt denn, dass es *eine* Wahrheit gibt? Vielleicht wird eine Beschreibung noch authentischer, wenn man sich selbst mit hineinnimmt und mitten im Fremden steht, nackt, verwirrt, und seinen Lesern von diesem Gefühl erzählt. Vielleicht ist es viel authentischer, seine Verwirrung zuzugeben, als so zu tun, als würde man immer verstehen, wie alles zusammenhängt.

Doch damals herrschte in den Medien ein anderes Weltbild. «Fängt man an, eine afrikanische Blumenwiese zu beschreiben, dann kann man schon als Privatfaschist abgestempelt werden», klagte Per Wästberg 1976 in «Afrika – uppdrag» («Afrika – Auftrag»). Und er wusste, wovon er redete. Er hatte in den Sechzigerjahren mehrere Bücher über die Unterdrückung unter dem Apartheidsregime in Südafrika geschrieben, als Reiseschilderungen nicht mehr persönlich und blumig sein durften. Acht Jahre später antwortete Tomas Löfström in «Transit»: «Aber sind es nicht die Blumenwiesen, die wir brauchen: all die seltsamen Funken der ganzen Wirklichkeit? Wir sind doch keine Automaten, die mit Tabellen und Diagrammen zufriedengestellt werden können. Die Welt besteht nicht aus Zahlen. Gefühle können nicht gemessen werden.»

Als Antwort auf die politisch engagierten, aber oft unpersönlichen Reisebücher der Sechzigerjahre suchte Tomas nach Reisenden, die in dem, was sie über die Welt schrieben, selbst zugegen waren. «Ich will Nähe und Weite in dem, was ich über das Fremde und Abgelegene lese», schrieb er. «Ich will jemanden haben, neben dem ich durch das trockene Flussbett gehen kann, während die Sonne in der Abenddämmerung über der Wüste brennt. Ich will die Menschen sehen, die Wärme spüren, das Knistern hören, will durch Erlebnis und Erfahrung verstehen, etwas, das nur durch einen anderen Menschen möglich ist: den Reisenden/Schriftsteller. Ich glaube, dass ich mit dieser Einstellung nicht allein bin. Aber der Puritanismus macht sie suspekt.»

Im Winter 2016, als so viele Persönlichkeiten des kulturellen Lebens von uns gingen, starb auch Tomas, noch ehe er achtundsechzig Jahre geworden war. Ich selbst lebe jetzt ein anderes Leben als vor dreißig Jahren, als ich begann, seine Bücher zu lesen. Den Rucksacktramper, der im Sommer in ganz Schweden bei Zeitungen arbeitete und ansonsten durch die Welt reiste, gibt es nicht mehr. Jetzt bin ich ein Vater von vier Kindern, der zwar mit seinen Reisebeschreibungen den Lebensunterhalt verdient und mehr reist als die meisten Menschen, der aber dennoch an einem bestimmten Ort sozial verankert ist. Ich habe mich früh entschieden: Ich will nicht so ein rastloser Reisender werden, der niemals nach Hause kommt. Der sich nirgends zu Hause fühlt.

Tomas Löfström ist nicht mehr da. Dass er verschwunden ist, fühlt sich an, als wäre ein weiterer Stern am Himmel der Reisenden erloschen. Doch es ist nicht pechschwarz da oben. Irgendetwas leuchtet noch. Ich glaube, es ist der Widerschein seiner glühenden Betrachtungen. Ich muss an seinen ersten Beitrag in der «Vagabond» denken, der mit den Worten endete: «Hört nie auf zu suchen, hört nie auf zu reisen. Denn die Welt, die weite, wartet und wird nicht kleiner.»

Die Tramper

September 2015. Ich stehe am Straßenrand in einem Tal in den italienischen Dolomiten und sehe ein Auto nach dem anderen vorbeifahren. Die meisten Fahrer schauen demonstrativ beiseite, wenn sie mich erblicken, aber einige sehen mich an und zucken entschuldigend mit den Schultern, um mir zu bedeuten, dass das Auto voll besetzt ist oder sie bald abbiegen und deshalb keine wirkliche Fahrt anbieten können.

Der Fotograf Johan und ich wandern in den Bergen. Aber im Moment haben wir gerade genug. Beide müssen wir ins Nachbartal, den Pass hinauf und dann wieder hinunter. Bis dahin sind es vierzig Kilometer und mehrere hundert Meter Höhenunterschied. Es gibt keinen Bus. Über den Pass zu wandern würde den ganzen Tag in Anspruch nehmen.

«Kann man heutzutage wirklich noch trampen?», frage ich ungläubig, als Johan mit dem Vorschlag kommt.

«Spinnst du? Natürlich geht das!», antwortet er, der zwanzig

Jahre jünger ist als ich und auf eine ärgerlich sorglose Weise davon überzeugt ist, dass alles möglich sei.

Beschämt über meinen Kleinmut halte ich erneut den Daumen in die Luft, setze ein breites Lächeln auf und präsentiere den Fahrern einen sanften und flehenden Blick. Sie schauen hinter ihren Windschutzscheiben mit zusammengekniffenen Augen gegen die Sonne an, was es schwer zu erkennen macht, ob sie fröhlich, besorgt und bloß geblendet sind. Johan schaut unbeschwert und optimistisch drein. Er kann keinerlei Hindernis oder Komplikationen erkennen. Wenn man etwas will, dann kann man das auch. Ich aber leide unter der Furcht, zum ersten Mal seit Langem keine Kontrolle zu haben. Als ich jünger war, liebte ich dieses Gefühl der unendlichen Flexibilität, das damit einherging.

Doch bald wurde das Leben geregelter. Arbeit und Familie gaben mir festere Routinen. Ich floss im Strom mit ... Zunehmender Zeitmangel in Kombination mit neuer Technik führte dazu, dass ich wie alle anderen aufgehört habe, in die Stadt zu gehen, um zu sehen, ob man dort jemanden treffen kann, mit dem man einen Kaffee trinken könnte; stattdessen schicke ich nun eine Mail oder eine SMS, um zu schauen, ob es im alltäglichen Terminkalender eine Lücke gibt. Dasselbe gilt für die Reisen. Immer seltener spontan, immer öfter geplant.

Jetzt hier am Straßenrand bin ich plötzlich wieder dreißig Jahre zurück in eine Zeit geworfen, als ich immer noch glaubte, dass der Zufall, oder wenn man es das Schicksal nennen will, bestimmen dürfe. Ich kann nicht berechnen, wie lange wir für die Reise ins Nachbartal brauchen werden. Es gibt keinen Fahrplan, aus dem man das entnehmen könnte, keinen Verantwortlichen, dem man Vorwürfe machen kann, wenn wir hier am Straßenrand stehen bleiben. Wir sind dem Wohlwollen der anderen Menschen ausgeliefert. Und darüber haben wir keine Macht.

«Ne, das hier funktioniert nicht», seufze ich, als das zehnte Auto vorüberfährt.

«Doch klar», beharrt Johan. «Natürlich funktioniert das.»

«Früher schon, aber jetzt nicht mehr», sage ich resigniert und erinnere mich an meine Tramp-Touren zu Beginn der Achtzigerjahre. Damals bin ich fast immer getrampt. Es ging dabei nicht so sehr darum, Geld zu sparen, auch wenn es natürlich verlockend war, gratis von einem Ort zum anderen zu kommen, sondern es war einfach spannender.

Doch in dem Sommer, als ich zwanzig wurde und mich in München befand, hatte ich keine andere Wahl. Zusammen mit meinem Freund Jonas, mit dem ich fünf Jahre zuvor schon den spontanen Eisenbahnausflug nach Örebro unternommen hatte, war ich mit dem Zug nach Prag gereist. Von dort fuhren wir weiter nach Belgrad und Istanbul, um dann den Bus entlang der Schwarzmeer-Küste zu dem türkischen Badeort Ayacucho zu nehmen, der inmitten von Hügeln mit Haselnussbüschen liegt. Dafür haben wir minimal wenig Geld gebraucht, aber unsere Reisekasse war auch sehr klein, und als wir auf dem Rückweg in Deutschland ankamen, waren wir so gut wie pleite.

Nur noch 1620 Kilometer bis nach Hause. Jetzt gab es keine Alternative, wir mussten trampen. An der Autobahn auf der Höhe von Nürnberg nahm uns ein Mädchen mit lockigem blonden Haar in einem blauen Golf mit. Sie hieß Monica und war auf dem Weg nach Kassel, wo sie mit ein paar Leuten verabredet war, die sie in ihrem letzten Urlaub kennengelernt hatte. Wir waren natürlich selig. München – Kassel. 480 Kilometer. Eine richtig lange Fahrt. Herrlich. Als wir uns dem Ziel des Tages näherten, wollte sie uns helfen, in der Jugendherberge des Ortes einen Platz zu finden. Sie hielt an einer Autobahntankstelle und ging in eine Telefonzelle, um ihre Freunde anzurufen und sie um Rat zu bitten. Als sie wieder zurückkam, sah sie fröhlich aus.

«Meine Freunde sagen, dass es in Kassel eine billige Herberge gibt.»

«Ah, wie gut. Kannst du uns da absetzen?»

«Nein!»

«Nicht?»

«Nein, weil sie gesagt haben, ihr könnt auch bei ihnen übernachten», lachte sie und startete den Wagen.

Das war fast zu gut, um wahr zu sein.

«Ja», sagte Monica, «und sie haben versprochen, dass sie morgen Frühstück machen, und dann fahre ich euch zu einem guten Tramperplatz an einer Autobahnauffahrt.»

Dieses Glück, das man empfindet, wenn alles gut geht, wenn die Menschen freundlich sind und über alle Erwartungen großzügig, ist schwer zu beschreiben. Man erlebt es öfter, wenn man sich eine Blöße gegeben und gezeigt hat, dass man schwach ist und Hilfe braucht. Da geben einem die offene Autotür und die ausgestreckte Hand das Gefühl, als wären die Welt, das Universum und alles um einen herum einem gut. Man surft auf einer Welle des Wohlwollens, die niemals aufzuhören scheint.

Die Antithese ist natürlich, wenn man Widerständen begegnet. Wenn man bestohlen und reingelegt wird, oder wenn man hässliche Kommentare hört und stundenlang am Wegesrand zurückbleibt, ohne dass ein einziges Auto anhält. Da fühlt es sich an, als wäre die ganze Welt böse und voll von grimmigen und kleingeistigen Egoisten. Alles wird beschwerlich und man beginnt sofort, die Niederlage anstelle des Erfolgs zu erwarten. In einer solchen Lage tröstet einen die Erinnerung an den gestrigen Tag. Denn man weiß ja noch, dass es da so viel besser lief, und wenn man mit seiner Hoffnung am Ende ist, wird sich schon alles wieder wenden.

In Hamburg kamen die Widerstände. Die Jugendherberge, für die wir unsere Notkasse plündern wollten, war belegt, und wir mussten unsere Schlafsäcke in einem Park ausrollen. Doch waren wir immer noch ganz aufgeputscht von dem Wohlwollen, das Monica und ihre Freunde in Kassel uns geschenkt hatten, und trotz Kälte und Hunger nicht niedergeschlagen.

Am nächsten Tag erwachten wir hungrig, ausgekühlt und schmutzig, doch da wendete sich unser Schicksal wieder. Wir erwischten eine lange Fahrt bis nach Travemünde und dann wendeten wir unser letztes Geld für ein Fährticket nach Trelleborg auf. An Bord der Fähre taumelten wir ausgehungert zum Restaurant auf dem Achterdeck. Sehnsüchtig lasen wir die Speisekarte, die am Eingang angeschlagen war. Da kam der Oberkellner und fragte uns, ob wir nicht reinkommen und uns setzen wollten.

«Leider haben wir kein Geld.»

«Was? Ihr habt kein Geld?»

Wir erklärten ihm die Situation, und er verdrehte die Augen.

«Das ist ja wie damals, als ich zur See fuhr und jung, gut aussehend und ein armer Schlucker war. Da war das Leben noch aufregend ...»

Er verstummte und ließ sich von den Erinnerungen überspülen.

«Erzählt mir von eurer Reise!», bat er eifrig.

Und so berichteten wir ihm vom guten und vom schlechten Schicksal der letzten Tage. Er hörte genau zu. Als ich fertig war, rief er:

«Ich weiß, wie es ist, auf diese Weise zu reisen. Kommt rein, ich lade euch ein.»

Und so wurden uns kaltes Bier und gebratenes Rinderfilet serviert, und dann ein Nachtisch mit Kaffee und Cognac. Ich dachte an die Preise, die ich auf der Speisekarte gelesen hatte, und rechnete schnell: Mit dem Geld, für das wir hier gegessen und getrunken hatten, würden wir sonst eine Woche auskommen. Aber wir mussten die Rechnung nicht bezahlen, das hatte der Oberkellner uns schließlich versprochen. Und er hielt sein Versprechen.

«In fünf Stunden gibt es Abendessen, dann kommt ihr wieder. Ich lade euch ein.»

Nach all diesen langen Fahrten, den freundlichen Einladungen und kostenlosen Abendessen mussten jetzt eigentlich ein paar Widerstände kommen. So gut kann die Welt nicht sein, dachte ich, als ich unser letztes Geld zählte und die Entfernung nach Västerås dagegen hielt. Zweihundertzehn schwedische Kronen und sechshundert Kilometer. Da könnte für jeden von uns ein Jugendticket für den Flug nach Norden rausspringen. Aber wie sollten wir zum Flugplatz kommen?

Jonas und ich wanderten auf dem Parkplatz vor dem Hauptbahnhof in Malmö herum und fragten jeden, der kam, ob er sich vorstellen könnte, uns für zehn Kronen (den Rest des Geldes brauchten wir für die Standby-Tickets) zum Flughafen zu fahren. Der Fünfte, Siebte oder vielleicht Zehnte, den wir fragten – so erschöpft und von Glückshormonen voll, wie ich war, erinnere ich mich nicht mehr genau –, sah uns erstaunt an und antwortete: «Warum nicht?»

Leute, die Langstrecke laufen, können ein runner's high, ein Glücksgefühl erleben, das entsteht, wenn der Körper Endorphine freisetzt, deren Aufgabe es ist, Gefühle wie Schmerz oder Erschöpfung zu dämpfen. Endorphine sollen Morphium ähneln, und Studien haben erwiesen, dass eine dreiviertelstündige Laufrunde einer Dosis von zehn Milligramm Morphium entspricht.

August 1982. Nach einem Monat auf Reisen durch Europa erlebte ich das Gegenstück des Rucksackreisenden dazu, traveller's high. Ich war auf Morphium des eigenen Körpers. Das Trampen war gut gelaufen, aber es war nicht ganz ohne Anstrengung geschehen. Die Reise runter durch Schweden war nur die Aufwärmübung. Auf der Höhe von Prag war ich auf Schnappatmung, in Istanbul, als aufgrund von Hitze und Geldmangel die Erschöpfung drohte, kam endlich der erste Schub Endorphine. Was nichts daran änderte, dass ich auf dem Rückweg durch Österreich Pass und Geld (was ich einen Tag später glücklicherweise auf einem Polizeirevier wiederfand) und meinen Schlafsack (der verschwunden blieb) verlor, was ungefähr das Pendant des Reisenden zu Blasen und Krämpfen beim Wandern ist. Aber ich war high durch das Gefühl, dass alles möglich sei und scherte mich nicht um solche Widerstände.

Nun ist gewiss nicht alles möglich, und nirgends auf der Welt sind alle gleichermaßen wohlwollend, aber da und dort glaubte ich es. Meine gesamte verschwundene Reisekasse war von einer Putzfrau gefunden worden, die damit direkt zur Polizei gegangen war. Und das Trampen lief wie geschmiert. Wir erwischten mehrere lange Fahrten und wurden von Leuten, die wir auf der Strecke trafen, nach Hause eingeladen und durften gratis übernachten. Wer kann da noch am Guten im Menschen zweifeln?

Mit derartig rosigen Trampererinnerungen sollte ich doch nicht so ablehnend sein, wie jetzt, da ich 2015 am Straßenrand in den Dolomiten stehe, dreißig Jahre später. Aber heutzutage ist es doch so gefährlich zu trampen, sagen dann alle im Chor. Damals war das kein Problem, aber jetzt ist die Welt so unsicher geworden, behaupten sie. Die Autofahrer haben genauso viel Angst. Kein vernünftiger Mensch nimmt heutzutage noch einen Tramper mit. Das Vertrauen, das es früher einmal zwischen den Menschen gab, ist verschwunden. Vergiss es! Lass deine Tramperinnerung in Frieden ruhen.

Missmutig stehe ich mit rausgestrecktem Daumen da, von der Sinnlosigkeit des Projektes überzeugt. Aber Johan treibt mich an, er ist voller Begeisterung.

«Warte nur, du wirst schon sehen», sagt er.

Zehn Minuten später hält ein von einer Frau in den Vierzigern gefahrenes Auto an. Auf dem Rücksitz sitzen ihre beiden siebenjährigen Zwillingsjungen und ein zotteliger Hund.

«Springt rein, wenn ihr Platz findet», sagt die Frau.

Ich lande zwischen den Kindern mit dem Hund auf meinem Schoß. Johan treibt Konversation mit der Frau, die erzählt, dass sie die Seilbahn zum Hochplateau hinauf nehmen und im sonnigen Spätsommerwetter wandern gehen wollen. Die Siebenjährigen sagen nichts, aber das hat wohl mehr mit Sprachproblemen als mit Scheu zu tun, denn sie sprechen miteinander Italienisch und betrachten mich dabei eingehend. Weder die Jungen noch ihre Mutter haben Angst vor uns. Und wir haben natürlich keine Angst vor ihnen, jetzt, da wir in ihrem Auto sitzen. In dem Moment kommt mir der Gedanke, dass Trampen gefährlich sein könnte, vollkommen absurd vor.

Das Trampen gibt es schon so lange wie es Transportmittel gibt. Bereits in der Apostelgeschichte im Neuen Testament wird von Philippus erzählt, der von Jerusalem in die Wüste Gaza von dem äthiopischen Finanzminister mitgenommen wird. In moderner Zeit wurde das Trampen neu geboren, als in den USA immer mehr Autos unterwegs waren. Die Depression der Dreißigerjahre bewirkte, dass sich immer mehr Leute an den Straßenrand stellten und den Daumen hochhielten. Während des Zweiten Weltkriegs wurde das Mitnehmen von Trampern als patriotische Tat betrachtet, und die amerikanische Regierung ermahnte ihre Bürger, gemeinsam zu fahren, damit das Land Treibstoff sparte, der der Kriegsmaschinerie zugutekommen konnte. «When you ride alone, you ride with Hitler», lautete der Text unter einem amerikanischen Propagandabild, das ein Cabriolet mit einem einzelnen Mann im Filzhut zeigte – und Hitler als Gespenst auf dem Beifahrersitz neben ihm.

Nach Europa kam das Trampen auf breiter Front als Teil des jugendlichen Lebensstils der Sechzigerjahre. Die Auffahrten auf europäische Hauptverkehrswege im Allgemeinen und zu den deutschen Autobahnen im Besonderen waren von Trampern mit Rucksäcken und Pappschildern gesäumt. Am freundlichsten waren die Autofahrer auf dem Weg von West-Berlin über die Transitstrecke durch Ostdeutschland nach Westdeutschland. Hier herrschte durch die Teilung Deutschlands und den Kalten Krieg eine Art psychologischer Ausnahmezustand. Das Gefühl der äußeren Bedrohung bewirkte, dass man zusammenhielt und einander half. Fast alle Autos mit freien Plätzen hielten an und füllten sich mit Trampern. Einer nach dem anderen stieg ein, ehe man sich auf die Transitstrecke begab.

Auch in Israel war die Einstellung gegenüber Trampern extrem großzügig, zumindest bis zur ersten Intifada 1987. Ich konnte die Hochkonjunktur selbst miterleben, als ich zwei Frühjahre zu Beginn der Achtzigerjahre im Kibbuz arbeitete. Sowie ich nicht arbeiten musste, trampte ich mit meinen Kibbuzfreunden kreuz und quer durch das kleine Land. Vom kühlen Qiryat Shemona in den Pinienwäldern im Norden bis zum heißen Nuweibaa in der Sinaiwüste (die wenig später an Ägypten zurückgegeben wurde) im Süden. Wir waren nicht allein: An den Kreuzungen leisteten uns israelische Studenten ebenso wie Soldaten mit aufgeknöpften Hemden und Maschinenpistolen über der Schulter Gesellschaft. Und die Autofahrer hielten an. Wenn wir zwanzig wartende Tramper an einem wichtigen Knotenpunkt waren – in anderen Teilen der Welt eine hoffnungslose Situation –, dann genügte es, zehn, maximal zwanzig Minuten zu warten, und schon waren alle versorgt.

In Israel herrschte derselbe Geist wie auf den Transitstrecken durch Ostdeutschland: Die äußere Bedrohung schuf ein starkes Gemeinschaftsgefühl. Man hielt zusammen, half einander. Doch das Gefühl eines einzigen großen «Wir» hatte auch seine Grenzen, denn Palästinenser, oder «the Arabs», wie die Israelis sagten, gehörten nicht dazu. Ihnen gegenüber herrschte großes Misstrauen.

An der Westbank und im Gazastreifen, wo damals noch eine gewisse Ruhe herrschte, gab es eine andere Gemeinschaft, die ihrerseits die Juden nicht umfasste. Wir internationalen Volontäre, die weder Juden noch Muslime waren, hatten den Vorteil, in beiden Lagern akzeptiert zu sein. Ich wurde von palästinensischen Fahrern mitgenommen, die, falls möglich, noch großzügiger waren als ihre israelischen Nachbarn, denn sie begnügten sich nicht damit, einen mitzunehmen, sondern luden uns auch zu sich nach Hause ein. Plötzlich saß man auf dem Fußboden um eine große Schüssel Reis, Gemüse und Hühnchen in Hebron und aß und plauderte, als ob das gemeinsame Abendessen mit Fremden etwas vollkommen Natürliches und Alltägliches wäre.

Eine Tramp-Tour in den nördlichen Teil des Landes endete in der Heimatstadt Jesu, Nazareth. Dort wurden mein Reisebegleiter und ich von einem christlichen Araber, worauf er deutlich hinwies, nach Hause eingeladen, wo uns gebratene Eier, Pitabrot, große Mengen Raki und schließlich auch eine Unterkunft angeboten wurden. Der Billigreisende in uns jubelte.

Damals dachte ich nicht, wie ich es heute tue, über die Großzügigkeit nach, die uns erwiesen wurde. Ich war gerade achtzehn geworden, das hier war meine erste Auslandsreise allein, und ich begann zu glauben, dass die Welt so großzügig und voller Vertrauen sei. Alle Angst rührt aus dem Mangel an Wissen her, dachte ich.

«Fahrt nicht nach Sderot, da wohnen Araber, die stechen einem Messer in den Rücken», sagte man im Kibbuz.

Das scherte uns nicht, und wir trampten nach Sderot.

«Traut den Juden im Kibbuz Erez nicht», sagte man in Sderot.

Das scherte uns nicht, und wir kehrten ins Kibbuz zurück.

Es sollte lange dauern, bis die Blase platzte und meine jugendliche Naivität mit ein paar Dosen bitterer Erfahrungen vermischt wurde, wie Taschendiebstahl, Männer, die meine Reisebegleiterinnen antatschten, der Beschuss meines Kibbuz durch die PLO (Volltreffer im Hühnergehege, keine Menschen zu Schaden gekommen, aber zehntausend Hühner tot) und schließlich die Invasion Israels in den Süden des Libanon im Frühjahr 1982. Da kam einem die Region nicht mehr so freundlich vor. Der Kreis derer, auf die sich das Gefühl der Zusammengehörigkeit erstreckte, wurde immer kleiner.

Doch selbst da schwangen noch Begegnungen voll menschlicher Großzügigkeit wie ein Grundakkord in mir, der mich daran erinnerte, dass Menschen zwar eigensinnig, verrückt, egoistisch, vorurteilsvoll, misstrauisch, mürrisch und mimosenhaft sein können, in der Regel aber niemandem Böses wollen. Auch wenn das Resultat dennoch Taten sein können, die wir als böse auffassen.

Wie der normale Mensch Meursault in Albert Camus' Roman «Der Fremde». Er ist ein gewöhnlicher Durchschnittsbürger in der französischen Kolonie Algerien, der eines Tages einen Araber erschießt, ohne richtig zu begreifen, was für eine schreckliche Tat er damit begeht. Das Buch, das ich auf der Reise dabei hatte, faszinierte mich ungeheuer. Meursault will eigentlich nichts Böses, aber er ist in seiner Begrenzung durch äußere und innere Faktoren arrogant. Deshalb fällt es ihm schwer, Mitleid zu empfinden, und vielleicht leidet er auch am Asperger-Syndrom oder einem anderen autistischen Zustand – ein Verdacht, der schon aufkeimt, wenn man die einleitenden Worte des Romans liest: «Mama ist heute gestorben. Oder gestern, weiß nicht.» Das Ergebnis seiner Taten ist jedenfalls dasselbe, wie wenn er ein Sadist wäre. Der Gedanke, die Intention aber war eine andere. So entstehen böse Taten, dachte mein halbwüchsiges Ich. Missverständnis, Angst und Misstrauen sind die Ursache alles Bösen.

Die Trampkultur blühte zusammen mit der Alternativkultur der Siebzigerjahre. Zu trampen wurde zu einem Teil der Zivilisationskritik und zu einer Vision von einer spontanen Art zu leben. Viele, die trampten, taten das aber hauptsächlich, um Geld zu sparen und mal kurz ein Abenteuer zu erleben, um dann, hoffentlich in ihrer Einschätzung der Menschen ermuntert und gestärkt, wieder in ihr durchgeplantes Alltagsleben zurückzukehren. Andere argumentierten, dass man so die Ressourcen der Erde schone. Je mehr Leute sich ein Fahrzeug teilten, desto niedriger lag der Energieverbrauch pro Passagier. Man konnte sich für weniger Geld als besserer Mensch fühlen.

Dann kam die Angst.

Eines Tages in den Neunzigerjahren standen einige Studenten an der Straße ins britische Lancaster und trampten. Einer von ihnen hatte ein Schild mit einem handgeschriebenen Text darauf:

«Bitte, nehmt einen Tramper mit! Nur ganz wenige von uns sind Axtmörder.»

Es war, als sei die Angst vor Trampern mit Flugangst und Schlangen- oder Spinnenphobien vergleichbar. Wenn es um unsere ererbten oder früh eingeprägten Ängste geht, perlen vernünftige Argumente meist wie Wasser an einer Funktionsjacke ab. Da hilft auch keine beruhigende Statistik.

Der Mensch hat aus reinem Überlebensinstinkt Angst vor dem Unbekannten. Ich muss immer denken, dass wir alle rein reflexmäßig xenophob sind und einen starken Widerwillen gegen fremde Menschen hegen. Je stärker sie sich von uns unterscheiden, desto mehr fürchten wir uns. Und wenn die Gefühle regieren, spielen Fakten keine Rolle. Der Autofahrer, der den unbekannten Tramper am Straßenrand sieht, hat allen Grund, skeptisch zu sein. Der Tramper, der jederzeit von irgendjemandem mitgenommen werden kann, hat ebenfalls allen Grund, vorsichtig zu sein.

Zu trampen und Tramper mitzunehmen, das sind zwei riskante Positionen. Die Entscheidung des Trampers, mitzufahren, und die Entscheidung des Autofahrers, jemanden mitzunehmen, muss blitzschnell getroffen werden und – einmal ganz abgesehen von dem, was man in dem Moment für ein Gefühl hat – entweder auf ein grundsätzliches Vertrauen gegenüber den Menschen gegründet sein oder auf eine sekundenschnelle Abwägung, ob die konkrete Situation ungefährlich ist. Der Autofahrer sieht den Tramper nur kurz durch die Windschutzscheibe, ehe es Zeit ist, aufs Gas zu treten oder anzuhalten. Je stärker das Gefühl, dass die Umgebung eine sichere ist, desto mehr von uns entscheiden sich dafür, aufs Bremspedal zu treten, anzuhalten und die Tür zu öffnen.

Die Angst jedoch verbreitete sich durch die Legenden von Geistertrampern, die zeigen sollen, dass das Trampen an sich schon eine gefährliche Angelegenheit ist. Zu Beginn der Achtzigerjahre tauchten immer mehr von diesen Geschichten auf. Vielleicht, weil die Medien begonnen hatten, sie zu verbreiten? Oder war das Sicherheitsbedürfnis gestiegen? In den verschiedenen europäischen Ländern und den USA wurden dieselben Gruselgeschichten erzählt, und auch in Israel, der Mongolei und Südafrika kamen sie auf.

So wie die Geschichten, die im Mai 1982 von Autofahrern um La Roche-sur-Yon an der französischen Atlantikküste berichtet wurden. Sie erzählten von Mönchen, die in der Abenddämmerung trampten, mitgenommen wurden, sich auf den Rücksitz setzten und mit dem Fahrer in Form von Prophezeiungen redeten, so wie «Es wird einen heißen Sommer und einen blutigen Herbst geben». Doch wenn der Fahrer sich umdrehte, war der Rücksitz leer. Dann fuhr er zur nächsten Polizeistation, um von dem Erlebten Bericht zu erstatten. Die Polizisten nickten wissend: «Sie sind nicht der Erste», sagten sie zu dem erstaunten Mann.

Doch als dann Journalisten die Sache bei der Polizei recherchierten, bestritt man dort, dass es auch nur eine einzige Anzeige wegen trampender Mönche, die sich plötzlich in Luft auflösten, gegeben hätte.

Die meisten dieser Geschichten haben gemeinsam, dass der Fahrer die Tramper an einer Stelle mitnimmt, wo zuvor ein tödlicher Unfall geschehen ist. In einigen der Geschichten darf der Tramper dann eine Jacke vom Fahrer ausleihen. Später, als der Tramper verschwunden ist, findet sich das Kleidungsstück auf dem Grab mit dem Opfer eben desselben tödlichen Unfalls wieder.

Der Fahrer ist immer ein gewöhnlicher Mensch, mit dem sich die meisten identifizieren können. Die versteckte Botschaft lautet, niemand ist perfekt. Vielleicht fahren wir manchmal zu schnell und unaufmerksam, womöglich passiert es sogar, dass wir unter Alkoholeinfluss gefahren sind und andere gefährdet haben. Der trampende Geist hat die Aufgabe, uns an unsere Defizite zu erinnern. Wenn wir uns nicht zusammenreißen, dann kann es uns übel ergehen. Gleichzeitig sind die Geistergeschichten auch eine Warnung: Vertraue niemals einem Fremden!

Hollywood hat dafür gesorgt, diese Angst noch zu vertiefen. Nach der Premiere des Gruselfilms «Der Tramper» von 1986 kamen viele Menschen zu mir und erklärten, dass ich jetzt aufhören müsste zu trampen. In dem Film fährt ein Mann mit dem Auto quer durch die USA, aber er fühlt sich allein und nimmt deshalb einen unbekannten Tramper mit, der sich als Verrückter und Mörder entpuppt. Außerdem gelingt es dem Tramper, die Polizei glauben zu machen, dass er selbst der Fahrer und nicht der Tramper sei. Das Opfer bekommt die Schuld aufgebürdet, der Täter wird geehrt. Das ist Horror vom Feinsten.

Weiter befördert wurde die Angst mit dem Film «Kalifornia» von 1993, in dem ein anständiges Paar über eine Mitfahrzentrale zwei Tramper mitnimmt. Natürlich geraten auch sie an einen mörderischen Psychopathen. Da haben wir gelernt, dass nicht nur das spontane Trampen gefährlich ist, sondern auch das über die scheinbar sicheren Mitfahrzentralen. Die versteckte Botschaft: «Mach niemals die Tür auf und lass einen Fremden herein, ganz gleich, ob es dabei um dein Auto oder dein Haus geht. Es könnte nämlich sein, dass es das Letzte ist, was du tust.»

Seit dem Ende der Achtzigerjahre wird immer weniger getrampt. Nur wegen der Spukgeschichten und Horrorfilme? Nein, es hat auch mit einem höheren Sicherheitsbedürfnis zu tun. Graeme Chester und Davis Smith sind zwei britische Soziologen, die den Ursachen für den Tod der Tramperkultur auf den Grund gegangen sind. Ihre Studie heißt «The Neglected Art of Hitchhiking: Risk, Trust and Sustainability» (2001). Sie gingen Unmengen von Texten über das Trampen, die während der Neunzigerjahre in «The Guardian» und «The Independent» veröffentlicht wurden, durch und stellten fest, dass das *Risiko* des Trampens das hauptsächliche Thema in den meisten dieser Artikel war. Die Texte wurden auch oft mit klugen Ratschlägen ergänzt, wie man die Sicherheit beim Trampen vergrößern könne. Das Abenteuerliche, der Nachhaltigkeitsaspekt und die Tatsache, dass das Trampen eine lehrreiche Übung in Vertrauen sein kann, darüber wurde überhaupt nicht geschrieben. Das fröhliche, freie Hippiezeitalter war definitiv zu Ende.

Die Soziologen entdeckten auch, dass in den früheren Auflagen der Reiseführer von Lonely Planet immer viele Tipps enthalten waren, wo, wann und wie man am besten trampen könne. Doch um die Jahrtausendwende – nach etwa zehn Jahren, in denen die Medien den Fokus auf die Gefahren gelegt hatten – strich der Reiseführerverlag alle Ratschläge über das Trampen mit der Erklärung, dass es zu gefährlich sei und man die Leute nicht dazu auffordern wolle, dieses Risiko einzugehen. Die Gefahr, dabei

Opfer von Verbrechen zu werden, die statistisch gesehen kleiner geworden ist, wurde immer öfter betont. Diese Angst, so stellten die Soziologen fest, war aufgrund eines gesteigerten Sicherheitsdenkens in Kombination mit der fälschlichen Annahme, dass die Zahl der Verbrechen gestiegen und die Welt gefährlich sei, gewachsen.

Die Studie sah die Ursache für den Tod der Tramperkultur auch darin, dass der wachsende Wohlstand die Sichtweise der breiten Allgemeinheit darauf, was normales Verhalten ist, eingeschränkt hat. Man könnte das so interpretieren, dass der Mensch, je mehr Ressourcen er bekommt, desto weniger großzügig wird. Tramper sind stigmatisiert worden. Der ausgestreckte Daumen am Straßenrand wird mit Armut, Kriminalität, Exzentrizität und «Kann-nicht-koscher-sein» verbunden, die Tramper machen etwas, was nur potentiell gefährliche Abweichler, nämlich solche ohne eigenes Auto, tun.

In der Zeit, als das Auto langsam zum Massenkonsumgut wurde, war es für stolze Autobesitzer normal, diejenigen, die baten, mitfahren zu dürfen, einzuladen. Ein eigenes Auto zu besitzen, war damals noch etwas Besonderes. Heute ist das Auto die Norm, und da wirken Menschen, die keinen Zugang zu einem eigenen Auto haben, aber dennoch auf oder in der Nähe der Straße gesehen werden, irgendwie unnormal. Was haben diese fahrzeuglosen Individuen denn da zu suchen?

Das gesteigerte Sicherheitsbedürfnis hat auch zum Tod der Tramperkultur beigetragen. Mit der immer avancierteren und teureren Technik und einem gesteigerten Sicherheitsdenken ist das Auto für den Besitzer zur Privatsphäre geworden. Klimaanlage, hochentwickelte Soundsysteme, Airbags, moderne Bremssysteme, Navigation und Sensoren, die warnen, wenn das Auto einem anderen zu nahe kommt – alles das hat den Komfort und die Sicherheit gesteigert, aber zugleich das Gefühl, dass man nicht die gefährliche Umgebung ins Auto lassen will, vergrößert. Der Fahrer, der sich ins Auto setzt und den Motor anlässt, wird vom Armaturenbrett mit Informationen bombardiert, die mit seiner Sicherheit zu tun haben. Und an Sicherheit erinnert zu werden, heißt, auch an Gefahren und Risiken erinnert zu werden, schreiben die britischen Soziologen.

Der Tramper am Straßenrand, den der Fahrer durch das schützende Glas der Windschutzscheibe sieht, wird zu einer Verkörperung von Gefahr und Bedrohung. Das Auto hingegen wird immer mehr wie ein Zuhause. Mein Auto, meine Trutzburg. Tramper unerwünscht.

Ist es denn aber nicht auch gefährlicher geworden zu trampen? Das ist schwer zu sagen, da es keine Statistiken mit dem Fokus auf Verbrechen von Trampern gibt. Doch das amerikanische FBI zählt, wie viele Morde und Sexualverbrechen entlang der Interstate-Autobahnen begangen werden. Das ist ja schon mal was. Ich lese: Während der dreißig Jahre zwischen 1979 und 2009 wurden insgesamt ungefähr fünfhundert Morde und zirka einhundertfünfzig Vergewaltigungen an diesen Straßen vermeldet. Wenn man nun ausrechnet, wie viele Menschen in dieser Zeit auf den Interstate Highways transportiert wurden, dann kommt man darauf, dass die Gefahr, hier einem Verbrechen zum Opfer zu fallen, 0,0000087 Prozent beträgt. Eine Zahl, die man nicht anders interpretieren kann, als dass das Trampen zwar Gefahren birgt, diese aber mikroskopisch klein sind.

Die Wahrheit ist allerdings, dass das Risiko noch kleiner ist. Als ich nämlich in der Statistik des FBI weiterlese, entdecke ich, dass nur sechsundfünfzig Prozent der Morde und zwölf Prozent der Vergewaltigungen von einer Person begangen wurden, die dem Opfer fremd war. Eine Mehrheit der Täter kannte ihre Opfer. Es waren Ehemänner, Freunde, Väter, Onkel, Kollegen, enge Freunde, und sie gehörten also zu der Gruppe von Menschen, in deren Gesellschaft wir uns eigentlich sicher fühlen. Da nur wenige von denen, die am Straßenrand stehen, wenn überhaupt, von Verwandten und Bekannten mitgenommen werden, sinkt die Gefährlichkeit des Trampens in den USA auf ein so niedriges Niveau, das es kaum mehr auszumachen ist.

Wenn es etwas gibt, das Tramper – und alle anderen, die Auto fahren – in Sachen Sicherheit bedenken sollten, dann sind es nicht die Gefahren, mit denen uns die Gespenstergeschichten und die Hollywoodfilme gern Angst machen, sondern die Gefahren, die das Autofahren überhaupt birgt, nämlich Unfälle. Wenn Sie sicher leben wollen, dann entscheiden Sie sich für die wesentlich sichereren Verkehrsmittel, den Zug und das Flugzeug. Denn das Risiko, mit einem Auto in einen Unfall verwickelt zu werden, ist um ein Mehrfaches höher als das, Opfer eines Trampers zu werden oder umgekehrt als Tramper von einem fremden Fahrer angefallen zu werden. Falls Sie sich doch für das Auto entscheiden, fahren sie auf keinen Fall mit jemandem, den sie kennen. Trampen Sie mit einem Fremden. Das ist das Sicherste.

Eine Reise zurück in der Zeit

Stellen Sie sich vor, die ägyptische Kultur aus der Zeit der Pharaonen hätte bis heute überlebt. Stellen Sie sich vor, dass der Kult am Tempel von Luxor und der Sphinx und der Pyramiden in Gizeh ohne Unterbrechung seit Tausenden von Jahren ausgeübt worden wäre und heute praktisch unverändert durch neue Lehren nach wie vor existieren würde. Dann haben Sie ein einigermaßen korrektes Bild des Kults im Shri Meenakshi-Sundareshwarar-Tempel in Madurai in Südindien. Jeden Tag strömen mindestens fünfzehntausend Besucher in den Tempelkomplex, einen der größten des Landes, um sich von all dem Schönen dort beeindrucken zu lassen und zu beten und vom Shri Meenakshi, der eine Inkarnation des Shiva ist, gesegnet zu werden.

In der Stadt mit dem alten Kultus wandere ich über schmale Straßen, die von Kiosken mit Bananenstauden und Saftverkäufern mit säuberlich aufgereihten Granatäpfeln auf blauen Holzregalen gesäumt sind. Überall sind Fahrräder, Kühe und Moped-Rikschas in schwer zu lösende Verkehrsknäuel verwickelt, dazu Hunderte von Schneidern, die Kunden mit Angeboten über maßgeschneiderte Kleider jagen.

Am Eingang des Tempels lasse ich mich auf einem Hocker nieder, trinke ein Glas Chai und lese in einer kleinen Schrift über die Stadt. Die Geschichte erstreckt sich zurück bis in die Jahrhunderte vor Christus, steht dort. Unter der Dynastie der Pandyan-Könige, die über tausend Jahre währte, betrieb die Stadt Handel mit dem antiken Griechenland und dem Römischen Reich. Der Kult im Tempel ist noch älter und geht auf die vedischen Riten zurück, die fünfzehnhundert Jahre vor unserer Zeitrechnung in Indien eingeführt wurden. Die Tatsache, dass der Ritus so alt ist, beeindruckt mich eigentlich weniger. Was beeindruckt, ist die ungebrochene Tradition von damals bis heute. Als würden die Griechen immer noch zu Poseidon beten, die Italiener immer noch vor Apollo auf die Knie fallen und die Skandinavier noch Thor opfern.

Ich betrachte die Hunderte von unterschiedlich gefärbten Gottesfiguren am Tempelturm, kneife die Augen zusammen und stelle mir vor, Göteborg wäre wie Madurai. Dann würde sich dort jetzt nicht gleich neben dem Bahnhof ein gigantisches Einkaufszentrum befinden, sondern ein mehrere Quadratkilometer großer Tempelkomplex mit rituell verehrten Göttern, die in Rauch eingehüllt wären. Ich stelle mir das Allerheiligste in der Mitte des Tempels vor, das für Touristen verschlossen wäre, die den Glauben an die Asengötter aufgegeben hätten – genau, wie das Innerste Heiligtum in diesem südindischen Tempel für Nicht-Hindus verschlossen ist. Und drinnen würden Odin, Thor und Freia thronen, in Öl gehüllt, mit roter Farbe bemalt, umgeben von Feuern.

Kurz nach Sonnenaufgang gehe ich stundenlang drinnen im Tempelviertel herum. Nach Sonnenuntergang bin ich wieder da und verbringe noch ein paar weitere Stunden in dunklen Gängen und verrußten Räumen. Beide Male verlaufe ich mich, irre mit aufgerissenen Augen herum und fühle mich trotz allem sehr zufrieden. Ich will all das, was ich da sehe, nicht auf eine rationale Weise verstehen, will den Tempel nicht abarbeiten, als handele es sich um ein Museum.

Ich atme die Düfte ein von den Kampfer-Öllampen, von den Räucherstäbchen, die nach Sternanis und Sandelholz riechen. Ich betrachte die Figuren, die die vier Tempeltürme schmücken, Tausende geschnitzter kleiner Dämonen und Götter, die in grellbunten Farben bemalt sind. Ich lausche der transzendentalen Musik und spüre, wie mich etwas reinzieht, eine Verlockung. Ich sehe Männer, Frauen und Kinder einen großen Holzwagen ziehen, mit der Göttin darauf, die vollkommen durchleuchtet ist von Hunderten heißen Glühbirnen in einer Geräuschkulisse, die von einem laut knatternden Dieselgenerator bestimmt wird. Ich lege eine Rupie in den Rüssel eines der Tempelelefanten, dessen Ohren mit Swastiken bemalt sind, und bekomme als Dank einen sanften Rüsselknuff.

Der Hinduismus fasziniert mich, weil ich, indem ich den Kult betrachte, der so lange schon auf eine ähnliche Weise ausgeführt wird, das starke Gefühl habe, in die Vergangenheit der Menschheit zu sehen. Die geistige Botschaft hingegen, das Yoga, die Meditation und alle Verzweigungen in Form geistiger Sekten, die das Interesse so vieler westlicher Reisenden eingefangen haben, geht an mir vorüber. Ich bin auf die Fähigkeit der Religion aus, mich auf eine Zeitreise mitzunehmen.

Doch die Vergangenheit enthielt so viel Leiden. Zwanzig Jahre, ehe ich nach Osten reiste, kam der Beat-Dichter Allen Ginsberg zusammen mit seinem Schriftstellerkollegen Peter Orlovsky in die indische Pilgerstadt Benares. Sie waren die Vorhut von Horden von Hippiereisenden, die bald in das Land strömen sollten, auf der Jagd nach Erlebnissen, Drogen und philosophischer Weisheit. Sie saßen auf einem Hausdach, rauchten illegale Substanzen, fütterten Affen mit Bananen und sahen über die Treppen zum Ganges. In dem Gedicht «The Rain on Dasaswamedh Ghat» schilderte Ginsberg in einem fotografisch ausgeweiteten Stil, der so typisch für die Beat-Literatur war, was er sah:

> *Today on a balcony in shorts leaning on iron rail I watched*
> *the leper who sat hidden behind a bicycle*
> *emerge dragging his buttocks on the gray rainy ground by*
> *the glove-bandaged stumps of hands*
> *one foot chopped off below knee, round stump-knob*
> *wrapped with black rubber ...*

Kriechende, beinlose leprakranke Bettler! Ginsberg vermischte den Wirklichkeitsschock und seinen messerscharfen Blick auf das Leiden einzelner Menschen mit der Faszination für den Hinduismus und heilige Männer, Sadhus, die mit Asche und safrangelbem und karmesinrotem Pulver eingerieben waren, als wolle er erzählen, dass die Welt großer Mist sei, aber dass es in der Überhöhung des Nicht-Materiellen der östlichen Philosophie Hoffnung gäbe. Eine Hoffnung, die nach Rauchwerk duftete, nach Messingglocken und eintönigen Mantras klang und in orangefarbene Hüfttücher gewickelt war.

Doch ich sah keine Zukunftshoffnung, sondern nur Vergangenheit. Zunächst dachte ich ebenso wie die reisenden Reportageschriftsteller der Sechzigerjahre, dass die Religion vor allem ein Fortschrittshindernis sei. Sven Lindqvist, der ungefähr zur gleichen Zeit wie Allen Ginsberg in Benares gewesen sein musste, stellte in «Asiatische Erfahrung» (1964) fest, dass die heiligen Männer, die er sah, «aufgeblasene Schildkröten» seien und «schleimig verdrehte Augen» hätten, und dass der Pilgerort von «geistigen

Betrügern und Profiteuren» nur so wimmeln würde. Lindqvist behauptete, die Hindus seien von Profitsucht getrieben. Das Herz des Hinduismus, so schrieb er, müsse dringend mal «gesäubert» werden.

Man kann die östlichen Religionen für viel Wahnsinn verantwortlich machen, dachte ich, als ich dastand und diesen uralten Kult in dem südindischen Tempel betrachtete, aber zu behaupten, dass seine innerste Triebkraft Profitsucht sei, bedeutet doch übers Ziel hinauszuschießen. Die Kritik von links hätte sich besser auf die erdrückend hierarchischen Strukturen des indischen Kastensystems konzentriert.

Doch selbst wenn ich nach allem, wofür die Religion steht, skeptisch war, füllte der alte Tempel mit seinen antiken Riten ein Vakuum in mir, der ich in der säkularisiertesten und rationalsten aller Welten aufgewachsen war. Zu Hause sind wir die Besten der Welt darin, uns dem Neuen zuzuwenden, und tun das mit so viel Begeisterung und Eifer, dass noch verwendbare Dinge und Ideen manchmal auf die Müllkippe der Geschichte geworfen werden. Wenn man die westliche Welt verlässt, geschieht etwas. Plötzlich ist es, als hätten Neues und Altes einen gleichermaßen hohen Status und als wäre die Gesellschaft mit einem Mal aus der Vorzeit in die Neuzeit gesprungen, gerade so, als hätte sie eine Menge Zwischenepochen gleichsam ausgelassen. Das Ergebnis sind atemberaubende Kontraste zwischen Uraltem und Supermodernem. Der Ochsenkarren, der auf dem Schotterweg zum Markt knarrt, und der Bauer, der den Blick hebt und die Rakete auf dem Weg zum Mars von ihrer Basis im südindischen Sriharikota abheben sieht. Einige beschreiben diese Kontraste als beklemmend. Warum sollten die Menschen aufs Weltall zielen, bevor man die Dinge auf der Erde geordnet hat? Vielleicht haben sie recht, doch kann es auch einen Wert haben, beide Welten parallel existieren zu lassen.

1938 gab es in Schweden zum ersten Mal in der Geschichte gesetzlichen Urlaub. Damit hatten wir sowohl Zeit als auch Geld für andere Dinge als nur das blanke Überleben übrig. Doch ich glaube nicht, dass dies allein die Erklärung für den Reiseboom ist, der seit Ende des Zweiten Weltkriegs angehoben hat. Ich glaube, es gibt einen Zusammenhang zwischen schneller Modernisierung hier zu Hause und zunehmenden Auslandsreisen. Als rote Holzbaracken abgerissen und durch Kolosse in grauem Beton ersetzt wurden, als Markthallen mit Direktverkauf über den Tresen durch Supermärkte ersetzt wurden, und als sich dahinschlängelnde Schotterwege begradigt und asphaltiert wurden, erzeugte das ein Vakuum in uns.

Die automatischen Kassen des Supermarktes, die zur Folge haben, dass ich nicht einmal einen Verkäufer habe, mit dem ich kurz sprechen kann, bedeuten nicht nur eine höhere Effizienz in der Lebensmittelbranche, sondern auch ein wachsendes Gefühl der Leere. Diese Leere ist es, die ich wieder füllen will, indem ich die abgenutzten, heruntergekommenen Gegenden voller Menschen besuche, von denen ich mir vorstelle, dass es sie zu Hause auch irgendwann einmal gab. Ich kann den Traum nicht abschütteln, das Vergangene wieder zum Leben zu erwecken. Als würde ich die kollektive Erinnerung von einem Leben mit mir herumtragen, das eigentlich niemals mein eigenes war.

In den Neunzigerjahren habe ich meine Großmutter in ihrer holzgezimmerten Sommerhütte südlich des Dalälven besucht, um mir erzählen zu lassen, wie sie aufgewachsen ist. Wie ihre Familie im Hungerfrühjahr 1917, als in mehreren schwedischen Städten Hungeraufstände ausbrachen, den kleinen Hof in Västerfärnebo verlassen musste, um mit ihrem Hausrat zu einem anderen, dreißig Kilometer nördlich liegenden Hof zu wandern in der Hoffnung auf reichere Ernten und mehr Essen auf dem Tisch. Wie die anderen Kinder in der Schule gekaufte Schuhe hatten, aber sie in Stiefeln gehen musste, die ihr Großvater, der Schuhmacher, gefertigt hatte. Sie schämte sich so für die Schuhe, dass sie sie hinter der Hausecke in einer Grassode versteckte und den zehn Kilometer langen Schotterweg zur Schule barfuß ging. Lieber schmerzende Füße, als in hässlichen Schuhen kommen, sagte sie und lächelte auf ihre verschmitzte Art.

Mir schwindelte, als ich begriff, dass ich hier saß und mit einem lebendigen Menschen über etwas redete, das ihm während des Ersten Weltkriegs und zu einer Zeit, als es noch kein Frauenwahlrecht gab, geschehen war. Meiner Großmutter hatte ich zu verdanken, dass die Vergangenheit nicht nur etwas war, worüber man in Geschichtsbüchern las. Es gab eine Erzählung, eine Erinnerung, ein Lächeln und eine gerunzelte Stirn, die alle diese Epochen verknüpfte. Wenn ich mit ihr im Schein der Petroleumlampe saß und ihren Erzählungen lauschte, konnte ich mich einfühlen in die Welt, wie sie vor meiner Geburt ausgesehen hatte. Ihr zuzuhören, das war, als würde ich in der Zeit zurückreisen und eine andere Welt besuchen.

Meine ersten Reisen über die nordischen Nachbarländer hinaus gingen nach Italien und Spanien, die in den Sechzigerjahren teilweise immer noch Entwicklungsländer waren. Man kann es Exotismus nennen, aber ich liebte die Besuche in den Bergdörfern, wo ich auf Eseln reiten und alte Frauen mit Kopftuch anschauen durfte, die an den Straßenecken saßen und strickten. Als die Modernisierungswelle diese Länder erreichte, durfte ich nach Griechenland und in die Türkei reisen, die sich immer noch herrlich altmodisch anfühlten mit der dunkelbraunen Auslegeware in den Hotelfluren, den Caféwänden, die mit einer hochglänzenden, beigen Farbe gestrichen waren, die Oma und Opa mochten, mit den verstaubten Fünfziger- und Sechzigerjahreautos und noch älteren Bussen, wie von ausgebleichten Ansichtskarten, und mit

Essen, das vom Acker und aus dem Stall nebenan kam und nicht in einem Karton aus einer Lebensmittelfabrik. Für die Flüchtlinge der modernen Gesellschaft, so wie ich einer war, bedeuteten diese unzeitgemäßen Umgebungen Balsam für die Seele.

Langsam aber sicher wurden auch die östlichen Mittelmeerländer modernisiert und von der Neuzeit erobert. Auf der Fähre, die auf das Ägäische Meer hinaussteuerte, sah ich wenige Jahre später schon keine alten Männer mehr mit Kappen, die an ihren Holzketten fingerten, und keine alten Frauen mit Kopftuch mehr, die griechischen Kaffee mit Satz aus kleinen Porzellantassen tranken, sondern Griechen, die Kappe und Kopftuch abgelegt hatten, auf ihren Handys herumtippten und Café Latte aus großen Pappbechern mit Deckel tranken. Auch wenn ich begriff, wie unpassend es gewesen wäre, wenn sie aus ästhetischen Gründen weiterhin in dem Alten hätten leben sollen, war es doch genau das, was ich mir wünschte.

Die Globalisierungswelle der letzten Jahrzehnte hat viele kulturelle Eigenheiten eliminiert. Es ist nicht nur das Gefühl, dass das Geradlinige, Glatte, Harte und Glänzende inhaltsleer ist. Vielmehr ist alles Abgenutzte und mit Patina Versehene zerstört, das Eigene ausgelöscht und das Einzigartige verborgen. Die unterschiedlichen Teile der Welt ähneln einander immer mehr. Wenn ich heute über die Einkaufsstraßen in Kopenhagen, Tallinn, Hamburg und sogar Sofia schlendere, dann sehe ich dieselben Fast-Food-, Café- und Kleidungsketten wie auf der Vasagatan in Västerås und auf der Drottninggatan in Stockholm. Der Wiedererkennungsfaktor sollte mir Sicherheit schenken und mich froh machen. Aber nein. Er macht mich verloren und traurig.

Nostalgie stammt von dem griechischen Wort nostos, Heimreise oder Heimkehr, ab und algos, Schmerz und Leiden. Der Begriff wurde 1678 von dem schweizerischen Medizinstudenten Johannes Hofer als eine Diagnose für krankhaftes Heimweh geprägt. Wenn ich ihn hätte aufsuchen können, um meine Symptome zu beschreiben, dann hätte ich gesagt: Ich kann stundenlang dastehen und wie verhext auf einen indischen Schmied schauen, der mit einem handbetriebenen Balg die Glut in Gang hält und das Eisen mit einem Hammer schlägt. Ich kann versunken vor einem indonesischen Automechaniker stehen, der mit einem kleinen Hammer eingedrückte Autokarosserien glatt macht, oder vor einem nepalesischen Wagenmacher, der kaputte Holzräder für die Pferdekarren repariert. Es ist, als würde ich mich erinnern, dass diese Tätigkeiten ein Teil meines Alltags waren. Hilfe, was ist los mit mir? Hofers Diagnose hätte wahrscheinlich gelautet: Das Problem der Unzeitgemäßen ist die Sehnsucht nach einem idealisierten Vergangenen, die wie ein psychologisches Gegengewicht funktioniert, wenn Sie Veränderungen ausgesetzt sind und sich schnell anpassen müssen. Nehmen Sie eine kurze Pause von dem Modernen, dann werden Sie schon sehen, dass es Ihnen bald besser geht!

Ein anderer Arzt, der Österreicher Leopold Auenbrugger, beschrieb im 18. Jahrhundert, wie Patienten, die von schwerer Nostalgie heimgesucht waren, sich verhielten: «Sie schlafen schlecht, fühlen sich deprimiert und haben Konzentrationsschwierigkeiten ... sie seufzen und stöhnen unausgesetzt und verhalten sich dem Leben gegenüber irgendwann völlig gleichgültig ... der Leib schwindet dahin, während ihr ganzes Ich auf diese verhängnisvolle Sehnsucht gerichtet ist.»

Ein romantischer Traum von einer verlorenen Welt war es wohl auch, warum sich im Frühjahr 2001 so viele Leser für einen Artikel von Anders Mathlein in «Dagens Nyheter» begeisterten. Die Überschrift lautete: «Die Insel, die zu schön ist, um wahr zu sein.» Der Text begann wie folgt: «Die besondere Insel Isola Lethe vor der kroatischen Küste ist fast völlig unberührt vom Tourismus. Hier gibt es Korallenriffe, Berühmtheiten und Champagner zu lächerlich niedrigen Preisen.»

Die Insel, direkt vor der Küste gelegen, sei «eines der am besten gehüteten Geheimnisse der Welt», und wurde als ein Paradies beschrieben, wo es alles gab. Die Stimmung in der Bar Mediterraneo am großen Platz des Hauptortes der Insel Saint Mensonge erinnert an die Bühne in einem Film: ‹Jalousien teilen das Abendlicht in Streifen, die Deckenventilatoren surren freundlich, die Gäste stellen eine vielfältige Galerie von Typen dar. Wer zum Beispiel ist die Frau in Schwarz, die Margaritas trinkt, während sie auf jemanden wartet, der erst kommt, wenn der Sonnenaufgang den Spiralturm der Tresanti-Kathedrale erglühen lässt?»

Nach der Veröffentlichung des Artikels liefen die Telefone in der Zeitung heiß. Hunderte von Lesern meldeten sich und wollten wissen, wie man zur Insel kommen und ein Hotel buchen könne, da sie die angegebenen Seiten des Reisebüros Primo Aprile Tours und der Fluglinie Joker Air, die der Artikel empfahl, nicht finden konnten. Offensichtlich waren ihnen die lustigen Namen der Unternehmen nicht aufgefallen und auch nicht das Veröffentlichungsdatum, nämlich der 1. April. Sie hatten auch nicht bedacht, dass mensonge auf Französisch Lüge bedeutet, und dass der Name der Insel selbst, Lethe, von der Göttin des Vergessens und der Unbewusstheit in der griechischen Mythologie stammt. Ihr Traum von einem Nostalgieurlaub jenseits von Zeit und Raum in romantischer Umgebung wie aus einem alten Hollywoodfilm ließ sie den Köder schlucken. Die Sehnsucht in die Vergangenheit zurück verführte sie.

Mit fortschreitendem Alter locken mich verschwundene Epochen immer mehr, und ich denke, wenn ich nur eine Tasse Kaffee in diesem einen Café trinken kann, wo dieser oder jener berühmte Autor und Künstler immer gesessen hat, wird es sich fast so anfühlen, als sei ich dabei gewesen, als es sich zutrug. Ich unternehme sogar Reisen, in denen das Zurückschauen mein hauptsächliches Ziel ist. Doch der Montmartre in Paris war eine Enttäuschung. Dabei waren die Voraussetzungen so gut. Hier wurde der Impressionismus geboren, hier dichtete der Poet der Moderne Guillaume Apollinaire, hierher wallfahrte der Spanier Picasso und hier malte Henri de Toulouse-Lautrec, bekannt für seine Farblithografie, die in Hunderttausenden von Haushalten auf der ganzen Welt als Reproduktion hängt – auch bei mir zu Hause in Stockholm auf der Toilette: das Bild vom Cabaret Moulin Rouge.

Picassos Stammkneipe, das Cabaret-Lokal Lapin Agile gab es zwar noch, aber ansonsten musste ich feststellen, dass der Montmartre eine grellbunte Nostalgie-Torte geworden war, die sich anfühlte wie ein Künstler-Disneyland. Irische Pubs, klischeehafte französische Kneipen mit rot-weiß-karierten Tischtüchern und Kellnern in roten Schals und schwarzen Baskenmützen, und dann der Place du Tertre, wo sogar an einem kalten und regnerischen Januarnachmittag dicht an dicht die Künstler standen, die Portraits von Touristen anfertigten und den Mythos von Paris bewahren wollten. Was hatte ich denn bloß erwartet? Schließlich ist es gewiss so, wie der Schriftsteller Pär Rådström schreibt: «Paris ist niemals, was es war, aber das macht seinen Charme aus.»

Was tut man denn, wenn man mehr den Mythos als die Wirklichkeit jagt? Um das herauszufinden, setzte ich mich in die klassische Pariser Metrolinie Nummer 4 mit ihren rasselnden, straßenbahnähnlichen Waggons und fuhr nach Süden zu einem anderen Objekt der Vergangenheit: Montparnasse. Dorthin begab sich die zweite Bohèmewelle, als Montmartre und Pigalle sich in prollige Vergnügungsviertel mit Nachtclubs, Tanzsalons, Prostituierten und Zuhältern verwandelt hatten. In den Jahren nach dem Ersten Weltkrieg lag der Mittelpunkt des kulturellen Paris zwischen den klassischen Künstlercafés auf dem Boulevard de Montparnasse: Le Dôme, La Coupole, Le Select und La Rotonde. Im Dôme trafen sich Künstler vom Balkan, aus Osteuropa und Skandinavien, um Poker zu spielen und auf die Inspiration zu warten. Das gefiel mir gleich viel besser. Im La Coupole gab es sogar den Pfeiler noch, auf den der schwedische Künstler Isaac Grünewald gemalt hatte. Es war fast, als wären wir gleichzeitig da gewesen.

Doch ich wollte mehr und ging weiter nach Saint-Germain-des-Prés, um auf den Straßen zu spazieren, auf denen Stig «Slas» Claesson lief, als er in den Fünfzigerjahren nach Paris kam. In meiner Jackentasche lag eines seiner Bücher voller alter Erinnerungen. Als Slas hier unterwegs war, galt Paris immer noch als ein billiger und spannender Treffpunkt, die passende Metropole für arme Kulturschaffende. Er, der noch keines seiner Bücher veröffentlicht hatte, war einer aus der großen Menge junger Europäer und Amerikaner mit literarischen und künstlerischen Ambitionen. Ich blieb vor den großen Fensterscheiben der klassischen Cafés stehen, in denen zu essen und zu trinken jetzt nicht mehr günstig war, und stellte mir die amerikanischen Schriftsteller im Café de Flore vor, wie sie darüber stritten, wer für die CIA arbeitete – vielleicht waren Jean-Paul Sartre oder Simone de Beauvoir ihre Zeugen –, während Kroaten und Serben in einem serbischen Restaurant in der Nähe schon mal zeigten, was kommen würde, indem sie mit Fäusten aufeinander losgingen.

Ich nestelte «Efter oss syndafloden» («Nach uns die Sinflut»), das Erinnerungsbuch von Slas von 2002, aus der Tasche. «Wir waren jung und schön und total befreit von dem, was man Verantwortung zu nennen pflegt», las ich und weiter: «Wir empfanden eine totale Freiheit, von der ich mich manchmal frage, wer sie uns eigentlich gewährt hat.» Ich glaube, dass die Freiheit im Zeitgeist lag, der rückblickend betrachtet von Energie nur so vibriert haben muss in seiner Mischung aus Fortschrittsoptimismus (das schnellste Wirtschaftswachstum Westeuropas) und Untergangsszenarien (die Drohung eines Atomkrieges). So muss es gewesen sein, Hoffnung und Bedrohung sind natürlich eine unschlagbare Kombination, wenn es darum geht, ein Gefühl der Nähe zu schaffen.

Schon 1950 war eine junge Birgitta Stenberg nach Paris gekommen mit dem Traum, Schriftstellerin zu werden, und der Lust, die Welt zu sehen, ehe ein neuer Krieg ausbrechen würde. So haben Slas und sie es beschrieben. Es galt, die Zeit vor dem Dritten Weltkrieg zu nutzen. Im Café de Flore und im Les Deux Magots sah sie die Existentialisten sitzen und mit solchem Stil und solcher Finesse die falsche Objektivität diskutieren, dass sie zu einer lebendigen Attraktion wurden. Der jugendliche Eifer und die brennende Lust, sich selbst und das Leben zu verstehen, nicht nur mit dem Kopf, sondern auch mit dem Körper: «Wir hatten uns durch die Nacht geliebt, deren Kühle durch das offene Fenster hereindrang ...», schrieb sie in ihrem Erinnerungsbuch «Alla vilda» und fuhr dann fort: «Dann folgte der frühe Morgen, als wir das Hotel verließen, unsere Körper schwer von Schlafmangel und geschwollen von Liebe. Sowie ich den Fuß aus der Tür des Hotels setzte, stieg das neue, blubbernde Gefühl der Erwartung in mir hoch.»

Ich war nicht der Einzige, der mit nostalgischem Blick umherwanderte. Im Buchladen Shakespeare & Co, der 1919 zum ersten Mal öffnete, sah ich amerikanische Collegestudenten mit der Eurorailkarte in der Hosentasche und einem träumerischen Blick in den Augen. Vielleicht versuchten sie, das Bild des nationalen Kleinods Ernest Hemingway zu beschwören, der immer hierherkam. Ich ging in die erste Etage hinauf und sah die verstaubten Antiquariatsschnäppchen und die klapprigen Möbel, eine alte Reiseschreibmaschine, ein Bett und Sessel mit weiteren jungen Amerikanern, die dasaßen und in alten Büchern blätterten.

Auch ich blieb eine Weile Seite an Seite mit den Studenten sitzen und träumte mich in der Zeit zurück. Ist das nicht James Joyce, der mit dem Manuskript von Ulysses reinkommt und es der Gründerin des Ladens, Sylvia Beach, reicht, die sagt, dass sie es wird drucken lassen? Und sitzen da nicht Hemingway und Scott Fitzgerald, also quasi die Hälfte der Lost Generation, und sprechen davon, dass Paris, wenn man es von den Treppen der Sacré-Coeur aus betrachtet, wie die weißeste Stadt Europas aussieht …? Doch da ist nichts Lebendiges mehr, nur das Dekor, die Fassaden, die Erinnerungen.

Geht es bei der Sehnsucht darum, die Toten aufzuwecken, um zu hören, was sie mir vielleicht zu sagen hätten? Oder will ich nur meiner ein bisschen langweiligen Zeit entfliehen? Ist das Interesse an historischen Gegenständen, Plätzen, Umgebungen und Geschehnissen auf die Furcht gegründet, dass das Leben, das ich jetzt lebe, an dem Tag, an dem ich selbst sterbe, für immer tot sein wird? Schrecklicher Gedanke! Orte aufzusuchen, die mich an das Vergangene erinnern, ist vielleicht nur eine Methode, mich von der bösen Vorahnung zu befreien, dass die Erinnerung an meine Taten in der Stunde, in der ich selbst sterbe, ausgelöscht sein wird.

Doch hat der Umgang mit früheren Zeiten natürlich auch etwas Eskapistisches. Zum Beispiel, wenn wir in eine verschwundene, romantischere Epoche fliehen, so wie ich es in Paris getan habe. Es ist so leicht, das Leben, das Pablo Picasso, Ernest Hemingway, Birgitta Stenberg und Slas in der französischen Hauptstadt lebten, zu verklären und zu denken, dass sie stärkere Leidenschaften und höhere Ideale hatten als ich, dass sie tiefer empfanden, größer liebten und leidenschaftlicher hassten, dass sie in das, was sie sich vornahmen, ihre ganze Seele legten, sodass ihre Tugenden und Laster farbenreicher, krasser und intensiver wurden als meine.

Im Rückblick kann selbst Geldmangel romantisch aussehen. Sogar der eigene, zumindest, wenn er dann irgendwann vorbei war. So wie Slas, lange nachdem er von Paris nach Hause gekommen war, in einem Stockholmer Restaurant das Gespräch zwischen zwei jüngeren schwedischen Autoren mithörte, die darüber redeten, welche guten Weine sie in Paris getrunken hatten. Da stand er auf, ging zu den beiden und kreischte: «Wenn ihr euch daran erinnert, was ihr in Paris getrunken habt, dann wart ihr nicht da, verdammt noch mal!» Und obwohl ich in den Zeitungen über den zunehmenden Alkoholismus von Slas gelesen habe, lässt mich diese Geschichte doch Sehnsucht verspüren nach dem Paris, in dem die Gespräche wichtiger waren als die Qualität des Weines.

Als der damalige Leiter der Schwedischen Akademie, Horace Engdahl, einmal in einem Radioprogramm gefragt wurde, warum wir so fasziniert seien von der Vergangenheit, erzählte er, wie in Goethes Faust alle gewarnt werden, die von dem Vergnügen sprechen, sich in den Geist vergangener Zeit einzuleben. Faust sagt, das Vergangene sei ein unerreichbares Buch mit sieben Siegeln. Der Zeitgeist, den wir erleben, wenn wir vergangene Zeiten studieren, sei stattdessen der unserer eigenen Zeit, gespiegelt im Vergangenen. Horace Engdahl vollendete dann Fausts Gedankengang: «Wenn ich an einem historischen Platz stehe, will ich wissen, wie diejenigen, die dort lebten, sich die Wirklichkeit vorstellten. Außerdem suggeriere ich mir, die Partei der Toten zu ergreifen ... Das Fremde wirkt plötzlich schockierend wiedererkennbar. Es ist, als würde man sich einem Menschen von rückwärts nähern mit dem vagen Gefühl, dass es eigentlich ich selbst bin.» Oder der, der ich sein möchte, denke ich. Kein Wunder, dass die Vergangenheit so verlockend ist.

Ich konnte jedenfalls mit meinen Zeitreisen nicht aufhören. Ich fuhr nach Wien, in die Stadt, die ein Traum für alle Nostalgiereisenden ist, und nahm die Straßenbahn, die in einer Ewigkeitsschleife auf der Ringstraße mit Aussicht auf Burgtheater, Staatsoper und Rathaus, Häuser, Pracht und Drumherum fährt. Runde um Runde schnurrte ich um den Stadtkern, wo aus der Zeit vor dem Ersten Weltkrieg, als die Stadt das Zentrum des Habsburgerreiches war, ein mächtiges Imperium mit dreißig Millionen Einwohnern, siebzehn verschiedenen Nationalitäten und zwölf unterschiedlichen Sprachen, noch viel stehen geblieben ist.

In Wien traf man sich aus verschiedenen Teilen Europas, um Kaffee zu trinken, Theater zu schauen, Musik zu hören und zu diskutieren, wie man die Welt verändern müsse. Der Schriftsteller Stefan Zweig schrieb in «Die Welt von gestern», dem Buch, das so schön die Blütezeit der Stadt beschreibt, ihre Genialität wurzele darin, dass sie eine Synthese aller europäischen Kulturen sei, frei von Zwang und Vorurteilen, und Widersprüche zwischen Völkern und Sprachen harmonisieren könne. Es war wunderbar, hier zu leben, in dieser Stadt des Genusses, «die gastfreundlich alles Fremde aufnahm und zu sich selbst einlud». Nirgends sonst war es leichter, Europäer zu sein, meint er. Ein so multikulturelles Reich und eine so kosmopolitische Stadt gab es auf der Welt kein zweites Mal.

«Die Kreativität und der Reichtum, den es um das Fin de Siècle gab, sind leider nicht wiedergekommen», erzählt der Stadtführer Pablo Rudich, als er und ich an der Hofburg vorbeispazieren, dem Palast, der wie so viele andere Häuser in der Stadt wie eine Sahnetorte aussieht. Ich erkenne, dass wir beide zur gleichen Zeit Anfang der Achtzigerjahre zum ersten Mal nach Wien gekommen sind. Ich bin als Interrailer nach Wien gereist, blieb ein paar Tage und fand, dass sich die ganze Stadt wie ein einziges großes Altersheim anfühlte. Pablo zog mit seinen Eltern aus Uruguay hierher und ist seither geblieben.

«Mein Eindruck war 1981, dass Wien eine Stadt für alte Leute sei», sagte ich. «Nicht nur die Häuser waren alt, auch die Waren in den Schaufenstern und die Menschen auf den Straßen wirkten altbacken. Es war, als hätte alles Spannende bereits stattgefunden.»

«Ja», ergänzte Pablo, «Wien war ein Asyl für ältere Menschen, das war auch mein Gefühl. Aber heute ist alles anders.»

Aber was ist anders? Vielleicht ist es einfach nur so, dass wir älter sind und angefangen haben, das Ältere und Unzeitgemäße zu schätzen.

Nichts währt ewig. In den Dreißigerjahren wurde die kosmopolitische Toleranz gegen nationalistische Intoleranz ausgetauscht. Von den 185 000 Juden, die in Wien lebten und eine so wichtige Rolle im Kulturleben der Stadt spielten, flohen zwei Drittel, während die meisten von denen, die blieben, in den Tod in den Konzentrationslagern geschickt wurden.

Nach dem Krieg entschieden sich die Österreicher dafür, wegzusehen. Pablo erzählt vom Geschichtsunterricht in der Schule. «Sowohl der Lehrer als auch das Geschichtsbuch machten einen Sprung von den Zwanzigerjahren zu den Sechzigerjahren, so als ob es Hitler, die Nazifizierung und die Shoah niemals gegeben hätte», sagt er, als wir am Griechenbeisl, dem ältesten Restaurant der Stadt, vorbeischlendern, wo man seit 1447 Knödel und Sauerkraut serviert. So ist es natürlich immer noch. Wien erinnert sich gern an das, was um die letzte Jahrhundertwende herum geschah, würde die Jahre zwischen Anschluss und Kapitulation aber am liebsten vergessen.

Im Café Central, das in einer alten Börse mit kirchenähnlichen Deckenbögen untergebracht ist, wird «An der schönen blauen Donau» von Johann Strauß gespielt. Ich bestelle eine Wiener Melange, einen österreichischen Cappuccino mit Kakaopulver, schließe die Augen und träume mich weg. Ich höre den Autoverkehr draußen nicht mehr und sehe auch nicht mehr die gelben

Gardinen und die Wände mit goldfarbenen Leisten und Borten mit grünen Blumenblättern. Stattdessen sehe ich Lenin und Trotzki und höre, dass sie mitten in einer intensiven Diskussion sind. Und da hinten sitzt ein junger Hitler mit seinem Bärtchen und sieht böse aus. Womöglich haben sie ja doch einmal miteinander gesprochen. In einer anderen Ecke sehe ich Theodor Herzl, den Kulturredakteur der «Neuen Freien Presse», die Finger durch seinen schwarzen Bart ziehen und entschieden zu Stefan Zweig sagen, dass Europas Juden ein eigenes Land in Palästina bekommen müssen. «Aber was sollen wir denn im Nahen Osten tun?», fragt Zweig, «wir gehören doch schließlich hierher in die Kultur Mitteleuropas.» Dann öffne ich die Augen, die Szene löst sich auf und ich sehe die Touristen mit ihren Handys, Stadtplänen und Reiseführern. Es ist, als hätte ich gerade eine Reise in der Reise abgeschlossen.

Es ist nicht verwunderlich, dass die Tourismusindustrie aus entschwundenen Zeiten Profit schlägt. Touristen lieben es, in die Vergangenheit zu schauen. Nostalgie ist eine sichere Einkunftsquelle für die Arrangeure geführter Rundtouren. In Fort Kochi, einer Küstenstadt im südindischen Kerala, stehe ich an einem feuchten Herbsttag, während der Nordostmonsun noch im Gang ist, vor dem Fischmarkt, wo die Kescher am Ufer so aussehen wie bei der Steinzeitfamilie Feuerstein. Krähen krächzen laut in den Banyabäumen, und es riecht nach Fisch, Salzmeer, Dieselabgasen und tropischen Früchten. In der Ferne lärmen die Schiffe. Der Himmel verdunkelt sich, das Gewitter rollt und der Regen zeichnet Punkte auf das graublaue Meer. Dann wird der tropische Monsun stärker und schlägt auf die Hausdächer ein, als sei er ein frustrierter Riese, der genug hat. Es dröhnt auf den Ziegeln und raschelt böse in den Kokospalmen.

Im Reiseführer lese ich, dass die Fischkescher ein chinesisches Modell sind und in einer Technik zusammengefügt werden, die

Handelsmänner aus China mitbrachten, als der Kublai Khan noch lebte. Ich versuche zu begreifen, worauf ich da starre – Menschen, die mit 800 Jahre alten Konstruktionen fischen – als ich einen Mann rufen höre:

«Hallo du, komm mal her!»

Der Mann, der ruft, heißt Joseph und hievt mit seinen fünf Kollegen Fisch mit Holzkonstruktionen aus dem Meer, die auf Holzstöcken stehen und mit grobem Hanfseil hochgezogen werden, an denen ungefähr eine Tonne Steine als Gegengewichte hängen. Doch der Fang ist aufgrund der Umweltverschmutzung durch die Stadt nur mager. Heute haben sie nur kleine Fische und eine mickrige Krabbe gefangen. Sie wollen, dass ich ihre Arbeit ausprobiere. Sie leihen meine Kamera und machen Bilder von mir, als ich so tue, als würde ich arbeiten.

«Heho!», rufe ich keck und lächele in die Kamera.

Dann gibt es ein Gruppenbild von der Arbeitsgruppe mit mir in der Mitte. Ehe ich gehe, gebe ich ihnen ein wenig Geld.

Am Ufer in Fort Kochi stehen weitere sechs mittelalterliche Kescher, von denen jeder mit einer aus sechs Personen bestehenden Arbeitsmannschaft besetzt ist. Zusammengenommen sechsunddreißig Männer gehen also einer Arbeit nach, die sehr ineffektiv und nicht lohnend ist. An den Fluss- und Meeresständen in den Feuchtgebieten von Kerala gibt es noch mehr Kescher, durch die die ländliche Bevölkerung ihre sonstigen Einkünfte mit Fisch aufstockt. Da erfüllt der Fisch noch eine Rolle in der häuslichen Wirtschaft. Aber hier drinnen in der Stadt mit Büros, modernem Containerhafen und dreckigem Wasser ist die Meerfischerei ein unzeitgemäßes Überbleibsel.

Der Grund dafür, dass Joseph und seine Freunde sich nicht zu Hafenarbeitern und Buschauffeuren umgeschult haben oder Gastarbeiter in Dubai geworden sind, ist, dass sie an den Trinkgeldern der Touristen, die von den Keschern hierher gelockt werden, gut verdienen. Das Uralte darf weiterleben, weil die Touristen dafür bezahlen.

Doch wird in Kerala das Kulturerbe nicht nur durch Kescher gepflegt. Die alten Flussboote, die frisch geernteten Reis transportiert haben, sind in dieser Funktion von Lastwagen verdrängt worden, doch gibt es heute mehr denn je davon, weil sie zu schwimmenden Hotels umgebaut wurden und eine lohnende touristische Einrichtung geworden sind.

Die Wohnhäuser, deren Wände früher einmal aus getrocknetem Lehm waren, und die Dächer aus Palmblättern oder Elefantengras hatten, wurden von Häusern aus modernerem Material wie Zement, Ziegel und Aluminium ersetzt. Doch in den Strandhotels und in den Feriendörfern in den Nationalparks, die Barfußluxus und nachhaltigen Tourismus bieten, sind die alten Materialien zurück. Warum? Nun, weil die Touristen den traditionellen Stil nicht nur als umweltfreundlicher empfinden, sondern auch als authentischer, als wäre das Vergangene echter als die Gegenwart.

Tourismus besitzt eine konservierende Kraft. Alte Traditionen werden länger bewahrt, als wenn keine Touristen danach fragen würden. Warum altes Gerümpel wegwerfen, wenn man es Besuchern noch zeigen und sich damit ein Trinkgeld verdienen kann? Ich denke dabei an alle Dampfschiffe und Pferdewagen im Herz der historischen Stadtkerne der Welt, an die erfolgreichen Restaurants in Stockholm auf der Touristenmeile, die mit dem Wikingerthema spielen und Speisen aus den Jahren 700 bis 1000 zubereiten, und an all die Touristenführer, die nur selten von der kontroversen Gegenwart reden, aber oft von Königen und Kriegen aus früherer Zeit.

Je mehr historisch-pittoreskes landwirtschaftliches Gerät in gesprungenem, grauem Holz an der Restaurantwand, desto besser. Woher kommt das? Nun, je moderner wir es hier zu Hause haben, desto größer ist unsere Sehnsucht nach Tradition in den Ferien. Dass Joseph und seine Fischermannschaft in Fort Kochi kaum Fisch in ihre Netze bekommen, macht nichts, solange sie dafür Geld bekommen, sich zusammen mit den Touristen fotografieren zu lassen, die einen Moment lang so tun dürfen, als sei alles so wie früher.

Frei und rastlos

Meine erste Begegnung mit Kärsti Stiege war im Herbst 1981 in der alten Brauerei in Västerås. Sie war Sängerin der Punkband Tant Strul, die in dem alten Kellergewölbe neben dem Svartån spielen sollte, wo man früher einmal Bier gebraut hatte. Ich war einer der Arrangeure des Konzerts. Darüber hinaus sollte ich Fotos für die Lokalzeitung machen und eine Kritik schreiben – eine Vermischung von zwei Rollen, über deren unethischen Charakter ich aber überhaupt nicht nachdachte. Für mich ging es einzig und allein darum, auf verschiedene Arten der Umwelt mitteilen zu können, dass es eine neue spannende Musikkultur gab.

Ich betrachtete sie lange, wie sie an die weiß gekalkten Wände des Cafés gelehnt stand. Sie war hochaufgeschossen, mager, hatte zotteliges Haar und schwarzes Mascara um die Augen. Sie hatte einen Künstlernamen – Kärsti Stitch – und sah auf diese punkige Art interessant aus. Ihre Bewegungsmuster waren nicht graziös, sondern eher ruckartig, und sie strahlte etwas Rastloses und gleichzeitig Neugieriges aus. Ich interpretierte es so, als seien ihre Bewegungen und der sehnsüchtige Blick die Essenz des Zeitgeistes in Kombination mit dem Image der Band. Schließlich war es die Zeit, in der anarchistische Ideale wie «direkte Aktion» und «alles sofort» unter diesen Musikern und ihrem Publikum en vogue waren.

Kurz darauf reiste ich mit Ingrid, die Kärstis Cousine war, nach Asien, und die konnte mir erzählen, dass Kärsti nicht nur in einer Punkband sang, sondern auch viele Abenteuerreisen unternommen hatte. Ihr Freund war dabei einmal so magenkrank geworden, dass er in einem indischen Krankenhaus landete. Ich sah diese Punk- und Stilikone vor mir, wie sie mit strähnigem und zerzaustem Haar und dem Schweiß, der ihr die Wangen herunterläuft, durch ein staubiges und chaotisches Land reist. Irgendwie kriegte ich die beiden Bilder nicht so richtig zusammen. Was war in ihrem Leben wohl passiert, wovon ich nichts wusste?

Als ich Kärsti mehr als zehn Jahre später wieder traf, klärte sich das. Da begriff ich, dass die Rastlosigkeit, die ich damals gesehen hatte, ehe sie auf die Bühne ging, ein Anzeichen für die Sehnsucht war, wegzukommen. Nun waren es schon die Neunzigerjahre, als wir auf dem Besuchersofa in der Redaktion der «Vagabond» auf Södermalm in Stockholm saßen und ihre Bilder von buddhistischen Tempeln und tibetanischen Mönchen ansahen, von denen sie wollte, dass wir sie publizierten. Sie erzählte, dass sie nach dem Abitur mit einem Freund nach New York gefahren war, sich eine Wohnung in Brooklyn genommen, in den Clubs in Manhattan herumgehangen hatte und auf die Feste in Andy Warhols Studio 54 gegangen war. Dort, in Manhattan, war sie zum ersten Mal mit den Reisenden in Kontakt gekommen, die auf dem Hippie Trail zwischen Europa und Asien gereist waren und begeistert vom Flower Power in der indischen Philosophie erzählt hatten.

Als wir uns nochmals zwanzig Jahre später in einem Café in Stockholm trafen, um darüber zu reden, was denn Leute wie uns beide dazu brachte, so viel zu reisen, erzählte sie mir, wie bei ihr der Funke übergesprungen war. Die Begegnungen mit den Hippies hatten sie inspiriert, und sie hatte sich nach Asien aufgemacht, mit nur eintausend Kronen im Gepäck. «Das sollte ein halbes Jahr reichen. Mindestens. Wenn ich nur sparsam sein würde», vertraute sie mir an und suchte meinen Blick, um herauszufinden, ob ich auch das Glücksgefühl verstünde, das sie erfüllt hatte, als ihr klar wurde, dass man nicht reich sein musste, um die Welt zu sehen – es ging nur darum, welche Art des Reisens man wählte.

Kärsti erinnerte sich an das Gefühl, durch Europa nach Süden zu reisen, das sich noch verstärkte, als sie aus dem Zug am Sirke-Bahnhof in Istanbul stieg: Im Ausland zu sein, war, als hätte sie endlich nach Hause gefunden. Je weiter südlich oder östlich, desto stärker das Heimatgefühl. «Als ich über die Grenze zwischen Pakistan und Indien spazierte, rief ich einfach aus: ‹Endlich zu Hause!› Dann weinte ich. Vor Freude. Die Grenzbeamten sahen mich erstaunt an, als hätten sie gerade eine Verrückte ins Land gelassen. Mein ganzes Leben lang hatte ich mich nach den Basaren voller Menschen, nach den anderen Düften, den Farben, den Blicken, den Saris, den Bindi-Punkten auf der Stirn und den buckligen Zebu-Kühen mit blau bemalten Hörnern gesehnt.»

Als sie im Jahr darauf wieder in Schweden war, kaufte sie sich eine Olympus OM 1 und schrieb sich an der Fotoschule von Christer Strömholm ein. Doch sie hielt es nur ein Semester aus, denn die Rastlosigkeit überkam sie wieder. Wieder ging es nach Osten, um eine andere Welt zu schildern als die für uns gewohnte. Sie wollte beweisen, dass man ein glückliches Leben haben kann, auch wenn es unmodern und sogar armselig ist. Armut ist nicht gleichbedeutend mit Unglück. In den Siebzigerjahren waren wir von Schreckensbildern aus der Dritten Welt belagert, erinnert sie sich. Elend, Tragödien, Katastrophen. Sie wollte etwas anderes zeigen.

Doch alle, die ihre Bilder ansahen, wurden wütend. «Warum sehen die Kinder auf den Bildern so fröhlich aus?», fragten die Besucher ihrer Ausstellungen. «Inder haben doch wohl nicht viel, worüber sie sich freuen können.» Sie versuchte zu erklären, dass dies hier Menschen waren, denen sie begegnet war. Sie hatte sie nicht aufgefordert, glücklich auszusehen. Ihre Freude war spontan und echt. Doch die meisten kritischen Ausstellungsbesucher schüttelten nur die Köpfe und sahen missmutig aus.

«Am Arambol Beach in Goa wohnte ich zusammen mit anderen Hippies unter einem Baum. Im Himalaya meditierte ich mit Yogis zusammen in Grotten. In der Wüste wanderte ich mit Nomaden. Vor Tempeln bettelte ich zusammen mit heiligen Männern. Es war ein Leben des Umherreisens mit wenigen Besitztümern, und das mag jetzt klischeehaft klingen, aber es schenkte mir ein Gefühl der Freiheit.» Wenn sie heute an diese Zeit zurückdenkt, dann versteht sie schon, dass ihre Erlebnisse und Reflektionen naiv und vielleicht geradezu provozierend gewirkt haben können. So zu tun, als wäre man arm und das zu genießen, als ob es ein Spiel wäre, was es ja auch war, auch wenn das Ziel des Spieles noch so ernst gewesen sein mochte. Auf der Erde in einer feuchten Grotte zu wohnen und nur Reis und Linsen zu essen, so wie es das Los der armen Menschen war. Aber das alles hatte doch einen Sinn: das Habenmüssen und die Liebe zu Besitz abzuschütteln.

Das Glücksniveau, das sie damals erklomm, hat sie seither nicht wieder erreichen können. Sie meint, dem eigentlichen Sinn des Lebens nahe gekommen zu sein. Ein Leben ohne Sorge um Besitztümer, die zerstört werden und verloren gehen können.

Ein Leben ohne Reue für das, was gestern war, und ohne Sorge vor dem, was morgen kommt. Ein Leben mit totaler Gegenwart im Hier und Jetzt. «Am besten ging es mir, wenn ich mit Nomaden, Yogis oder Sahus gewandert bin. Dort, wo das Leben so unberechenbar und unsicher war, wie es nur sein konnte, empfand ich es paradoxerweise als am echtesten.»

Sie ist als Tramperin mit Lastwagen gefahren, die Waren aus Pakistan nach Afghanistan geschmuggelt haben. Um den Polizisten keine Bestechungsgelder zahlen zu müssen, vermieden sie die Hauptstraßen und fuhren auf schmalen, kurvenreichen Schotterwegen. Sie saß im Fahrerhäuschen zwischen Männern eingeklemmt, halbnackte und kräftige Männer, mit großen buschigen Bärten, die meisten von ihnen mit scharf geladenen Gewehren in der Hand. Die Lastwagen klapperten und rumpelten voran, und alle waren bewaffnet, aber sie fühlte sich dennoch sicher. Heute denkt sie, dass ihre Unfähigkeit, Angst zu empfinden, auch vielleicht einen schützenden Effekt hatte. Der erste Satz, den sie in ihr Reisetagebuch schrieb, lautete: «Ich möchte der Welt mit offenen Sinnen und offenem Herzen begegnen.» Diese Einstellung, so glaubt sie, habe sie furchtlos gemacht.

Sie ging oft barfuß, in afghanische oder indische Kleider gehüllt, trug Glöckchen um die Fußfesseln und traditionelle Armbänder auf den nackten Oberarmen. Die Männer in Kabul starrten sie an. Trotz der Kleider und des Stils, der dem der einheimischen Frauen ähnelte, sahen sie, dass sie nicht dorthin gehörte. Doch wenn sie genug gelacht hatten, sagten sie, dass es ihnen gefiel, dass sie zumindest versuchte, so auszusehen wie sie. Das betrachteten sie als respektvolle Geste, als Annäherung.

Auf dem Frauenkulturfestival in Stockholm 1978 lernte sie Johan kennen, der Musiker war und in der Band «Dag Vag» Gitarre spielte. Als Erstes sagte sie zu ihm: «Wenn du mit mir zusammensein willst, musst du mit mir nach Osten fahren, sonst geht das nicht.» Das war für sie nicht verhandelbar, und Johan war bereitwillig dabei.

Ein paar Jahre später wurde ihre erste Tochter geboren. Zwischen den Indienreisen versuchten sie ein Stockholmer Alltagsleben. Doch nach der Katastrophe von Tschernobyl, als eine Wolke radioaktiven Niederschlags über Schweden und Europa niederging, bekam Kärsti es mit der Angst zu tun. Sie fand, die Behörden würden die Gefahr herunterspielen und die Politiker wären viel zu ruhig, wenn man sie im Fernsehen sah. Ihr Verdacht war, dass das offizielle Schweden falsche Informationen verbreitete, und dass die Behörden etwas wüssten, was sie nicht zu berichten wagten, aus Angst, Panik zu erzeugen.

Kärsti rief bei Greenpeace an, um zu fragen, wohin sie gehen solle, und erfuhr dort, dass Neuseeland keine Atomkraftwerke habe. Schnell entschloss sie sich, dorthin zu reisen und nahm die jüngste Tochter mit. Johan und das ältere Kind blieben zu Hause und sollten nachkommen, wenn sie alles Praktische arrangiert und ein neues Zuhause für sie gefunden hätte. Doch sie fand kein Haus und erkannte mit der Zeit, als die Panik sich gelegt hatte, dass Neuseeland viel zu weit weg war. Eine Flucht dorthin würde bedeuten, dass sie den Kontakt zu ihren Freunden in der heimatlichen Cäsiumwolke verlieren würden.

Da fielen ihr die Südeuropareisen ihrer Kindheit ein, mit der Familie in dem schwarzen Volkswagen Käfer. Frankreich, Spanien, Portugal. Portugal, dachte sie. Der Atlantik, die Musik, die Menschen, die Gerüche. Ein paar Monate später kamen Johan und sie in das Dorf Estorninhos auf dem Berg oberhalb der Algarveküste und trafen dort auf einen Mann mit faltigem Gesicht, der einen Esel führte.

«Ich habe Boden zu verkaufen», erklärte er.

Er nahm sie mit auf einen Berghügel vor dem Dorf mit Blick auf den Atlantik. Hier zu leben und zu sehen, wie die Sonne über dem Meer untergeht, dachte sie. Das ist ja fast wie der Himalaya, nur mit Meerblick.

«Wie viel?»

Der Mann mit dem Esel nahm einen Stock und schrieb den Preis in den Sand. Johan und Kärsti starrten auf die Zahl. Hatte er eine Null vergessen?

«Wir sind blöd, wenn wir das jetzt nicht kaufen», sagte Johan.

Ein Jahr später war das Haus auf dem Berg fertig. Sie vermieteten ihre Wohnung in Stockholm und packten alles, was in ein paar Taschen passte, ein, und den Rest ihrer Besitztümer verkauften sie in Schweden auf einem Flohmarkt. Jedes der Kinder durfte fünf Sachen mitnehmen. Dann wanderten sie aus, voller Träume, Hoffnung und wilder Ideen.

«Wir waren Zivilisationsflüchtlinge. Der auslösende Faktor war Tschernobyl gewesen, aber vor allem flohen wir vor der Modernität und dem Kommerz, um eine mehr naturnahe Art zu leben zu suchen.» Sie pflanzten Gemüse, schafften sich Hühner, Hunde, Katzen und ein Schwein an und wurden in den meisten Dingen Selbstversorger. Eine der Töchter bekam einen Esel, den sie Tim nannte. Die Kinder gingen in die Dorfschule und lernten Portugiesisch. Das ganze Jahr über spielten sie draußen, fingen Schlangen und Schildkröten. Jeden Abend sahen sie die Sonne über dem Meer untergehen.

Kärsti bekennt sich zu Nostalgie und Romantik und sieht sich als Mensch, der nicht immer in rationalen Bahnen denkt. Sie hat sich immer zu dem zurückgesehnt, was sie die Quelle nennt, das einfache und entrümpelte Leben. Sie will nicht vorverpacktes Essen im Supermarkt kaufen und sich in überfüllten U-Bahn-Zügen drängeln. Sie will sehen können, woher das Essen kommt, will verstehen, wie die Dinge zusammenhängen, und frei sein, das Gesicht der Sonne zuzuwenden und die Arme zum Himmel zu strecken.

Als wir dreißig Jahre, nachdem ich sie zum ersten Mal in der alten Brauerei in Västerås gesehen habe, zusammen in Stockholm im Café sitzen, habe ich, als ich sie ansehe, das Gefühl, sie wolle auch von den Nachteilen des Umherreisens erzählen. Im Winterhalbjahr wohnen Johan und sie in dem Haus auf dem Berg in Portugal, aber jeden Sommer ziehen sie für einige Zeit zurück in ihre alte Wohnung in Stockholm, in der eines der Kinder jetzt dauerhaft wohnt. Die beiden anderen erwachsenen Kinder sind nach London beziehungsweise New York gezogen.

«Fühlst du dich verloren?», frage ich.

«Die Reisen haben mich noch ruheloser gemacht. Ich habe oft das Gefühl, als würde in der Welt etwas geschehen, das ich verpasse.»

Sie sagt, dass sie sich fast immer an einen anderen Ort sehnt und ständig ein Rauschen in den Ohren hat und ein farbenprächtiges Kaleidoskop sieht, wenn sie die Augen schließt, weshalb sie sich immer wieder fragt: Warum bin ich hier und nicht da ... und da .... und da?

Aber gleichzeitig besitzt sie die Sicherheit, dass, wo immer sie auf der Erde landet, sie zurechtkommen wird. Das ist eine starke Überzeugung. Sich überall und nirgends zu Hause zu fühlen. «Wenn im Leben alles schiefgeht, kann ich doch nach Indien oder Afrika ziehen und mich in eine Grotte setzen. Ich kann da auch schlafen. Essen würde ich immer irgendwie finden. Die Kinder sind jetzt groß und kommen allein klar. Alles ist lösbar. Ich würde überleben. Alles ist möglich.»

Kärsti, die heute viele verschiedene Dinge tut (sie ist Fotografin, leitet aber auch Kurse und arbeitet als Fremdenführerin und Köchin), fühlt sich wie eine ausgewanderte Schwedin, eine reisende Europäerin, ein Mitglied eines sesshaften Stammes, der nomadisiert worden ist. Frei und ruhelos. Glücklich und wehmütig. Doch über diese Gefühle spricht sie nicht, wenn sie Menschen begegnet, die nicht reisen. Denn dann glauben sie nur, dass sie dramatisiert und übertreibt, und finden, dass sie naiv und lächerlich klingt. «Da ist es dann wichtig, einfach den Mund zu halten», sagt sie und sieht mich an, um sich zu vergewissern, dass das, was sie erzählt, auch auf guten Boden gefallen ist.

Einmal um die Stadt

Gibt es unter den jungen Erwachsenen heute noch verwegene Reisende? Die in den Sechziger- und Siebzigerjahren jung waren, so wie Tomas Löfström und Kärsti Stiege, waren von einem Zeitgeist geprägt, der heute wie weggeblasen ist. Woher kommt das?

1991 war das Jahr, in dem die Schwedischen Eisenbahnen mit dem Verkauf von Interrailtickets einen Rekord gebrochen haben. In dem Jahr begaben sich siebzigtausend Schweden auf die Bahn, um durch Europa zu reisen. Danach brach das Interesse an dem Ticket ein. Das lag daran, dass die Karte teurer wurde, dass Schweden von einer Wirtschaftskrise heimgesucht wurde, die sich in hohen Zinsen niederschlug, dass die Karte einige Jahre lang nicht in Spanien gültig war und dass in Jugoslawien ein Krieg ausgebrochen war, was einen beliebten Weg nach Griechenland versperrte. Doch die wichtigste Erklärung war sicherlich, dass das Monopol der staatlichen Fluggesellschaften aufgehoben und

Flüge so billig wurden, dass die Eisenbahn im Vergleich dazu teuer wirkte.

Noch zu Beginn der Neunzigerjahre zeigte man durch die Wahl der Reiseform, wer man war. Junge Erwachsene hatten ein kleines Budget und ein großes Bedürfnis nach Abenteuer. Sie reisten spontan und ungebunden. Familien mit Kindern, Menschen mittleren Alters und Rentner gingen in ein Reisebüro und buchten Pauschalreisen, bei denen fast alles im Vorhinein bestimmt war.

Doch als das Internet kam, konnten alle, die sich bis dahin nicht getraut hatten, ein Hotel in einem fremden Land anzurufen und ein Zimmer zu buchen, sich zu Hause mit ein paar Knopfdrucken am Computer ihre Reise zurechtschneidern. Ein Flugticket hier und ein Leihwagen und ein Hotel dort. Das Ergebnis war, dass alle, die Achtzehn- wie die Siebzigjährigen, die Abenteuerlustigen und die Sicherheitssüchtigen, alles vorausbuchten, um jede Form von Überraschungen zu vermeiden. Es war so unglaublich leicht geworden, vorausschauend zu sein.

Natürlich wurde mehr gereist, die Kurve ging jetzt noch steiler nach oben. Doch gleichzeitig zähmte man das ungebundene wilde Tier des freien Reisens, legte es an die Kette und verwandelte es in einen angepassten Schoßhund. Trotzdem – es musste doch noch ein paar ungezähmte Reisende unter den jungen Menschen geben. Und ich musste in meinem Freundeskreis auch nicht lange herumfragen, bis ich herausfand, dass einer von ihnen einen Sohn hatte, der erst einige Wochen zuvor von einer Reise nach Zentralasien zurückgekommen war.

Ich treffe den zweiundzwanzigjährigen Jakob Haeggblom in der Lobby des Hotel Rival am Mariatorget in Stockholm, um ihn zu fragen, ob er anders denkt als die Vagabunden, die heute Rentner sind und seine Großeltern sein könnten. Ist die Idee des freien Reisens etwa ausgestorben? Ist die Jagd nach der Perle, die Vorstellung von absoluter Gegenwart in der Welt, wirklich an ihrem Ende angelangt? Was weiß er noch über die Reisen früherer Generationen?

Wie so viele andere junge Erwachsene auf der ganzen Welt beschloss er nach dem Gymnasiumsbesuch in der Kleinstadt, erst einmal in die Großstadt zu ziehen, um das Leben ein bisschen Fahrt aufnehmen zu lassen. Jakob hatte große Ambitionen für seine nächste Zukunft und ging nach London, wo er einen Job in einer Bar bekam.

Wenn er frei hatte, saß er mit dem neu gewonnenen Freund Oscar zusammen und phantasierte. Wohin sollen wir reisen?, fragten sich die beiden und drehten an einem Globus. Als er anhielt, fiel ihr Blick auf fünf Länder, die ihr Interesse fanden. Alle endeten sie auf «stan». Klarer Fall! Sie würden durch Kasachstan, Turkmenistan, Usbekistan, Tadschikistan und Kirgisistan reisen. «Einmal um die Stadt», scherzte Jakob auf Schwedisch, wo «stan» nämlich «Stadt» bedeutet. Die Region in der Welt, von der wir am allerwenigsten wissen. Der Plan war, nach Teheran im Iran zu fliegen und dann den Landweg durch Turkmenistan und Kasachstan nach China zu nehmen, um dann von Peking wieder nach Hause zu fliegen. Vielleicht würden sie Kirgisistan ja auch noch schaffen.

Vieles war ungeplant und sollte per Intuition geschehen. Zufall und Schicksal und Begegnungen mit Menschen sollten ihre Reise lenken, und nicht ein gründlicher und detaillierter Reiseplan. Zu viel Planung tötet die Kreativität. Das war ihr Credo.

September 2015. Mitten in der Nacht auf dem Rücksitz eines Taxis, das durch Teherans leere Straßen saust. Der Fahrer spricht kein Wort Englisch. Aber sie wissen ein Wort Farsi: Herberge. Jakob wiederholt es mehrmals, und der Fahrer nickt und drückt das Gaspedal herunter. Plötzlich merkt Jakob, dass er mehr Angst hat als je in seinem Leben. Wird die Reise schon jetzt mit einem schrecklichen Verkehrsunfall enden?

Doch Teheran ist kein furchteinflößender Ort. Sie wohnen in einer Jugendherberge mit sieben anderen westlichen Reisenden. Zusammen mit denen fühlen sie sich wie eine Familie. Tagsüber bewegen sie sich in der Riesenstadt. Sie gehen zu Fuß und fahren U-Bahn, und abends erzählen sie sich gegenseitig in der Jugendherberge, was sie im Laufe des Tages erlebt haben. Teheran ist nicht wie Göteborg, Stockholm oder London, wo man anonym auf den Straßen herumlaufen kann. Hier ist es umgekehrt, es ist schwer, nicht aufzufallen, jedenfalls, wenn man ausländisch aussieht. Das ist genau, was ich gesucht habe, denkt Jakob.

«Wir wurden in Cafés zu Tee, Kaffee und Wasserpfeife eingeladen. Wir wurden nach Hause zu Familien zum Abendessen eingeladen. So viele öffneten ihre Arme und ihr Zuhause, um die exotischen Jungs aus dem Westen reinzulassen», erzählt Jakob, als wir jeder in einem roten Samtsessel in der Hotellobby sitzen.

Draußen fällt im Dezemberdunkel ein kalter Regen, der die letzten Reste der schmutzigbraunen Schneewehen wegschmilzt. Der Wind ruckt an den mächtigen Kastanien auf dem Platz. Es ist erst ein paar Wochen her, seit Jakob nach Schweden zurückgekehrt ist, und die Erinnerungen sind noch frisch.

Er erinnert sich, wie sie in verschiedenen Wohnzimmern zu Hause bei Familien in Teheran saßen und zum Essen eingeladen wurden, während sie mit Kindern und Enkeln Spaß gemacht haben und versuchten, mittels Zeichensprache mit Eltern und Großeltern zu kommunizieren. Er erinnert sich, wie sie auf große Verwandtschaftsfeste mitgenommen wurden und sogar in ein Klassenzimmer eingeladen wurden, um Kinder in Englisch zu unterrichten. Die Rektorin der Schule war so dankbar, dass sie hinterher die Reisenden und die ganze Klasse zum Abendessen in ein Restaurant eingeladen hat. Er erinnert den Iran als eine weit geöffnete Tür.

Sie trampen nach Norden zum Kaspischen Meer und dann zur Grenze nach Turkmenistan. Es gibt kein Internet, aber Jakob hat eine Weltkarte heruntergeladen, die offline funktioniert. Trotzdem wissen sie nicht richtig, wohin sie müssen, die Karte ist nicht detailliert, aber sie wissen, dass ihr Weg erst einmal nach Osten führt. Auch dieses Wort beherrscht er auf Farsi.

«Sie ... Bus ... nach Osten?»

«Ja», antwortet der Fahrer.

Eine Richtung ohne bestimmtes Ziel. Das genügt fürs Erste. Sie springen an Bord und fahren die ganze Nacht. Der Bus rauscht unter sternenklarem Himmel die geraden Straßen entlang, während die Passagiere aneinandergelehnt schlafen. Als sie früh am Morgen in Quchan ankommen, entnehmen sie ihrer Handykarte, dass es Zeit ist, auszusteigen. Wenn sie noch weiterfahren, würden sie an die Grenze nach Afghanistan kommen. Jetzt müssen sie nach Norden. Sie steigen aus dem Bus, halten den Daumen hoch und fragen alle, die stehen bleiben und die Scheibe herunterkurbeln:

«Turkmenistan? You go Turkmenistan?»

Sie werden mitgenommen, wenn sie ein wenig fürs Benzin bezahlen. Vier Fahrten später stehen sie an der Grenze. Der turkmenische Grenzpolizist weiß nicht, was Schweden ist. Den englischen Text in ihren Pässen kann er nicht lesen. Aber der Polizist kennt Frankreich.

«You France?», fragt er hoffnungsvoll.

Sie nicken. Das ist am einfachsten so. Sie tragen «French» in das Kästchen für Nationalität und «Paris» in das Kästchen für Geburtsstadt und alle sind zufrieden.

Nun sind sie endlich in Turkmenistan, einer strengen Diktatur, die freies Herumreisen von Ausländern nicht erlaubt. Um ein

Visum zu bekommen, haben Jakob und seine Freunde Kontakt zu einem Reisebüro aufnehmen müssen, das auch den Führer besorgt hat, der sie während der Reise durchs Land begleiten wird. Das gefällt ihnen nicht, aber sie haben keine andere Wahl. Der Führer von Stantours wartet an der Grenzstation auf sie und nimmt sie mit zum Hotel in der Hauptstadt Ashgabat, wo sie einige Nächte bleiben werden.

«Turkmenistan hat Erdgas und ist deshalb ein reiches Land, doch alle Macht befindet sich in den Händen einer sehr kleinen Gruppe Menschen», berichtet der Führer offenherzig und fügt noch hinzu: «Als das Land 1991 von der Sowjetunion unabhängig wurde, sind viele Jobs verschwunden. Die Menschen sehnen sich nach der Zeit zurück, als es das alte Imperium noch gab.»

Sie fahren mit dem Auto breite, gerade Straßen entlang, auf denen wenig Verkehr ist, und sehen Paläste und Hochhäuser mit beeindruckenden Marmorfassaden. Doch als sie durch das Zentrum der Stadt gehen, spüren sie, dass die Menschen Angst haben. Niemand will mit ihnen sprechen. Die Einheimischen befürchten Repressalien und wirken deshalb ängstlich und zurückhaltend, denken die Reisenden. Turkmenistan ist nicht wie der Iran. Hier lädt sie niemand zu sich nach Hause ein. Alles ist still, gedrückt und öde, so als ob die angeberischen Marmorhäuser innen leer wären. Ashgabat kommt ihnen vor wie eine Geisterstadt.

Mit einem gemieteten Jeep inklusive Fahrer reisen sie mit dem Führer weiter Richtung Kasachstan. Der Asphalt wird zur Schotterpiste, und sie fahren auf die schmale Landzunge zwischen Kaspischem Meer und Garabogazkölsee. Der Fahrer, ein ehemaliger russischer Militär, macht sich Sorgen um die drei zweiundzwanzigjährigen europäischen Jungs.

«Das geht nicht gut. Kasachstan ist ein gefährliches Land», sagt er und sieht sie ernst an.

«Eine bessere Ermunterung konnten wir gar nicht kriegen.

Jetzt mussten wir dem Fahrer, uns selbst und dem Rest der Welt beweisen, dass er Unrecht hatte. Ich stellte mir vor, dass wir auf einem Kreuzzug gegen Vorurteile und vorgefasste Meinungen waren, und die Warnung des Fahrers war ein vorurteilsbehaftetes Misstrauen gegen einen Nachbarn, den man nicht kennengelernt hatte und über den man deshalb phantasierte. Ängstliche Menschen gibt es viele, aber böse Menschen sind eher selten.»

Auf der anderen Seite der Grenze dieselbe Landschaft: Steppe, soweit das Auge reicht. Und keine Menschen. Sie haben kein Transportmittel. Wie sollen sie weiterkommen? Doch dann erinnern sie sich, an der Grenzstation ein paar Zigaretten-Schmuggler gesehen zu haben. Zigaretten sind in Turkmenistan Mangelware, und deshalb müssten die Schmuggler eigentlich alle Kasachen sein, die jetzt auf dem Weg nach Hause sind.

Für dreißig Dollar werden sie nach Zhanaozen mitgenommen, was laut Jakobs Handykarte die nächste Stadt ist, sich aber als völlig öde erweist: leere Straßen, dunkle Häuser, kein Restaurant, kein Hotel, nicht einmal ein Café. Sie fahren weiter in die nächste Stadt, Aktau am Kaspischen Meer. Zum ersten Mal, seit sie Ashgabat verlassen haben, bewegen sie sich auf den Straßen einer Stadt, die auch Einwohner zu haben scheint. Niemand spricht Englisch. Aber das kann man lösen. Mit Hilfe des Google-Übersetzers gelingt es ihnen, Frauen, die sie auf der Straße anhalten, zu erklären, dass sie nach einer Unterkunft suchen. Es gelingt, sie verstehen und sie wollen helfen. Die drei Reisenden können eine Wohnung in einem großen, heruntergekommen, grauen Betonklotz mieten.

Als sie auf die Straße gehen, starren die Menschen sie misstrauisch an. Die Frauen, denen sie begegnen, sprechen manchmal mit Hilfe von Zeichen und Handy mit ihnen, aber die Männer sind verschlossen. Nach einer Weile bekommen sie erklärt, warum die Männer so böse starren. Die Frauen berichten, dass genau wie in Turkmenistan auch die Wirtschaft Kasachstans kollabierte, als die Sowjetunion sich auflöste. Viele Kasachen, erzählen sie, sind der Meinung, dass an diesem Zusammenbruch der Westen Schuld habe. Schließlich sei es der Westen gewesen, der dafür gesorgt habe, dass die Sowjetunion, das große Imperium, das ihnen Arbeit und Essen gegeben hatte, zusammenbrach.

Sie nehmen einen Zug nach Osten durch das zentralasiatische Riesenland. Der Zug rattert vorwärts. Die Reisenden können ihre Neugier nicht bezwingen und versuchen mit anderen Passagieren zu sprechen, aber die Atmosphäre ist angespannt. Die anderen Leute wenden sich ab oder tun so, als würden sie nichts begreifen.

Ein betrunkener Mann nähert sich. Er riecht nach Alkohol. Der Mann zeigt auf die drei Fremden und ruft aufgeregt:

«Spion, Spion, Spion!»

Das ist nicht schwer zu verstehen, denn auch auf Russisch ist es dasselbe Wort.

«No, no, no!», versuchen die Schweden.

Doch da wird der Mann noch aggressiver und beginnt, sie zu schubsen. Sie schubsen zurück. Am Ende gelingt es ihnen, ihn aus dem Abteil zu schieben und die Tür zu schließen.

Später während der Zugreise erzählen ihnen ein paar erschrockene kasachische Passagiere, dass der Säufer der Zugschaffner war.

«Die trinken gewöhnlich bei der Arbeit», erklären sie.

Nach einer mehrtägigen Reise und einer Reihe Umstiege kommen sie in Almaty, der alten Hauptstadt des Landes, an. Endlich eine Großstadt. Sie gehen in eine Bar, trinken Bier und lernen kasachische Jugendliche kennen, die gar nicht ängstlich und misstrauisch sind, sondern von ihrem Alltagsleben in dem zentralasiatischen Land erzählen wollen, das größer ist als alle Mitgliedsstaaten der EU zusammen. Es macht Spaß, ihnen zuzuhören. Sie reden von ihren langweiligen Eltern, die immer noch in dem alten sowjetischen Gleichheitsdenken verhaftet sind und glauben, man müsse seine Pflicht tun und dann nach Hause gehen und die Schnauze halten.

«Wir sind anders», sagen die Jugendlichen. «Wir sind mehr wie ... wie ihr und die anderen im Westen.»

Als sie weiter diskutieren, stellt sich heraus, dass sie dieselben Filme gesehen haben und dieselbe Musik hören wie die Reisenden aus dem Westen. Alles, was sie sagen, deutet darauf hin, dass sie sich nach Zusammengehörigkeit mit dem Rest der Welt sehnen, nach dem Modernen und Globalisierten, und dass sie ihre Eltern total leid sind.

«Wir mögen Beyoncé, ihr auch?», fragen sie.

Jakob findet, es ist ein krasses Gefühl, dass sie über die Nationengrenzen hinweg eine gemeinsame Popkultur teilen.

«Mitten in dem, was ich für das Niemandsland hielt, entdeckte ich, dass die Leute da genau dieselben Sachen kannten wie wir. In den letzten Jahren hat sich die Welt dank einer schnelleren und direkteren Informationsausbreitung geöffnet. Heute können wir über die ganze Welt hinweg Zusammengehörigkeit miteinander empfinden. Das habe ich gespürt, als ich mit den jungen Leuten in Almaty und Bishkek geredet habe. Es hat geklickt. Wir haben uns gesehen. Wir haben einander verstanden, weil wir dieselben Kontaktoberflächen haben. Hat man dieselben kulturellen Referenzen, dann wird es einfach zu reden, auch wenn das andere, das Besondere, Persönliche und Einzigartige uns unterscheidet.»

Sie hatten vorgehabt, die Grenze zwischen Kasachstan und China zu überqueren und dann durch die Mongolei nach Peking zu reisen. Doch haben sie genug von öden Steppen, Zügen und Ziegenmilch. Sie sehnen sich nach Erlebnissen wie dem in Almaty. Leben, Spannung, Bewegung, Tempo, Gedränge. Vielleicht gibt es ja eine andere Grenzpassage nach China weiter im Süden, so dass sie die spärlich bevölkerte Mongolei vermeiden können. Sie fragen in der Stadt herum.

«Doch», lautet die Antwort, «es gibt einen Weg nach China über Osh und dann über den Irkeshtam-Pass. Aber jetzt im Herbst schneit es da oben viel. Das ist zu gefährlich.»

Die Reisenden beschließen augenblicklich, den Weg über den Irkeshtam-Pass zu nehmen. Sie trampen von Almaty in die kirgisische Hauptstadt Bishkek, eine der uralten Karawansereien auf der Seidenstraße. Sie werden in einer Stadt voller Basare und Containerparks abgesetzt. Es wird Herbst, und es ist grau und regnerisch. Sie wollen weiter, obwohl die Warnungen immer deutlicher werden. Alle, und zwar wirklich alle, mit denen sie darüber sprechen, raten ihnen ab.

Sie fragen Einwohner von Bishkek, ob sie sich vorstellen können, sie für eine Handvoll Dollar nach Osh zu fahren. Alle weigern sich. Aber der zwanzigste oder dreißigste Mann antwortet plötzlich «Okay».

Als sie in die Berge hochfahren, zieht ein Schneesturm über die Landstraße. Sie sehen mehrere Autos in den Gräben, kämpfen sich aber weiter auf der rutschigen Straße mit minimaler Sicht durch den Nebel. Sie fahren und fahren und plötzlich, die Uhr zeigt zwei Uhr in der Nacht, draußen ist Schneetreiben, Dunkelheit und ein heulender Gegenwind, teilt der Fahrer ihnen mit, dass er nicht mehr kann. Er will schlafen.

Die Reisenden protestieren.

«Nicht hier! Nicht jetzt!»

«Ich kann fahren», sagte Jakob.

Der Fahrer sieht skeptisch aus, doch seine Erschöpfung ist so groß, dass er nickt. Jakob fährt, während der Fahrer auf dem Rücksitz schläft. In der Morgendämmerung kommen sie nach Osh. Sie wollen sofort weiter und wiederholen die Prozedur aus

Bishkek. Für dreißig Dollar fährt sie jemand über den Irkeshtam-Pass.

Nun sind sie also endlich auf dem Weg nach China. Sie fahren auf dem Asian Highway 65 in dreitausend Metern Höhe. Hier sind mindestens zweitausend Jahre lang die Karawanen mit Waren von Ost nach West und umgekehrt gegangen, denkt Jakob. Das hier ist keine abgelegene Gegend, es ist die Mitte der Welt.

Sie passieren die Grenze nach China und verspüren die Euphorie wie ein blubberndes Gefühl im Magen. Ein Lastwagen nimmt sie mit, und so reisen sie auf der Ladefläche durch heftiges Schneetreiben und mit einem kalten und feuchten Wind im Gesicht.

Zwei Monate und vier Tage nachdem sie in Teheran gelandet sind, verlassen sie Asien und fliegen nach Europa zurück, und jetzt sitzt Jakob mit mir in der Hotellobby auf Södermalm. «Wir haben nicht die körperliche Herausforderung gesucht. Wir waren nicht daran interessiert, Berggipfel zu besteigen oder auf schwierigen Wanderpfaden unterwegs zu sein. Es sollten keine Langstrecken- oder Höhenrekorde aufgestellt werden. Es war nicht der Körper, den wir herausfordern wollten, sondern die Einschränkungen der Seele, die Macht der Vorurteile», sagt der junge Mann, der längst noch nicht fertiggereist ist für dieses Leben.

«Es war so erstaunlich, dass wir uns nie gestritten haben. Vielleicht lag das daran, dass wir keinen detaillierten Reiseplan hatten. Es gab keine Regeln oder Erwartungen, die durchkreuzt werden konnten. Und wenn nichts ganz richtig ist, dann kann auch nichts ganz falsch sein. Mitten in der öden Wüste zu sitzen und auf ein Auto zu warten, Hunger zu haben oder gezwungen zu sein, unter freiem Himmel zu übernachten, fühlte sich deshalb niemals wie ein Scheitern an. Ich dachte, es sei selbstverständlich, dass schon irgendwann ein Auto kommen würde. Früher oder später kommt immer ein Auto. Man muss nur durchhalten können.»

Schon bald ist es wieder so weit. Es muss sich bewegt werden. Er hat Angst, festzusitzen und findet, dass die Erlebnisse den Menschen ausmachen. Wir sind unsere Erlebnisse. Wir werden das, was wir erlebt haben. Je mehr Eindrücke wir sammeln, desto mehr wachsen wir als Personen. «Ich habe mich unbequemen Situationen ausgesetzt und habe gelernt, den Mangel an Bequemlichkeit zu akzeptieren. Je härter die Prüfungen, desto stärker ist das Gefühl der Sicherheit. Und das Vertrauen in fremde Menschen ist wie eine körperliche Erinnerung in mir verankert. Ich verspüre jetzt noch größere Neugier auf die Welt.»

Ihre große Herausforderung bestand darin, Kontakt zur einheimischen Bevölkerung zu bekommen. Eine erste Begegnung, eine begonnene Konversation, ein Annähern und eine Erkenntnis – das war die Belohnung, die bewirkte, dass sie zwar von den vielen unbequemen Reisen körperlich erschöpft waren, doch niemals seelisch am Ende.

«Heute buchen die meisten ihre Reisen im Voraus und planen alles bis ins letzte Detail. Was hat dich veranlasst, so ohne Plan zu reisen?», frage ich, als wir in unseren weichen Sesseln sitzen und den Regen gegen die Fensterscheiben schlagen hören, die auf den Platz hinausgehen.

«Ich weiß es nicht … Ich habe Jack Kerouac und andere Beat-Schriftsteller aus den Fünfzigerjahren gelesen und war geblendet von ihrer Neugier auf die Welt, ihrer Lebenslust und Energie, der Verherrlichung der Gegenwart im Hier und Jetzt und der Jagd nach neuen Erfahrungen. In diesen Büchern fand ich mich wieder. Ich war einer von ihnen.»

«Das heißt, du hast dich nicht im Zusammenklang mit deinen Zeitgenossen gefühlt?»

«Nein, wenn die Klassenkameraden im Gymnasium von der

neuesten Burberry-Jacke und den neuesten Handy-Apps gesprochen haben, trug ich von unterschiedlichen Naturvölkern inspirierte Kleidung und vertiefte mich in das Bruttonationalglück von Bhutan. Mein größter Traum war, diese Menschen treffen zu können, von denen ich las, die Berg- und Naturvölker, die isolierten Stammesvölker.»

«Das heißt die Flucht nach London und die Reisen waren eine Methode, von Varberg wegzukommen?»

«Ja. Varberg war so eng und bot kaum neue Impulse. Ich erinnere mich noch, dass ich es schlimm fand, als mir klar wurde, dass die, die sich dafür entschieden, in Varberg zu bleiben, niemals verstehen würden, wie groß die Welt ist und wie viel es da draußen zu erleben gibt. Ich will sie nicht verurteilen. Ich glaube, sie haben sich selbst dazu verdonnert, ein eingeschränktes und eingeschlossenes Leben zu führen.»

Traumpfade

In den Siebzigerjahren waren Reiseschilderungen ganz groß in Mode. 1975 kam «Basar auf Schienen» über eine Fahrt durch Asien mit dem Zug heraus. Autor war Paul Theroux, der Amerikaner mit dem französisch klingenden Namen. Es wurde ein Bestseller und inspirierte den Briten Bruce Chatwin, so dass er seinen Job als Journalist kündigte und sich nach Südamerika aufmachte. Das Ergebnis dieser Reise wurde das Buch «In Patagonien», das 1977 herauskam und laut «New York Times» «ein kleines Meisterwerk in Sachen Reisen, Geschichte und Abenteuer» war. Heute sind beide Bücher zu Ikonen geworden.

In den folgenden zehn Jahren waren Reiseschilderungen das Genre der Wahl, wenn man den Buchverkauf in Großbritannien und in den USA ankurbeln wollte. In der Zeitschrift «Granta» stellte der Redakteur 1984 fest, dass die Reisereportagen so «populär und wichtig» seien wie seit den Dreißigerjahren nicht mehr.

In dieser Zeit begann ich zu reisen und zu schreiben. Meine

Reisen hatten sich nicht groß von denen meiner Umgebung unterschieden. Diejenigen meiner Klassenkameraden aus Västerås, die im Sommer nach dem Abitur nicht für einen Monat Interrail fuhren, waren eigenbrötlerische Kauze. Bedeutend weniger, aber immer noch genügend, dass man es «normal» nennen konnte, fuhren im darauffolgenden Herbst mit der Transsibirischen Eisenbahn nach Peking für eine Rundreise durch Asien, wieder andere zog es nach Australien. Das Vagabundieren in den Ferien war zum Mainstream geworden. Meine wiederkehrende Sehnsucht, immer wieder aufzubrechen, wich davon vielleicht ein wenig ab, doch im Großen und Ganzen unterschied sich mein Reisen nicht von dem meiner Freunde.

Christian Nyreröf aus Eskilstuna hatte eben eine Journalistenausbildung an einer Folkhögskola absolviert und machte nun ein Praktikum bei der demokratischen Wochenzeitschrift «Västmanlands Folkblad» in der Nachbarstadt Västerås. Dort war meine Mutter Redaktionschefin, und deshalb landeten wir eines Sommerabends auf demselben Grillfest im Garten meiner Eltern.

«Ich werde eine Zeitschrift gründen. Willst du mitmachen?», fragte er und erzählte, wie er die Pläne geschmiedet hatte, als er ohne Geld und ohne Rückflugticket in Bombay gestrandet war.

Als es ihm schließlich geglückt war, nach Hause zu kommen, schrieb er Briefe an zehn Personen, von denen er glaubte, dass sie an einem Zeitschriftenprojekt interessiert sein könnten. Keiner von ihnen hatte Geld, aber einige glaubten an die Idee und waren zumindest bereit, etwas von ihrer freien Zeit zu investieren.

«Was für eine Zeitschrift?», fragte ich und dachte, er meinte eine Art Kulturzeitschrift mit Ausrichtung auf Gesellschaftsreportagen.

Dafür gab es einige Vorbilder in Schweden, die gezeigt hatten, dass junge Journalisten ohne finanzielle Ressourcen spannenden neuen Journalismus machen konnten.

«Nein, es wird eher eine Reisezeitschrift», meinte Christian.

Ich hatte Chatwins Patagonien-Buch auf Englisch gelesen und war ebenso fasziniert wie der Redakteur von «Granta». Ich sah den britischen Autor vor mir, wie er mit seinen Wanderstiefeln, einem leichten Rucksack und einem schwarzen Moleskine-Notizbuch in der Hand rasch die Steppe in Patagonien durchschritt. Würde ich so leben, wenn ich das Angebot annahm? War dies das Leben, das ich mir erträumte?

Aber wie fing das für Chatwin eigentlich an? Irgendwie hatte er Probleme mit dem Sehen, und ihm wurde verordnet, nicht still zu sitzen und auf Details zu starren, sondern stattdessen den Blick über eine weitgestreckte Landschaft schweifen zu lassen. Ja, so war das. Er war zum Arzt gegangen und hatte die Empfehlung bekommen: Wechseln Sie den Ausblick! Reisen Sie!

New York 1974: Ein Reporter und ein Redakteur der Londoner «Sunday Times» sind über den Atlantik nach Westen geflogen, um Hintergrundmaterial für eine Artikelserie über berühmte amerikanische Familien zu sammeln. Der junge, ehrgeizige Freelance-Autor, Bruce Chatwin, ist auch in der Stadt, und auf einem Fest begegnen sie sich. Chatwin verschweigt, was er vorhat, doch sie verabreden sich für den nächsten Tag auf einen Drink im Chelsea Hotel. «Dort sprach Bruce – in Shorts und Rucksack – davon, als hätte er in diesem Moment die Idee bekommen, dass er nach Patagonien fahren würde. Und verließ sie», schreibt Chatwins Verlagslektorin Susannah Clapp in ihrem Buch «Auf Reisen mit Chatwin» (1999). «Ein paar Stunden später schaute King (der Reporter) in einem anderen Teil der Stadt aus einem Taxi und rief: ‹Da geht Chatwin›. Wyndham (der Redakteur) sah hinaus und erblickte ‹diese Figur den Broadway entlang wandern, als sei er buchstäblich auf dem Weg nach Patagonien›.»

Bruce Chatwin war sehr zurückhaltend damit, Kollegen und Freunden zu erzählen, was er gerade machte. Das Telegramm an die Redaktion der «Sunday Times», das kam, als er bereits in Südamerika war, lautete «Nach Patagonien gereist», und die Reaktion des Chefredakteurs auf diesen Bescheid war ein resigniertes «Chatwin ist mal wieder abgehauen».

London 1976: Susannah Clapp schreibt ein Gutachten über ein 350 Seiten umfassendes Manuskript, das kürzlich zur Begutachtung in den Verlag eingesandt wurde. Sie schreibt, der Text sei eine collageähnliche Sammlung von Eindrücken, Erinnerungen, Geschichten und Storys aus Patagonien, dass es dort Seiten mit einzigartiger Prosa gäbe, dass es außergewöhnlich sei, aber auch: «Jedes Stück, das ich las, hat mich beeindruckt, aber dennoch hatte ich nicht das Gefühl, weiter voran gezwungen zu werden ... Auch wenn ich den Eindruck habe, dass der Autor wahrscheinlich den Umfang als zentral für seine Schöpfung empfindet, so würden Streichungen ohne Frage helfen. Aber trotz etwaiger Streichungen würde das kaum ein leichtes Unternehmen sein – und wenn mich die Kombination aus lehrreichen Erkenntnissen und intelligenter Beschreibung nicht so beeindrucken würde, würde ich wahrscheinlich ein bedauerndes Nein aussprechen.»

Ehe «In Patagonien» herausgegeben wurde, strich der Verlag in Zusammenarbeit mit Chatwin ungefähr ein Viertel bis ein Drittel des Manuskriptes. Chatwins Texte bewegen sich oft im Grenzland zwischen Fiktion und Reportage – manches ist wahr, manches nicht. Sie sind voller Einfälle und Assoziationen, unternehmen plötzliche Zeitsprünge und können lange, wortreiche Ausführungen enthalten ebenso wie konzentrierte Sequenzen mit intensiver Bildsprache. Chatwin liebte es, sich zu Fuß fortzubewegen, und er ging gern lange Strecken in raschem Tempo. In einem Brief an einen Freund, der acht Kilometer von seinem Haus in Oxfordshire entfernt ein Sommerhaus hatte, schrieb er: «da wir uns ja fußläufig voneinander entfernt befinden».

An einer öden Straße in Patagonien in Süd-Argentinien 1975. Er wandert seit drei Tagen: «Die heißen Windstöße boxen einen rückwärts, ziehen an den Beinen, beschweren die Schultern», schreibt Bruce Chatwin in das Notizbuch mit den schwarzen Wachstuchdeckeln. Drei Tage zuvor hatte er im Dorf Perito Moreno einen arabischen Restaurantbesitzer gefragt, ob es auf der zweihundert Kilometer langen Strecke bis zur nächsten Gemeinde irgendwelchen Verkehr gäbe, doch der Araber hatte nur mit dem Kopf geschüttelt und gesagt: «Ein paar chilenische Lastwagen vielleicht, aber sehr selten.» Bruce ging los.

Er war zweiunddreißig Jahre alt und hatte noch nicht in Buchform publiziert, als er sich nach Patagonien begab, um «eine Geschichte für mich selbst zu schreiben, die ich schon immer hatte schreiben wollen». Sein Hintergrund war ein wenig seltsam. Als er sechzehn Jahre alt war, brachte ihn sein Vater als Wachmann bei der Auktionsfirma Sotheby's in London unter. Er lernte schnell, stieg zum Katalogisierer auf, zum Experten, zum Direktor (was bei Sotheby's tatsächlich keine ungewöhnliche Karriere war), verließ die Firma aber kurz nach der letzten Beförderung.

Ein junger autodidaktischer Intellektueller mit enzyklopädischen Ambitionen. Redselig («Er redete ewig ...», stellte Susannah Clapp fest), Kunstkenner (Experte für Impressionismus) und jetzt auch ehemaliger Direktor – und erst fünfundzwanzig Jahre alt. Viel später schrieb Chatwin, dass er eines Morgens blind aufwachte und sich auf Anraten seines Augenarztes dafür entschied, etwas ganz anderes zu tun: «Sie haben aus viel zu großer Nähe Gemälde betrachtet», sagte der Arzt zu Chatwin, «warum tauschen Sie die nicht gegen etwas weitere Horizonte?» In Wirklichkeit war er nicht blind, sondern litt unter latentem Schielen, und wenn er gestresst war und lange aus der Nähe auf Dinge schaute, dann glitten die Augen zur Seite.

Weite Horizonte bedeuteten, zu reisen, und Chatwin begab sich in den Sudan, wo er Nomaden mit Schilden aus Elefantenhaut traf, unter seinem Schlafsack eine zusammengerollte giftige Schlange fand und lernte, Fußspuren im Sand zu lesen. Vier Jahre später schickte er ein Manuskript an einen Verlag über den ursprünglichen Wandertrieb des Menschen. Doch die visionäre Sicht des Textes auf das Nomadentum war zu provokativ. Die Reaktion des Lektors war, dass das Manuskript vital und streitlustig sei, aber leider wilde ausufernde Passagen und skandalöse Behauptungen enthielte. Es wurde eine Absage, doch die Texte wurden in den Achtzigerjahren in dem Essayband «What am I doing here» herausgegeben.

Stattdessen betrat Chatwin die Redaktion des «Sunday Times Magazine» mit einem Stapel seiner Fotografien von Wüstenlandschaften und bunten afrikanischen Türen und Wänden unter dem Arm. Der Bildredakteur fand sie toll, doch wurde keines der Bilder veröffentlicht. Aber der Redakteur schlug Chatwin als seinen Nachfolger vor, und so kam es dann auch.

Das «Sunday Times Magazine» empörte viele Menschen während seiner ersten Jahre, weil es Reportagen über Menschen, die hungerten, neben solchen über Menschen, die abnehmen wollten, veröffentlichte, und sowohl über die vom Krieg gezeichneten Völker wie über den Jetset berichtete. Es war ein Wochenmagazin, das auf Gegensätze, literarische Autoren und epische Bildreportagen setzte und zudem noch große Ressourcen hatte.

Chatwins Rolle bei der Zeitschrift wandelte sich schnell. Er kam mit eigenen Ideen für Reportagen und wurde ermuntert, zu schreiben. Seine Anstellung wurde in einen Freelance-Vertrag umgeändert, und plötzlich war er frei, quasi zu tun, was er wollte. Er reiste und schrieb sowohl aus England wie aus Peru, Russland und Indien. In dieser Zeit zu Beginn der Siebzigerjahre entwickelte Chatwin den Stil, für den er später berühmt wurde. Er ließ die großangelegten Spekulationen und die spannenden Theorien (wie aus dem abgelehnten Nomadenbuch) und konzentrierte sich mehr darauf zu beschreiben, was er sah und hörte (die literarischen Reportagen im «Sunday Times Magazine»). Doch als er 1974 die Khakishorts anzog und den Rucksack aufsetzte, um sich nach Patagonien zu begeben, war sein Leben als Zeitungsautor im Großen und Ganzen vorbei. Jetzt würde er etwas Eigenes schreiben, Schriftsteller werden.

«In Patagonien», das 1977 erschien, war Chatwins erstes veröffentlichtes Buch. Es ist eine Reisereportage, die als eine Serie kurzer Szenen mit großem Gefühl der Gegenwärtigkeit und funkensprühend schönen Formulierungen angelegt ist. Doch es ist auch ein gelehrter Essay über die ersten europäischen Kolonisatoren in diesem abgelegenen Land, verlorene walisische Auswanderer, volkszornige Buren, Charles Darwins Reise mit der «Beagle» und die Flucht des amerikanischen Verbrechers Butch Cassidy nach Südamerika.

Genau wie das «Sunday Times Magazine» und Bruce Chatwin selbst ist Patagonien, das Thema dieses Debüts, ein Widerspruch: «Die Patagonier waren, wie sich zeigte, nicht eine Nation, sondern eine multinationale Ansammlung von Auswanderern und Landesflüchtlingen, von denen viele am besten mit sich selbst zurechtkamen, wenn sie im Ausland waren.» Ein Gefühl, das Baudelaire «Horreur du domicile», den Schauder vor dem festen Wohnsitz genannt hatte, und mit dem der rastlose Vagabund Bruce Chatwin natürlich sympathisierte.

Das Buch handelt auch vom Verwandten des Autors, Charley Milward, dem Seefahrer, der Ende des 19. Jahrhunderts ein dickes, lederartiges Hautstück mit dicken roten Haarborsten aus Patagonien mit nach Hause brachte. Das Stück Haut landete irgendwann in der Vitrine von Bruce Chatwins Großmutter, und es wurde gesagt, das sei ein Stück von einem Brontosaurus, der in einen Gletscher in Patagonien gefallen sei, «den Berg hinab in ein Gefängnis aus blauem Eis gefahren und in perfektem Zustand auf dem Grund gelandet». Hier in dem Schrank im Esszimmer seiner Großmutter wurde Bruce Chatwins Lust, nach Patagonien zu reisen, geweckt, und hier begann eine der am meisten geschätzten Reisereportagen der Nachkriegszeit.

Als er ein bisschen älter wurde, erfuhr er allerdings, dass es sich nicht um einen Brontosaurus handelte, sondern um ein Mylodon, ein Riesenfaultier, das vor 30 000 Jahren in Amerika lebte. Es war groß wie ein Elefant, lief auf den Hinterbeinen und stopfte sich mit Laub von den Bäumen voll.

Doch der Antrieb, zu der Grotte zu reisen, in der Charley der Seefahrer das Hautstück gefunden hatte, wurde nicht weniger dadurch, dass es nun ein Mylodon war und kein Brontosaurus, und am Ende von *In Patagonien* tritt er in die Höhle, um nach einem neuen Hautstück zu suchen, da das von seiner Großmutter verschwunden ist: «Und da sah ich plötzlich ein paar Strähnen des borstigen rötlichen Haars, das ich so gut kannte, an einer Stelle hervorstehen. Ich zog sie behutsam heraus, legte sie in einen Umschlag und setzte mich auf die Erde, unendlich zufrieden. Ich war am Ziel dieser lächerlichen Reise angekommen.»

Durch Bruce Chatwins weit ausgebreitete Interessen waren seine Reisebeschreibungen genreüberschreitend. Er interessierte sich für Archäologie und Kunst, für Menschenschicksale und Politik, er war nicht nur ein buchstabengetreuer und geduldiger Journalist, sondern auch ein naturinteressierter, unermüdlicher Forscher. Als Chatwin einmal gefragt wurde, ob er Christ sei, antwortete er: «Mein Gott ist der Gott aller Wandersleute. Wenn man nur fleißig genug wandert, dann wird man vermutlich keinen anderen Gott brauchen.»

Er ging also lieber zu Fuß, als den Bus zu nehmen, und obwohl er im Grunde seines Herzens Aristokrat war und den Luxus liebte, machte es ihm nichts aus, auf der Erde hockend eine Dose eingelegter Sardinen zu Abend zu essen oder in einem staubigen Graben zu schlafen, in der Baracke der Landarbeiter auf einem Feldbett oder in einem Hotel, das wie eine Absteige aussah und nach Kotze stank. Die ehrlichen Beschreibungen der Mühen sind konkrete Lichtungen im Unterholz aus Kindheitserinnerungen, historischen Rückblicken und gelehrten Abhandlungen.

Chatwin besaß die Fähigkeit, ein Lebensschicksal in zehn Zeilen zu beschreiben. Zum Beispiel in Kapitel 96 von «In Patagonien», das auf exakte Aufzeichnungen, die er gemacht hat (die Technik des Journalisten) und vorgestellte Bilder (die Technik des Schriftstellers) gegründet ist: «Es gibt einen Mann in Punta Arenas, der von Tannenwäldern träumt, Lieder vor sich hin summt und jeden Morgen beim Aufwachen auf das dunkle Wasser der Meerenge blickt. Er fährt zu einer Fabrik, in der es nach Meer riecht. Überall um ihn herum sind scharlachrote Krabben, die erst zappeln und dann dampfen. Er hört, wie ihre Schalen aufplatzen und die Zangen zerbrechen, sieht, wie das süße, weiße Fleisch in Aluminiumdosen fest verpackt wird. Er ist ein tüchtiger Mann, und er hat einige frühere Erfahrungen im Produktionsprozess. Erinnert er sich an jenen anderen Geruch, den von Verbranntem? Und an jenes andere Geräusch, das von leise singenden Stimmen?»

Chatwins Wanderlust ging nie vorüber. Er wurde immer besessener davon, das Menschliche in dem Versuch zu beweisen, sich von allem loszusagen, das uns bindet, um sich stattdessen auf die Straße zu begeben. Er reiste nach Kamerun, Ghana, Niger, Sudan, China, Pakistan, in die Sowjetunion und natürlich nach Timbuktu, dieses Symbol für das weit Entfernte und Unerreichbare.

Und so landete er in Australien. Aus der Reise entstand das Buch «Traumpfade» (1987), das zum größten Teil von Fortbewegen, Wandern und davon, nicht zu lange an ein und demselben Platz zu bleiben, handelt. Aber vor allem geht es im Australienbuch um das Labyrinth unsichtbarer Pfade auf diesem Kontinent, die die Europäer Traumpfade oder Songlines nennen, und die nach den Aborigines die Fußspuren der Ahnen oder die Pfade des Gesetzes sind.

Man könne, so Chatwin, die Wanderungen der Aborigines durch die Besonderheiten der Landschaft erklären. «Der größte Teil der australischen Wildnis war unfruchtbare Buschlandschaft oder Wüste, wo der Niederschlag immer unregelmäßig war und wo auf ein fettes Jahr sieben magere folgen konnten. Sich in einer solchen Landschaft fortzubewegen, hieß zu überleben, am selben Ort zu bleiben war Selbstmord.» Nach der Begegnung mit den Aborigines und ihren Wanderpfaden war Chatwin überzeugt: «Es ist eine allgemeine biologische Regel, dass sich fortbewegende Tierarten weniger ‹aggressiv› sind als die sesshaften (...) Das Fortbewegen ist wie die Pilgerfahrt, die schwere Reise (...) die ‹Diktatoren› des Tierreichs sind diejenigen, die in einem Überflussmilieu leben. Die Anarchisten sind, wie immer, die ‹Ritter der Landstraße›.»

Ich liebte Chatwins Schlüsse. Sie sind großangelegt, um nicht zu sagen pompös, aber das war genau, was ich hören wollte. Außerdem verband er, vermutlich, ohne dass ihm das selbst bewusst war, das Aufrührerische des Punk mit dem Freiheitsdrang des Reisenden. So musste das Leben gelebt werden, dachte ich. Wie das nun gehen sollte, wenn man eigene Kinder hätte, die in die Schule gingen, und ...? Meine Freundin hatte einen fünfjährigen Sohn, und ich sah, wie gebunden sie war mit den Alltagsroutinen und ihrer Vollzeitarbeit. Wie sollte man das Leben, das sie lebte, mit den ausgedehnten Reisen kombinieren, die ich plante? Sicher gab es eine Lösung für dieses Problem, ich würde es jedenfalls nicht so machen, wie der Schriftsteller Pär Rådström es dreißig

Jahre zuvor getan hatte. In seiner mehr oder weniger dokumentarischen Schilderung des Paris der Fünfzigerjahre «Wenn es Freundschaft gäbe» (1981), schreibt Slas von seiner ersten Begegnung mit Pär Rådström, der in dem Buch zu Nils Johan Nilsson umgetauft wurde, im Café Select in Montparnasse im Januar 1954. Rådström hatte zu Hause in Schweden plötzlich einen Schreibkrampf bekommen und den Zug nach Paris genommen – ohne seiner Frau etwas zu sagen, welche mit dem neunmonatigen Jungen (Niklas Rådström, der ebenfalls Schriftsteller werden sollte) zu Hause war.

«Wenn du das verantwortungslos findest, dann sag es nur», sagte Pär zu Slas, als sie zusammen an der Theke des Select lehnten.

«Ich finde gar nichts», antwortete Slas. «Man weiß doch, wie es ist, wenn man einen Impuls und plötzliche Sehnsucht nach Paris bekommt.»

Das ist so die Sorte Geschichten, die sich nur in der Literatur gut machen – und dazu noch dreißig Jahre, nachdem sie geschahen, und wenn die Wunden, die sie geschlagen haben, hoffentlich geheilt sind.

Pär Rådström und Slas waren in den Fünfzigerjahren jung. Jetzt hatten wir die Achtziger, und die Gesellschaft sah anders aus. Ich konnte mich vor meiner Verantwortung als Vater, als ich dann selbst Kinder hatte, nicht drücken, nur weil ich von akuter Reiselust befallen wurde, was oft geschah. Ich würde reisen, und zwar viel. Das stand fest. Aber nicht um jeden Preis.

Nachdem ich einige Monate durch Südasien gereist war, sprang ich noch einmal bei einer Zeitung ein. Die indischen Hemden, die ich auf dem Basar in Neu-Delhi gekauft hatte, und die jetzt im Schrank in meiner Einzimmerwohnung hingen, rochen immer noch nach Räucherstäbchen. Ich wusste, dass ich bald wieder aufbrechen würde. Mein größter Traum war es, keine kurzen und objektiven Nachrichtenartikel mehr über das Kalken von Waldseen und das Feuerwehrfest im Folkets Park schreiben zu müssen, sondern mich stattdessen dem Verfassen von langen und subjektiven Reportagen über die große weite Welt widmen zu können.

Der Grill war ausgekühlt, und die Kollegen meiner Mutter hatten alles aufgegessen. Die wilde Taube in der hohen Tanne gurrte. Ich ging in die Küche, um die Spülmaschine einzuräumen. Mit einem Mal wurde mir klar: Selbstverständlich würde ich dabei sein, wenn es darum ging, eine Reisezeitschrift zu gründen.

Mai 1987. Die Redaktion der «Vagabond» ist eine neun Quadratmeter große Abstellkammer auf der Hornsgatan in Stockholm. Zwischen Schreibmaschinen, Aschenbechern und Manuskriptstapeln auf dem chaotischen Redaktionstisch liegen ein paar Exemplare unseres ersten Abonnementsfolders, auf dem wir mit keinem einzigen verführerischen Reisebild locken, sondern mit einem Kierkegaard-Zitat: «Zu wagen heißt, für einen kleinen Moment den Boden unter den Füßen zu verlieren, nicht zu wagen heißt, sich selbst zu verlieren.» Wir haben grade die erste Nummer der «Vagabond» fertiggestellt und planen die zweite. Ich habe eine Reportage über das Wandern in Nepal geschrieben, die wird dabei sein, ebenso wie ein Auszug aus dem Debütroman von Carl-Johan Vallgren mit dem Titel «Die Nomaden». Aber was noch? Einer der Vorschläge lautet: Wir schicken jemanden mit der Transsibirischen Eisenbahn!

«Ich fahre», sagte Per Jarl, einer der freien Journalisten, mit denen die Redaktion sich die Räume teilt.

«Ich kann Fotos machen», fährt er begeistert fort, «und dann frage ich Stieg, ob er mitfahren will und schreiben. Er ist Kartenzeichner bei der Presseagentur TT. Ziemlich gut.»

«Mit Karten, ja, aber kann er auch schreiben?», fragen die anderen.

«Allerdings!», antwortet Per.

«Stieg wer?»

«Stieg Larsson.»

Ich erinnere mich, dass ich diesem Kartenzeichner-Stieg von TT gegenüber sehr skeptisch war, dass ich aber Per Jarl vertraute. Wenn er sagte, Stieg könne schreiben, dann war es auch so.

Sie fuhren an einem Sommertag los, als die erste Nummer der «Vagabond» immer noch die Kioske in ganz Schweden zierte, und kamen einen Monat später mit einer Reportage über die Reise zwischen Moskau und Peking zurück.

Waren wir zufrieden? Die Fotos von Per Jarl waren okay – obwohl er eigentlich besser schreibt, als er fotografiert, dachte ich. Aber wie stand es um den Text des damals noch vollkommen unbekannten Stieg Larsson? Vermochte er etwas so Statisches wie eine Woche Zugreise durch eine zum Heulen eintönige Landschaft lebendig zu machen? Würde man den Text überhaupt veröffentlichen können?

Ich fing an zu lesen und bekam das starke Gefühl, dass sein Bericht – vierzehn A-4-Seiten, ordentlich ohne Fehler mit der Maschine geschrieben – nicht in die Zeitschrift passen würde. Die Reportage begann: «Vor ungefähr 1000 Jahren schickten revoltierende Bauern in der Wolgaregion einen dressierten Bären zu Prinz Jaroslav dem Klugen, um den lokalen Despoten zu ermorden. Das klappte nicht.»

Meine Vorbehalte erwiesen sich jedoch als unbegründet. Stieg schrieb: «Moskau ist eines der wichtigsten Machtzentren der Welt. Peking ist ein anderes. Der Abstand zwischen den beiden Städten mit der Transsibirischen Eisenbahn beträgt 9001 Kilometer. Für viele ist es ein Fall von schwerem Masochismus, sich freiwillig für eine Woche ohne Dusche, Klimaanlage oder andere

Bequemlichkeiten, die der moderne Mensch als unverzichtbar betrachtet, in ein enges Abteil zu zwängen.»

Hm, «der moderne Mensch», das klingt prätentiös, vielleicht kann man das streichen, dachte ich. Ach was, es bleibt. Die Reportage ging weiter: «Doch der Mensch ist ein reisendes Tier, und für die Profis unter den Vagabunden bedeutet Reisen eine Art zu leben. In einer Welt, in der das Fliegen nichts anderes geworden ist als stromlinienförmige Fracht, wo Schiffe gleichbedeutend mit Dollarkreuzfahrten sind und das Auto dem Dutzendtourismus taugt, ist der Zug das einzig richtige Verkehrsmittel, und für den Eisenbahnenthusiasten ist die Transsibirische der klassische Traum – eine Reise auf der Eisenbahn der Eisenbahnen.»

Das war eine gute Präsentation der Eisenbahnlinie selbst, doch wer waren die achtundzwanzig Passagiere in Wagen acht des Internationalen Expresszuges Nr. 20, die eine Woche lang einen Waggon miteinander teilen würden? Stieg erzählte: «Da waren die zwei schweigsamen Punks aus Finnland im selben Abteil wie ein 66-jähriger pensionierter norwegischer Seemann, der aus nostalgischen Gründen nach Shanghai reiste. Dann die drei Musketiere aus Lucksele zusammen mit einem norwegisch-israelischen Chemiker und einem Dänen, von dem niemand genau verstand, was er sagte, der aber trotzdem ein netter Typ war. Dann sie, die in einem der Abteile einen Nachtklub aufmachte, und der Reiseprofi aus Stockholm, der sich mit minutiöser Sorgfalt vorbereitet hatte. Dazu der junge Mann mit Schriftstellerambitionen, ein Paar aus Borlänge, Neulinge in der Reisebranche, er, der mit einer Hasselblad für 20 000 reiste und so lange im Orient bleiben wollte, wie das Geld reichte, und das Akademikerpaar unterwegs zu einem dreimonatigen Reiseurlaub in China. Dann der Wehrdienstverweigerer aus Skåne auf der Flucht nach Tibet und die beiden Norweger, die planten, sowie sie in Peking ankamen, sogleich wieder nach Hause zu fliegen.» Wir waren wohl, so fasst

Stieg Larsson zusammen, eine sehr typische Gang von Transsibirienreisenden. Damals dachte ich nicht daran, doch heute scheint es mir, dass der junge Mann mit den Schriftstellerambitionen (Stieg war damals 32 Jahre alt) vielleicht der Autor des Artikels selbst war.

Diese zusammengewürfelte Schar Reisender knüpfte Bande. Einige stärker und dichter als andere: «Liebe im Zug – zumindest auf den Bahnlinien der Sowjetunion – verlangt Geduld und Erfindungsreichtum. Man kann nicht damit rechnen, in den Abteilen, wo andauernd Leute rein- und rausgehen, ein Privatleben zu haben.

Immer steht irgendjemand im Gang und raucht, die Toiletten sind weder bequem noch romantisch, und sich in der Verbindung zwischen den Waggons aufzuhalten ist nachgerade lebensgefährlich. Liebe im Zug bleibt ein recht platonisches Erlebnis. Die Ekstase beschränkt sich auf verstohlene Blicke, Händchenhalten und gedämpfte Gespräche, bei denen die Worte im Singen der Gleise ertrinken. Dennoch sprießt die Liebe, und das ist kein Zufall – die Eisenbahn, mehr noch als irgendein anderes technisches Phänomen, ist zu einem unübertroffenen romantischen Symbol für Freiheit, dramatische Abenteuer und den ewigen Traum des Menschen von der Zukunft geworden.»

Das klang großartig. Dass er es wagte, seine Beobachtungen der Mitreisenden – die kleine Welt – mit der Betrachtung der Eisenbahn als Phänomen – die große Welt – zu verknüpfen. So, dachte ich, will ich auch schreiben.

Der Text endete: «Um 6:36 morgens ist die letzte Etappe abgeschlossen und die Reise endet so plötzlich, wie sie begonnen hat, als wir im Bahnhof von Peking halten. Wir haben 9001 Kilometer auf Schienen hinter uns, und laut Fahrplan sind wir nur vier Stunden verspätet. Das Abenteuer ist vorüber und ein neues – unter acht Millionen Fahrradfahrern – wartet auf uns.»

Unter ihren Fotos hatte ich notiert, dass Per Jarl und Stieg Larsson freie Mitarbeiter der Zeitschrift seien. Doch kam es zu keinen weiteren Reisereportagen von Stieg, warum, weiß ich nicht. Wahrscheinlich hatte er bei TT vollauf zu tun. Eine Zeitlang zeichnete er weiterhin Karten für uns, denn er war schließlich Kartenzeichner. Doch hatte er ohne Frage das Talent zum Schriftsteller, konnte ich noch denken, ehe sich unsere Wege trennten. Damals ahnte ich nicht, dass er der international erfolgreichste Krimiautor Schwedens werden würde.

Stiegs Reportage war eine Mischung aus einem historischen Exposé über Sibirien und die weltberühmte Eisenbahnlinie und einer sehr genauen Schilderung von Waggon acht. Er hatte gezeigt, wie einfach man in dem Einförmigen Spannung erzeugen konnte, indem man das Besondere mit dem Allgemeinen durchmischt. Ich war überzeugt. Die Idee funktionierte. Man konnte über Reisen schreiben, ohne dass es langweilig und geleckt wurde wie in einem Reiseprospekt.

Die Verwandlung der Reisenden

Was hat das Reisen mit mir gemacht? Bin ich heute ein anderer Mensch, seit ich mich wiederholte Male in die Welt hinaus begeben habe, um das Unbekannte zu suchen, verglichen mit dem Menschen, der ich sein würde, wenn ich niemals irgendwohin gereist wäre?

Julia Zimmermann wollte auf diese Fragen Antwort erhalten – natürlich nicht allein, was mich betrifft, sondern «solche wie mich». Sie arbeitet am Institut für Psychologie der Friedrich-Schiller-Universität in Jena, und zusammen mit ihrem Kollegen Franz Neyer hat sie beschlossen, gründlich vorzugehen. Neyer hatte zuvor studiert, wie große Lebensereignisse wie das erste Liebesverhältnis und die erste Anstellung die Psyche von jungen Menschen verändern.

Jetzt wollten sie gemeinsam über tausend Personen interviewen, um zu untersuchen, wie einige Monate des Reisens im Ausland die Persönlichkeit beeinflussen. Die Reisendenstudie, die auf mehr als fünf Jahre mit Interviews gegründet war, wurde in der wissenschaftlichen Zeitschrift «Journal of Personality and Social Psychology» unter dem Titel «Do We Become a Different Person When Hitting the Roads? Personality Development of Sojourners» veröffentlicht.

Julia und Franz waren nicht an Touristen interessiert, die zwei Wochen an einem Urlaubsort verbrachten. Nein, sie wollten untersuchen, wie eine längere Periode des Reisens, die ein längerwährendes Interagieren mit der einheimischen Bevölkerung erforderte, den Reisenden beeinflusst. Deshalb beschlossen sie, ihre Fragen an Studenten zu stellen, die ins Ausland gereist waren, um zwischen sechs und neun Monaten an einer Universität in einem anderen europäischen Land zu studieren.

«Hätten wir Studenten ausgewählt, die nach Asien oder Afrika gereist wären, dann wäre die Wirkung sicher deutlicher gewesen. Aber ich war dennoch erstaunt darüber, wie sehr die Menschen von der Reise in ein Land mit einer Kultur, die wir oft als der unseren gleich bezeichnen, beeinflusst wurden», erzählt Julia mir per Skype aus Jena.

Die Kontrollgruppe waren Studenten, die zu Hause blieben, und die entscheidende Frage war natürlich die von Henne und Ei. Reisen wir, weil wir eine gewisse Persönlichkeit sind – offen, neugierig, sozial – oder macht uns die Reise erst zu einer solchen Persönlichkeit? Um eine glaubwürdige Antwort darauf zu finden, untersuchten sie ihre Versuchspersonen sowohl vor als auch nach der Reise.

Ehe die Testgruppe losreiste, wurde die Persönlichkeitsstruktur eines jeden Studenten nach dem Fünf-Faktoren-Modell betrachtet, das fünf psychologische Hauptdimensionen identifiziert: Offenheit, Freundlichkeit und Wärme, Gewissenhaftigkeit, gefühlsmäßige Stabilität und die Frage, wie die Personen nach außen orientiert sind. Und ja, es gab vor der Reise Unterschiede.

Diejenigen, die sich für eine Reise ins Ausland entschieden hatten, erwiesen sich schon vorher als mehr nach außen orientiert als diejenigen, die beschlossen hatten, zu Hause zu bleiben. Doch als der Test nach der Reise wiederholt wurde, stellten sie fest, dass der Unterschied zwischen den Reisenden und den Nicht-Reisenden noch gewachsen war.

«Junge Menschen sind in ständiger Entwicklung begriffen. Wir werden alle mit dem Alter weniger rigide und mehr zur Zusammenarbeit gewillt. Das ist, was wir Reife nennen. Aber diejenigen, die reisten, waren schneller gereift. Als sie wieder nach Hause kamen, waren sie ganz einfach erwachsener als diejenigen, die zu Hause geblieben waren», sagt Julia.

Als ich mit ihr rede, wird mir klar, dass die Menschen wohl schon immer intuitiv gedacht haben, dass das Reisen uns reifer werden lässt. Ich erinnere mich an die «grand tour», die Bildungsreise, die im 18. und 19. Jahrhundert für adlige junge Männer aus der Oberschicht obligatorisch war. Sie wurden in die Welt hinausgeschickt, um sich von leicht beeinflussbaren Feierfreunden in gepuderte Männer von Welt zu verwandeln. Die Idee, dass Reisen persönlichkeitsformend und bildend wirkt, ist gewiss nicht neu.

Doch Julia entdeckte, dass die Bildungsreise mehrere Effekte hatte. Die Reisenden wurden stärker auf ein Ziel fokussiert und besser darin, begonnene Aufgaben zu Ende zu bringen. Außerdem reagierten sie nicht so leicht gestresst, wenn unvorhergesehene Ereignisse eintrafen. Es war, als hätten sie erkannt, dass das Leben auch gut funktioniert, wenn sie nicht die volle Kontrolle haben, und als wäre ihnen klar, dass es nicht schlimm ist, wenn sie mal den Boden unter den Füßen verlieren. «Diejenigen, die reisten, waren sozial offener, neugieriger und außerdem gefühlsmäßig stabiler und empfanden weniger Stress, wenn sie in neuen Milieus und mit neuen Bekanntschaften agieren mussten», erklärt sie.

Julia selbst ist auch gereist und hat im Ausland studiert. Sieben Monate in Frankreich und drei Monate in Südafrika, wo sie eine Zeitlang auch als Freiwillige in armen Townships gearbeitet hat. Sie selbst erlebte es so, dass die Reise der Katalysator für Veränderungen war.

«Aber man muss auch Durchhaltevermögen besitzen», sagt Julia. «Bei zwei Monaten verläuft eine Art kritischer Grenze. Erst wenn wir uns so lange in fremden Umgebungen aufhalten, geschieht etwas mit uns.»

In der Studie stellte sich heraus, dass die neue Perspektive auf das Leben uns die Dinge mehr schätzen lässt, die wir zuvor als gegeben hinnahmen. Wir werden offener für neue Erfahrungen, sind stabiler und kreativer, weil die Reise uns lehrt, unsere Auffassungen und Verhaltensweisen zu justieren und die Sitten des Ortes, an den wir kommen, anzunehmen. Der Reisende ist empathischer und hat es leichter, Kompromisse zu schließen und mit anderen Menschen zurechtzukommen. «Wir haben das eigentlich erwartet», sagt Julia, «und ausnahmsweise decken sich die wissenschaftlichen Ergebnisse mit unseren Vermutungen.»

Ich habe versucht, die Ursachen meines eigenen häufigen Reisens psychologisch zu ergründen. Leide ich an irgendeinem Mangel? Ist da was mit meiner Kindheit? Fehlt mir das Zutrauen zum Beständigen und Wiederkehrenden?

Ehe ich selbst von zu Hause auszog, wechselte meine Familie insgesamt neunmal die Wohnung. Dreimal musste ich als Kind zudem Gemeinde, Schule, Klasse und Freunde wechseln. Das letzte Mal geschah es, als ich acht Jahre alt war, und das war am anstrengendsten. Ich veränderte mich von unternehmungslustig und furchtlos zu scheu und vorsichtig. Vielleicht sind es die neun Umzugswagen meiner Kindheit, die das starke Bedürfnis zu reisen in mir ausgeprägt haben. Versuche ich, wieder und wieder diesen letzten anstrengenden Umzug zu durchleben, um jedes

Mal Aufbruch und Ankunft besser hinzukriegen? In dem Fall wäre mein Reisen ein langgezogenes Wiederholungsspiel, in dem ich ständig versuche, mich selbst davon zu überzeugen, dass ich gut bin.

Wenn ich reise, werde ich manchmal von dem Gefühl geplagt, keine Verbindung zu der Welt um mich herum zu haben. Am stärksten empfinde ich dieses Außenvorsein, wenn ich allein reise und in europäische Städte komme, die mich an meine Heimat erinnern und mich deshalb an den Alltag denken lassen. Das Gefühl des Fremdseins ist am größten, wenn ich in den Morgen- oder Abendverkehr gerate. Um mich herum sammeln sich die Bewohner der Stadt, die sämtlich eine Richtung und ein Ziel haben. Alle stecken mitten in einer Beschäftigung. Sie sind auf dem Weg zur Arbeit oder nach Hause, gehen in die Schule, zu Freunden, zum Training, zur Geliebten ... Jemand wartet auf sie. Jemand, der sie braucht, den sie brauchen. Und da gehe ich gegen den Strom im Gedränge auf dem Bürgersteig, dem Hauptbahnhof und dem Bahnsteig mit meinem Rucksack und neugieriger Miene, die signalisiert, dass ich hier nicht hingehöre. Ich gehöre niemandem, niemand gehört mir. Ich weiß nicht, was als Nächstes geschehen wird, und im Moment gibt es hier und jetzt niemanden, der auf mich wartet.

Nach dem kalten Gefühl des Fremdseins bedeutet dann alles, was ich im Laufe des Tages unternehme, eine Verbesserung. Die Begegnung mit einer fröhlichen Bedienung, ein rasches Gespräch mit einem anderen Cafégast, eine neue nette Bekanntschaft im Aufenthaltsraum der Jugendherberge. Alles wird heller. Banale Gesprächsthemen fühlen sich groß an. Trivialitäten werden besonders.

Hinunter in Einsamkeit und Verzweiflung, wieder hinaus in Gemeinschaft und Euphorie. Vielleicht ist das die gefühlsmäßige Reise, die ich wieder und wieder unternehmen möchte. Die soziale Gemeinsamkeit wird dadurch viel stärker, intensiver und wertvoller, dass ihr eine soziale Isolierung voranging, so wie wenn man endlich essen darf, nachdem man mehrere Stunden hungrig herumgelaufen ist. Aufbruch und Ankunft. Wieder tun, richtig machen. Wieder und wieder.

Aber man muss natürlich keine Traumata erlebt haben, um das Reisen zu lieben. Bruce Chatwin würde wahrscheinlich sagen, dass die vielen Aufbrüche in meiner Kindheit der kleine Ellenbogenstoß waren, der meinen latenten Nomadeninstinkt zum Leben erweckte. Der Mensch hat von Natur aus das Bedürfnis, sich zu bewegen, meinte er. Unterwegs zu sein sei ein grundlegender Trieb, dem der Mensch schon als Neugeborenes Ausdruck verleiht. Als Babys schreien wir, weil wir es nicht aushalten, still zu sein. Wenn unser Bedürfnis nach Nahrung, Wärme und Nähe befriedigt ist, dann ist es nur die Bewegung, die uns zur Ruhe bringt. Als Erwachsene spazieren oder joggen wir, um die Schwermut in uns zu lindern. Als die Kirche im Mittelalter die Wallfahrten einführte, schuf sie ein therapeutisches Mittel für alle sesshaften Bauern, die vor nicht so vielen Generationen noch Nomaden gewesen waren.

Aggressivität ist oft eine Reaktion auf das Gefühl, eingeschlossen und isoliert zu sein. «Das Reisen schenkt uns ein Gefühl des körperlichen und geistigen Wohlbefindens, während die Eintönigkeit einer langen Sesshaftigkeit oder einer regelmäßigen Arbeit Muster im Gehirn webt, die uns das Gefühl geben, erschöpft und unzureichend zu sein», formulierte Chatwin.

Meine Freundin Carin hat eine andere Erklärung. «Ich glaube, du reist in fremde Umgebungen, um dich selbst zu betrachten», sagt sie eines Abends in der Kneipe bei mir an der Ecke, die aussieht wie ein uralter britischer Pub auf dem Lande, und dessen Beliebtheit auch ein Ausdruck der zunehmenden Beweglichkeit der Menschen und ihrer Neugier auf andere Kulturen ist. «Erst wenn du in einer anderen Umgebung bist, kannst du anfangen, dich selbst zu sehen», fährt sie fort. «Indem du auf andere Kulturen reagierst, verstehst du, wer du bist und woher du kommst. Dein Selbstbild wird genauer, wenn du bemerkst, was die Leute aus anderen Kulturen an dir seltsam finden. Zu reisen, das ist, als würde man sich einen Spiegel vorhalten. Die reinste Therapie.»

«Oder», schlägt Carin vor, «vielleicht hast du auch das Reise-Gen.» Das Reise-Gen? Als ich das recherchiere, stelle ich fest, dass es so etwas tatsächlich gibt. Der amerikanische Evolutionsbiologe Justin Garcia meint, dass manche Menschen dazu geboren sind, zu reisen, da sie ein Gen in sich tragen, dass sie veranlasst, größere Risiken einzugehen und neue Umgebungen zu erforschen. Dieses Gen, das den Namen DRD4-7r bekommen hat, gibt es laut Garcia bei zwanzig Prozent der Menschen.

Vielleicht sollte ich einen Gentest machen lassen. Aber warum? Es gibt nämlich einen Vorbehalt. Die Biologen sind sich einig, dass kein einzelnes Gen kraftvoll genug ist, um allein ein derart besonderes Verhalten zu beeinflussen oder zu veranlassen. Vielmehr ist es so, dass das Gen zu mehr generellen Charakterzügen führen kann, wie zum Beispiel Impulsivität oder Risikobereitschaft, die wiederum Neigung zu anderen Verhaltensweisen befördern. Es ist nicht nur die Reiselust, die bei denen mit DRD4-7r erhöht ist. Dasselbe Gen verursacht Neugier und die Lust, neue Ideen, Nahrungsmittel, sexuelle Beziehungen oder Drogen auszuprobieren. Kurz gesagt: Es ist das Gen derjenigen, die nach neuen Kicks suchen, das erklären kann, warum ein Fünftel der Menschheit – solche wie ich – dazu neigen, zu Hause unzufrieden zu sein und sich in die Welt hinaus zu sehnen.

Menschen, die dieses Gen tragen, brauchen eine größere Dosis der Substanz Dopamin, um Wohlbefinden zu verspüren. Wie sich das dann ausdrückt, das variiert. Reiselust ist nur eines der Symptome. Neue Aussichten bedeuten neue Gedanken. Wer es zu Hause schwer hat, sehnt sich oft weg – da kann es eine Lösung sein, das Zuhause zu verlassen. Doch das Reisen hat auch einen Nachteil: Es erzeugt eine Sehnsucht, die scheinbar niemals vergehen will und die frustrierend für denjenigen sein kann, der keine Möglichkeit hat, seinen Reisehunger ständig zu stillen, so wie es der Reisenden und Schriftstellerin Isabelle Eberhardt ging. «Als Nomadin werde ich für den Rest meines Lebens in entlegene und unerforschte Orte verliebt sein», stellte sie traurig fest.

Eva Erman zweifelt nicht: Wer allein auf sich gestellt reist, verstärkt seine Fähigkeit des Einlebens und ist besser für verschiedene soziale Situationen gerüstet. «Da passieren nicht die besonders radikalen Dinge, aber es passieren viele Dinge – wenn wir ohne Voraussetzungen reisen, uns Zeit nehmen, uns überraschen lassen, uns neuen Situationen aussetzen, mit lokalen Bussen reisen und versuchen, dicht bei anderen Menschen zu leben», erzählt sie mir auf dem Schulhof, während unsere Kinder, die in eine Klasse gehen, auf dem Klettergestell unterwegs sind.

Schon da, als wir uns das erste Mal begegnen, wird uns klar, dass wir etwas gemeinsam haben. Sie erzählt, wie der Gedanke des Reisens schon in ihr geboren wurde, als sie im Gymnasium zu Beginn der Neunzigerjahre in ein soziales Projekt eingebunden und von der Schule befreit wurde, um nach Kerala in Indien zu reisen und Informationen über Aids zu verbreiten.

«Nach dem Abitur reiste ich nach Tansania, um Swahili zu lernen. Ich trampte herum, arbeitete in einem Kinderheim und begegnete Menschen, die ich nie kennengelernt hätte, wenn ich zu Hause geblieben wäre», erinnert sie sich, während unsere Kinder auf dem Autoreifen hüpfen, der mit einem Seil an einem Metallgestell festgemacht ist und die einzige kleine Seilbahn des Spielplatzes darstellt.

Als sie wieder zu Hause war, legte sich das Reisefieber. Jetzt hat sie das Gefühl, dass es keine Rückkehr gibt. Auch Evas Mann

Niklas ist ein begeisterter Reisender, und natürlich werden wir sofort Freunde. Auf unseren gemeinsamen Frühjahrspicknicks im Park und in unseren Gesprächen, während die Kinder bei ihnen zu Hause auf der Hornsgatan spielten, klärte sich immer mehr das Bild von dieser energiereichen und eifrigen Frau, die so schnell denkt und so rasch und begeistert redet.

Eva hat lange in einer großen Mannschaft Fußball gespielt, und das sehr gut. Nach einigen Jahren kam sie in die schwedische Nationalmannschaft und durfte große Meisterschaften spielen. Aber deshalb gab sie das Reisen nicht auf. Jeden Herbst, wenn die Saison vorüber war und der erste Schnee fiel, fand sie, dass sie nun genauso gut ein paar Monate nach Nepal oder Indonesien gehen könne. Ihre Trainer waren schockiert über dieses unkameradschaftliche Verhalten. Dass man nicht alles für den Fußball tat und die unausgesprochene sportliche Vereinbarung brechen konnte, immer zu trainieren und stets verfügbar zu sein! Doch ihr waren diese Ermahnungen egal. Das Leben ist größer als ein Fußballfeld, dachte sie.

«Es bedeutete in der Praxis, dass ich jeden Herbst ein billiges Aeroflot-Ticket nach Asien kaufte und mehrere Monate lang ohne einen klaren Plan herumreiste. Doch das Reisen begann immer schwierig – später habe ich gelernt, dass das oft so ist. Südasien ist heiß und anstrengend, und da sind überall viele Menschen. Wenn ich an einen neuen Ort kam, fragte ich mich oft: Was mache ich hier eigentlich? Wollte ich ausgerechnet hierher kommen?»

Eva reiste allein, und obwohl sie ein sehr sozialer Mensch ist, fühlte sich das für sie selbstverständlich an. Und für einen jungen, neugierigen und offenen Menschen auf Reisen in Asien gab es natürlich unendliche Möglichkeiten zu Kontakten. «Ich traf andere Reisende, manchmal schloss ich mich ihnen eine Weile an und füllte meine Vorräte mit Erkenntnissen, Bestätigungen, Gemeinschaft und Nähe.» Dann begab sie sich wieder allein auf neue Strapazen.

Die Rucksackreisenden unserer Zeit werden oft von Orten angezogen, wo sie andere Reisende treffen können. Sie schließen sich selbst in die schützende Blase der Jugendherbergen und Billigrestaurants ein – Umgebungen, die zwar nicht so künstlich und vorgefertigt sind wie die der Chartertouristen (und darauf weisen sie auch gern hin), aber dennoch von der Welt draußen abgeschottet. Auf der anderen Seite haben sie nicht genug Geld, um mit etwas anderem als lokalen Bussen und Dritte-Klasse-Tickets im Zug zu fahren. Die knappe Reisekasse setzt Grenzen, schafft dadurch aber auch Möglichkeiten.

«Ich wollte nicht an mit anderen Reisenden vollgepackten thailändischen Stränden bleiben. Ich wollte nicht in den einschlägigen Cafés Banana Pancake essen und im Vollmond am Strand feiern. Ich wollte nach Bangladesch, Kambodscha und Vietnam, in Länder, die immer noch jungfräuliche Gebiete für Reisende aus dem Westen darstellen.»

Tony Wheeler, der Rucksackreisende, der den Reiseführerverlag Lonely Planet gegründet hat, meint, je billiger man reist, desto mehr erlebt man. Eva findet, dass er damit durchaus recht hat. «Wenn man mit einem lokalen Verkehrsmittel reist und in kleinen Pensionaten in Familienbesitz wohnt, erlebt man so unendlich viel mehr, als wenn man von Ort zu Ort fliegt und nur in Hotels wohnt, wo ausschließlich andere Reisende absteigen.»

Doch anfangs fühlten sich die Reisen nicht so wunderbar an, wie wenn sie zu Hause im Bett lag und sich in die Welt hinaussehnte. Es war eine Art Selbstquälerei. Allein mit ihren Zweifeln musste sie auf ihre eigenen Fragen antworten, was sie da eigentlich machte. Sehr oft dachte sie darüber nach, ob es überhaupt richtig war, zu reisen. Wenn sie allein in einem Dorf in Tibet magenkrank wurde oder deprimiert war, dann fühlte sie sich sehr einsam. Aber zu reisen ist wie so vieles andere ein Prozess, davon war sie überzeugt. Wenn es zäh anfängt, wird irgendwann eine Katharsis kommen, ein schmerzhafter Punkt, an dem sich alles wendet.

«Das Reisen erinnert an ein Fußballspiel. Der erste Monat der Reise ist die erste Halbzeit. Der zweite Monat ist die zweite Halbzeit. Und erst in der zweiten Halbzeit ist man richtig drin und auf das Spiel eingestellt. Es ist dasselbe beim Joggen. Das ist verdammt anstrengend, bis man in die richtige Atmung kommt. Doch nur wenn man Durchhaltekraft beweist, werden Verwirrung und Zweifel durch etwas anderes ersetzt.»

Wieder zu Hause kam sich Eva oft wie eine Einzelperson vor, die in der Gemeinschaft anderer unterwegs war. Es war leicht, sich ausgeschlossen zu fühlen, wenn man sah, dass alle um einen herum einen Zusammenhang hatten. Sie gingen zur Arbeit und zur Schule, aßen mit ihren Familien zu Abend und verbrachten Zeit mit ihren Freunden, während sie nur dasaß und ihr ein soziales Netzwerk fehlte. Als Reisende pendelte sie ständig zwischen zwei Arten des Ausgeschlossenseins.

«Ich erinnere mich an das Gefühl von Loneliness, eine aufgezwungene furchtbestimmte Einsamkeit. Aber ich erinnere mich auch an das Gefühl von Solitude, eine selbstgewählte Einsamkeit, in der ich mich stark fühlte. Die Tage des Reisens waren voller Loneliness, doch je länger die Reise währte, desto öfter wuchs in mir ein Gefühl von Solitude. In einem Dorf in China, als alle mich anstarrten und fragten ‹Wer bist du? Was machst du hier? Wo ist dein Mann?›, fühlte ich mich klein und schwach. Aber dann lernte ich neue Freunde kennen und wurde in ihre Gemeinschaft hineingezogen.»

Sie lacht, als sie auf der Picknickdecke im Park liegt und an dem Rotwein nippt, während die Kinder ein Stück entfernt im Gebüsch eine Höhle bauen. «Loneliness wird von kurz währenden Momenten der Solitude mit einem starken Gefühl von Nähe und manchmal sogar Glück übertrumpft.»

Wenn sie im Frühjahr nach Schweden zurückkehrte, fragten ihre Freunde: «Was gibt dir dieses ganze Reisen eigentlich? Wofür soll das gut sein? Bleibt doch mal zu Hause und mach was Vernünftiges!» Für sie war das Reisen ohne Ziel und Sinn verschwendete Zeit, zumal sie auch noch allein war. Da sie keine einfachen Antworten auf ihre Fragen zu bieten hatte, fühlte sie sich durch das Verhalten der Freunde provoziert. «Zu Hause war alles wie immer. Wenn ich mit meinen Freunden Kaffee trank, fragten sie oft, ob der Kaffee da gut und das Wetter schön gewesen sei, dabei wollte ich doch, dass sie fragten, wie die Kultur in Nordindien im Vergleich mit der in Südindien war, und wie ich die Unterschiede in den sozialen Strukturen zwischen Indien und Pakistan erlebt hatte.»

Aber die Freunde waren an ihrer Reise scheinbar nicht interessiert. Stattdessen fragten sie wieder und wieder, ob sie nicht irgendwann einmal genug davon hätte, andauernd zu reisen. Gefiel ihr Schweden nicht? Sei an dem, was man zu Hause habe, irgendetwas auszusetzen? Allmählich begriff sie, dass die sicheren Strukturen und das Unveränderliche zu Hause eine Voraussetzung dafür war, dass sie so viel reisen konnte, wie sie es tat. Sie reiste nicht von etwas weg, sondern zu etwas hin. Wenn das Zuhause für Stabilität steht, wenn es sich leicht anfühlt, dort zu sein, dann ist es auch leicht, es für eine Weile zu verlassen. Hätte sie ein turbulentes Milieu zu Hause erlebt, dann wäre es vielleicht unsicher und schwer gewesen, wegzufahren. So aber konnte sie die Abenteurerin sein, die plötzlich verschwand und ebenso plötzlich wieder zu einem Leben zurückkehrte, wo alles, im positiven wie im negativen Sinne, so war wie immer.

Eines Tages war sie das Fußballspielen leid, verließ die Mannschaft und begann an der Universität Stockholm Wirtschaftswissenschaften zu studieren. Sie war siebenundzwanzig Jahre alt und spürte, dass sich in ihrem Leben nun etwas ändern müsse. Nach mehreren Semestern mit Studien und Prüfungen steuerte sie auf eine Doktorarbeit zu. Je weiter sie kam, desto mehr Zeit für sich hatte sie, und das passte ihr wunderbar. Da konnte sie reisen. Lesen und schreiben kann man überall, warum es also nicht woanders tun als zu Hause. Aber der Professor, der ihre Arbeit betreute, wurde unruhig, als er von ihren Reiseplänen hörte.

«Wie wollen Sie Ihre Arbeit fertig schreiben, wenn Sie auf Reisen sind?», fragte er. Doch sie kümmerte sich nicht um seine Vorbehalte. Sie schrieb den größten Teil ihrer Doktorarbeit im Schneidersitz auf der Erde in einer Hütte in einem Dorf in Asien sitzend oder in einem heruntergekommenen Billighotel in Afrika. Eva fand sogar, sie könne klarer denken und konzentrierter arbeiten, wenn die Umgebung um sie herum nicht so leblos wirkte wie das Arbeitszimmer an der Universität und in der kleinen Wohnung in Stockholm.

Das Reisen war nichts, was sie in ihren akademischen Lebenslauf würde schreiben können, das wusste sie. Aber als sie ein paar Jahre später fertig war und in den Bewerbungsgesprächen für eine Anstellung an der Uni saß, wollte sie dennoch davon erzählen. Sie wollte darlegen, dass die Reisen sie gelehrt hätten, Menschen zu lesen und sich in ungewöhnlichen sozialen Zusammenhängen sicher zu fühlen. Sie wusste nicht, ob das Erfolg hatte. An der Universität geht es eben doch hauptsächlich um die akademischen Arbeiten, die man publiziert hat und nichts anderes. Aber sie bekam die Professur in politischer Philosophie.

Es ist ein Freitagabend im Wohnzimmer bei Eva und Niklas, und die Kinder spielen wild im Flur, so dass der Teppich Wellen schlägt. Wir sprechen über die verschiedenen Reisephilosophien, und ich lasse den Blick über das Bücherregal wandern, von dem einige Meter von Lonely-Planet-Reiseführern und wissenschaftlichen Büchern über Politik und Philosophie besetzt sind. Niklas erzählt, dass er, wenn er an einen neuen Ort in der Welt kam, oft die Frage gestellt hat: «Was kann ich hier tun?», während Eva immer eher fragte: «Was tut ihr hier?» «Der Unterschied zwischen diesen beiden Fragen kann einem klein vorkommen,» sagt er, «aber er ist fundamental.»

Wenn Eva in armen Ländern gereist war, wusste sie, dass sie als ein wandelnder Dollarschein betrachtet wurde. Obwohl sie Backpacker war und einfach reiste, war sie doch in einer extrem privilegierten Situation, ganz gleich, wie dreckig ihre Kleider waren und wie oft sie mit dem lokalen Bus fuhr. Doch gleichzeitig spürte sie, nicht zuletzt in patriarchalen Ländern wie Afghanistan und Pakistan, dass sie als Frau immer den Männern untergeordnet war. Dann wieder war sie aus dem Westen mit weißer Haut und finanziellen Ressourcen, was bedeutete, dass die einheimische Bevölkerung zu ihr aufsah. Ein paradoxes Gefühl.

«Aber ich wollte, dass sie auf etwas anderes sehen als auf meine Geschlechtszugehörigkeit und meine weiße Haut. Wenn ich mit Menschen zusammenkam und bei einer Familie wohnte, versuchte ich immer, ihren Blick an dem vorbeizulenken, was ich darstellte, und stattdessen mich als Person zu sehen und sich zu fragen: ‹Was ist ihre Meinung zum Leben? Welches Essen mag sie, welche Filme, welche Länder und welche Bücher?›» Je länger sie an einem Ort blieb, desto mehr wurde sie wie ein Individuum behandelt und nicht als eine Repräsentantin des Fremdenkollektivs.

Das Reisen genießen zu können, setzt eine glückliche Heimkunft voraus. Die Fahrt zurück war für Eva ein langgezogener Prozess, der ihr wichtig war. «Ohne den Gedanken daran, dass, wenn ich nach Hause käme, dort alles wie immer sein würde, hätte ich das Gefühl der Sicherheit in ungewohnten Situationen, so wie ich es hatte, niemals haben können. Diese Einstellung ist wahrscheinlich sehr schwedisch und zeigt, dass wir sehr privilegiert sind. Wir Schweden leben schließlich in einem Wohlstand, wie es ihn kaum woanders gibt.»

Evas Reisen gingen auch weiter, nachdem sie Niklas kennengelernt, Kinder bekommen und den Job an der Universität angetreten hatte. Doch nun reiste sie auf andere Weise. Mit der Familie wohnte sie zeitweilig im Ausland, um zu forschen. Manchmal reiste sie durch Länder wie Kuba, Tansania, Sri Lanka und Marokko auf die alte Backpackerart – mit lokalen Bussen und Unterkunft zu Hause bei Familien, die Zimmer vermieteten –, doch nicht mehr so lange Zeit wie früher. Und ihr wurde immer wieder klar, wie zufrieden sie trotz allem damit war, in Schweden zu wohnen.

Ihre Freunde glaubten, sie würde ihr Heimatland nicht mögen, doch in Wirklichkeit bewirkten die Reisen, dass ihr Respekt vor dem schwedischen Wohlfahrtsstaat wuchs. Die Wohlfahrt war die Voraussetzung dafür, dass sie überhaupt reisen konnte, und hatte sie nicht nur mit Ressourcen bedacht, sondern sie auch furchtlos gemacht. Die Reisen haben ihr beigebracht, nicht alles für selbstverständlich zu nehmen, sondern Dankbarkeit für das Leben zu empfinden, das uns im Westen möglich ist.

Je mehr sie reiste, desto mehr fühlten sich die Gemeinsamkeiten zwischen verschiedenen Kulturen größer an als die Unterschiede. Es gab eine Gemeinschaft mit Menschen, die eine andere Sprache sprachen als sie. So wie damals, als sie und die Einheimischen in einem Bus in Peru gemeinsam über etwas Verrücktes lachten, das geschehen war. Sie sahen einander an, lachten, schauten und lachten noch mehr.

«Die Reisen», sagt Eva, «waren ein Trainingslager in Sozialisierung, wo ich mit meinen normativen Überzeugungen davon, was richtig und was falsch, was gut und was böse ist, kämpfen musste. Als ich allein herumreiste und in Ländern wie Peru oder

Bangladesch mit der einheimischen Bevölkerung in Kontakt kam, verfeinerte sich mein Weltbild, und ich konnte meine sozialen, psychologischen und moralischen Werkzeuge schleifen.»

Allerdings wird sie auch zwischen zwei Arten, die Welt zu betrachten, hin und her gerissen. Auf der einen Seite nimmt sie die Perspektive der akademischen Forschung ein mit dem Fokus auf den Unterschieden zwischen den Gesellschaften, Kulturen und Völkern. Auf der anderen Seite sieht sie die Welt mit dem Blick des Reisenden, der darauf zielt, dass alle Völker, ungeachtet ihrer Lebensbedingungen, mehr Gemeinsamkeiten als Unterschiede haben.

Humanisten und Soziologen, Leute wie sie selbst, haben oft Probleme, das zu sehen, was der Reisende sieht: wie wir im tiefsten Innern sind. Sie hat entdeckt, dass es Naturwissenschaftlern leichter fällt, diesen Standpunkt einzunehmen, weil sie wissen, dass alle Menschen als biologische Wesen auf dieselbe Weise konstruiert sind.

Die verrückten Reisenden

Der Psychiater Albert Pitre und sein Praktikant Philippe Tissié trafen im Saint-André-Krankenhaus in Bordeaux 1885 auf einen seltsamen Patienten, der weinend seine Leidenschaft für lange Wanderungen und Reisen nach Wien, Prag und Moskau beschrieb. Der Patient hieß Albert Dadas und wurde der Erste in der modernen Medizingeschichte, dem die Diagnose pathologisches Fluchtverhalten gestellt wurde.

Sein manisches Reisen, das von langen Perioden des Gedächtnisverlustes charakterisiert war, begann früh. Er berichtete dem Praktikanten von dem ständigen Aufbruch und allen spontanen Reisen ohne klares Ziel: «Als ich zwölf Jahre alt war und als Lehrling beim Gasunternehmen ML in Bordeaux angefangen hatte, verließ ich plötzlich die Stadt. Meine Nachbarn berichteten meinem Vater, ich sei in Richtung Arcachon gewandert. Mein Bruder machte sich sofort auf, um nach mir zu suchen. Als er mich schließlich fand, war ich in Gesellschaft eines Schirmverkäufers.

‹Was machst du denn bloß?›, fragte mein Bruder und streichelte meine Schulter.

Es war, als würde ich aus einem Traum erwachen, und ich erinnere mich, wie erstaunt ich war, als ich erfuhr, dass ich kein Lehrling im Gaswerk mehr war, sondern ein reisender Schirmverkäufer.

Ich fing wieder beim Gasunternehmen an, und eines Tages schickten sie mich und einen Kollegen los, um Koks zu holen. Ich bekam einhundert Francs ausgehändigt, mit denen ich die Lieferung bezahlen sollte. Am nächsten Tag entdeckte ich erstaunt, dass ich in einem Zug saß und ein Schaffner vor mir stand und um meine Fahrkarte bat. Ich grub in der Tasche, fand eine Fahrkarte, hielt sie hin, und es stand ‹Paris› darauf. Wie hatte ich mir die denn leisten können? Ich wusste es nicht. Dann erinnere ich mich, dass ich auf einer Bank am Gare d'Orléans in Paris lag, ohne zu wissen, wie ich da hingekommen war ...

Ich kehrte zur Arbeit im Gasunternehmen in Bordeaux zurück, wo auch mein Vater und mein Bruder arbeiteten. Mehrere Monate ging es gut. Doch eines schönen Tages befand ich mich plötzlich in Barbezieux. Da ich keine Papiere bei mir hatte, wurde ich festgenommen und ins Gefängnis geworfen. Als die Behörden aus Bordeaux die Nachricht erhielten, wer ich war, wurde ich freigelassen. Aber ich wagte nicht, nach Hause zurückzukehren. Ich bat um Papiere, um nach Paris reisen zu dürfen, und die bekam ich auch.

Als ich in Châtelleraut ankam, hatte ich meine Papiere verloren und wurde wieder festgenommen. Dann bekam ich neue Papiere und fuhr weiter nach Poitiers, Tours und Orléans. Aber in Orléans begegnete ich einem Polizisten, der fand, das Leben als Vagabund wäre falsch und ich solle nach Hause zurückkehren. Ich stimmte ihm zu und bekam ein Freiticket für den Zug, der mich nach Hause nach Bordeaux brachte.

Mein Vater und meine Kollegen meinten, dass es vielleicht Paris sei, das mich wieder und wieder verlockte, abzuhauen. Also schickten sie mich hin. Ich durfte für ML (das Gasunternehmen) auf der Rue Martel arbeiten und wurde im Hôtel de Lyon an der Passage des Petites-Ecuries einquartiert. Ich war sehr glücklich. Zwei Wochen lang arbeitete ich mich großem Enthusiasmus, erhielt meinen ersten Lohn und ... dann haute ich wieder ab. Als ich wieder zu mir kam, befand ich mich in Joinville-le-Point (am östlichen Rand von Paris). Ich wagte nicht, zu meinem Chef zurückzukehren, also wanderte ich weiter. Als ich nach Vitry-le-Français kam, fragte ich nach einer Fahrkarte und bekam sie sofort ... ins Gefängnis, weil ich wieder einmal meine Papiere verloren hatte.

Zwei Wochen später wurde ich frei gelassen und reiste weiter. Châlons-sur-Marne, Chaumont, Vesoul, Dijon, Mâcon, Villefranche. Ich kam nach Lyon, was ich sehr schön fand, vor allem den Place de la Perrache. Ich sah die Bergbahn und fuhr nach Grenoble, wo mir die Promenaden entlang der Isère besonders gut gefielen. Doch in Annecy wurde ich ein weiteres Mal ins Gefängnis geworfen ...

Wieder fing ich an, beim Gasunternehmen daheim in Bordeaux zu arbeiten. Das tat ich drei Monate. Doch eines schönen Tages befand ich mich plötzlich auf einem mir völlig unbekannten Marktplatz. Es stellte sich heraus, dass ich auf dem Place de la Préfecture in Pau (200 Kilometer südlich von Bordeaux) stand.»

Und so ging das Leben von Albert Dadas weiter. Zeiten im Gaswerk wurden von Wanderungen und Zugreisen unterbrochen, an die er sich hinterher kaum mehr erinnerte. Das Muster verlief immer gleich: Er wacht auf und erkennt, dass er sich an einem Ort weit von zu Hause entfernt befindet, ohne zu wissen, wie er dorthin gekommen ist. Irgendwann bekam er schwere Kopfschmerzen und wurde ins Krankenhaus geschickt. Danach ließ er sich vom Militär anwerben und landete im 127. Infanterieregiment in Valenciennes nahe der belgischen Grenze. Doch das änderte nichts an seinem Fluchtverhalten. Ein weiteres Mal verschwand er. Seine Kreise wurden größer. Diesmal fuhr er erst nach Belgien und dann weiter in die Niederlande, nach Deutschland und Österreich.

Er war von der fixen Idee besessen, dass er nach Wien wolle. Als er dorthin kam, gab man ihm einen Job in einem Gasunternehmen, dessen Chef Alberts Vater und seinen Bruder vom Werk in Bordeaux kannte. Doch die Geschichte wiederholte sich. Er verschwand. Plötzlich befand er sich auf einem Dampfschiff die Donau herunter Richtung Budapest. Er kehrte nach Frankreich zurück, doch da er desertiert war, schickten die Grenztruppen ihn nach Valenciennes, wo er zum Küchendienst verdonnert wurde.

Mein Bedürfnis zu reisen quälte mich weiter. Eines Sonntags, als ich die Küche fertig gemacht hatte, bat ich deshalb einen meiner Kameraden, mich zu vertreten, und begab mich nach Condé, wo ich die Grenze nach Belgien zum zweiten Mal überquerte. Danach fuhr ich weiter nach Verviers, Aachen und Köln.

«Ich wanderte nach Regensburg, Passau, Linz und Wien, wo ich ein weiteres Mal beim Gaswerk anfangen konnte ... Doch plötzlich stellte ich fest, dass ich mich in Budweis befand ... In Prag sammelten französische Studenten Geld für mich, ich erhielt acht Florentiner. In Leipzig gab mir der französische Konsul fünf Florentiner. Mein Ticket von Leipzig nach Berlin kostete drei. Dort angekommen ging ich zur Botschaft und zur Société Française. Ich bekam etwas Geld, um in mein Heimatland zurückzukehren. Doch anstatt nach Frankreich zu reisen, begab ich mich nach Posen.

Was soll ich denn jetzt tun?, fragte ich mich selbst. Der Konsul will nichts mit mir zu tun haben. Da kann ich genauso gut einfach drauflos wandern ... Ich reiste in einem Güterwaggon, wo ich mich um die Tiere kümmerte, von Warschau nach Moskau. Dort kam ich an, als der Zar gerade ermordet worden war. Die ganze Stadt war in Aufruhr. Ich hatte lange nichts gegessen und auch schon ewig keinen Job mehr gehabt, und wusste nicht, was jetzt geschehen sollte ... Ich stand da und bewunderte eine Statue von Peter dem Großen mitten auf einem großen Platz, als ein paar Polizisten mit Pickelhauben ein Gespräch mit mir begannen.

‹Ihre Papiere. Wo sind Ihre Papiere?›, fragte einer der Polizisten.

‹Ich habe keine.›

‹Wie versorgen Sie sich?›

‹Auf unterschiedlichste Weise, Herr Polizist. Ich reise viel. Wenn ich Geld habe, gebe ich es aus. Wenn ich kein Geld habe, bettele ich. Wenn niemand mir etwas gibt, hungere ich.›

‹Warum sind Sie in Moskau?›

‹Ich schäme mich, das zu sagen, aber es ist einfach so gekommen. Ich bekomme schreckliche Kopfschmerzen, ich bin aufgeregt, ich verspüre ein starkes Begehren zu reisen, wegzufahren. Ohne zu wissen, was ich tue, haue ich ab, und wenn ich wieder zu mir komme und weiß, wo und wer ich bin, ja, dann bin ich weit weg. Ein Beweis dafür ist, dass ich vor einigen Monaten in Valenciennes war. Und jetzt bin ich hier.›

‹Da besteht kein Zweifel›, sagte der Polizist. Danach packte er mich und schubste mich und zerrte mich mit. Ich protestierte.

‹Was werden Sie mit mir tun?›

‹Ins Gefängnis mit dem Nihilisten!›, schrie der Polizist.

Ich war ein Nihilist, ohne das zu wissen.»

Die russischen Behörden verwiesen Albert des Landes. Sie begriffen, dass er Franzose war, aber da die französischen Behörden nichts von ihm wissen wollten, wurde er zusammen mit anderen Nihilisten und unerwünschten Personen zur türkischen Grenze geschickt, um von dort aus dem russischen Reich ausgewiesen zu werden. Sie wanderten tagelang. Am Grenzposten erklärte ihm der Kosake, der Chef der Ausweisungspatrouille war, dass, wenn er noch einmal seinen Fuß auf russischen Boden setzen würde, er in ein Gefangenenlager nach Sibirien geschickt werde.

Albert wanderte wochenlang, schlief zu Hause bei Fischern und bettelte um Brot. Am Ende kam er nach Istanbul oder Konstantinopel, wie es damals noch hieß, wo er in der internationalen Herberge gut aufgenommen wurde. Man entlauste und wusch ihn, er bekam saubere Kleider und Essen. Vom französischen Konsul in der Stadt erhielt er ein Eisenbahnbillett, Geld und einen Zettel, auf dem stand, das Zugpersonal solle sich um ihn kümmern, da er kein Türkisch spräche.

Albert kehrte in Wien in die Gasfabrik zurück, wo er schon früher gearbeitet hatte, und wurde ein weiteres Mal angestellt, auch wenn sein Chef ihm die Geschichten von der Ausweisung aus Russland und der langen Wanderung nach Konstantinopel nicht glaubte. Eines Sonntags traf er in Wien im Prater auf einen Franzosen, der ihm von der Schweiz und ihren phantastischen schneebedeckten Bergen erzählte. Der Gedanke, die Berge sehen zu können, ätzte sich in Alberts Vorstellung ein, so dass er nicht aufhören konnte, daran zu denken. Ein weiteres Mal verließ er Wien und landete nach einer Weile in Basel, wo der französische Konsul ihn mit neuen Reisedokumenten versah. Wieder in Frankreich angelangt, kümmerte sich die Polizei um ihn und schickte ihn zurück zum Regiment in Valenciennes.

Am 24. November 1882 wurde Albert Dadas zu drei Jahren harter Zwangsarbeit verurteilt, da er zweimal mit Uniform und Waffe desertiert war. Sein Anwalt argumentierte, er sei nicht Herr seiner Sinne gewesen, er habe oft Kopfschmerzen und komme darüber hinaus aus einer angesehenen Familie. Doch es half nicht. Er wurde in das Militärlager Portes-de-Fer in Algerien geschickt, wo man ihm den Kopf rasierte, was schrecklich weh tat, weil er am Kopf besonders empfindlich war, wie er oft betonte.

Am französischen Nationaltag 1883 wurde er begnadigt. Er kehrte nach Bordeaux zurück und bekam wieder eine Stellung beim Gaswerk. Seine Familie war froh, dass der verlorene Sohn zurückgekehrt war. Albert versprach, sich nun anständig aufzuführen. Er lernte eine Frau kennen, die er sehr mochte, und die Familie arrangierte eine Heirat. Albert freute sich auf das Glück des Familienlebens und darauf, von seinem Fluchtverhalten und seiner seltsamen Wanderlust befreit zu sein.

Einige Jahre lang verhielt er sich ruhig. Doch am 18. Juni 1885 verschwand er wieder. Anfang September wachte er in einem Krankenhaus in Verdun auf und hatte keine Ahnung, wie er dort hingekommen war und was er seit Juni getan hatte. Jetzt war es ernst, und er wurde als richtig krank eingestuft und nicht nur als ein ungewöhnlich reisefreudiger Vagabund, der seine Papiere nicht in Ordnung halten konnte. Eine Reisevollmacht wurde ausgefertigt und Albert wurde mit Begleitung zurück nach Bordeaux geschickt.

Im Januar 1886 wurde er ins Saint-André-Krankenhaus in seiner Heimatstadt gebracht. Doch schon im Februar büxte er aus und wurde hundert Kilometer südlich in Labouheyre aufgegriffen. Der Bürgermeister der Stadt hatte Mitleid mit dem immer verwirrter werdenden Mann und gab ihm einen Schein für freie Logis in der Herberge und riet ihm, danach so schnell wie möglich nach Hause zurückzukehren. Doch Albert reiste nicht heim, sondern stattdessen weiter nach Süden nach Pau und dann nach Tarbes und Ilos am Fuße der Pyrenäen, nahe der spanischen Grenze.

Erst Ende April kam er wieder ins Krankenhaus in Bordeaux. Da verlegte man ihn in die Abteilung von Professor Albert Pitres, und er durfte mit dessen Assistenten Philippe Tissié reden, der im Journal eintrug, nun würde die klinische Beobachtung dieses «neuen wandernden Juden» beginnen, womit er sich auf Ahasverus bezog, einen Schuhmacher in Jerusalem, der Jesus auf seinem Weg nach Golgatha verspottet hatte und deshalb verdammt worden war, auf ewig in der Welt umherwandern zu müssen.

Albert Dadas mit seinem zwanghaften Drang, wegzugehen, wurde der erste klinisch diagnostizierte «Verschwinder». Philippe Tissiés Gespräch mit ihm ging in eine Doktorarbeit «Les aliénés voyageurs» («Die verrückten Reisenden») ein, und es wurde eine neue psychiatrische Diagnose beschrieben, die als Fugue (von dem französischen Wort für Flucht), das heißt als eine «krankhafte Sehnsucht, fremde Länder zu sehen» oder als «unwiderstehliches Drängen, zu vagabundieren» bezeichnet wurde. Mit der Debatte um die Ursachen der Krankheit brach in Frankreich und Norditalien eine Fugue-Epidemie aus.

Im Europa der 1880er-Jahre wurden Hysterie und Epilepsie als die zwei grundlegenden seelischen Krankheiten angesehen. Alle psychiatrischen Diagnosen sollten am besten auf eine dieser beiden Krankheiten zurückgeführt werden. Tissié und die anderen Ärzte in Bordeaux meinten, Fugue gehöre zu den hysterischen Beschwerden, während ihre Kollegen in Paris der Meinung waren, dass es sich eher um eine Form der Epilepsie handele.

Begriffe für psychische Störung gibt es praktisch in allen Kulturen, und für gewöhnlich beschreiben sie etwas, das von dem, was man als normal betrachtet, abweicht. Aber kann übertriebenes Reisen tatsächlich als Krankheit bezeichnet werden? Es ging Albert Dadas mit seinem manischen Verschwinden und den Gedächtnisverlusten offensichtlich nicht gut. Aber man könnte auch sagen, dass seine Diagnose den Behörden recht gelegen kam. Menschen, die aufgrund von Armut auf die Straße hinausgetrieben waren, konnten immer wegen Hausierens verhaftet werden. Fugue war nun aber eine praktische Diagnose für alle bürgerlichen und gebildeten Männer – es ging hier fast immer um Männer –, die genau wie die armseligen Landstreicher Wanderlust verspürten. Mit einer Diagnose konnte man die Motive des Bürgertums von denen der armen Landstreicher abgrenzen. Die Diagnose wurde zu einer Klassenmarkierung.

Jean Martin Charcot, Professor für Neurologie am La Salpêtrière-Krankenhaus in Paris und einer der Lehrmeister von Freud, hatte einen Patienten, der Mén hieß und ebenfalls die Diagnose Fugue erhalten hatte. Als Mén auf einer seiner als krank bezeichneten Wanderungen unterwegs war, wurde er von der Polizei aufgegriffen. Sie entdeckten, dass er siebenhundert Francs bei sich trug, gingen davon aus, dass er das Geld gestohlen hatte und nahmen ihn fest. Erst sechs Tage später konnte der reiche Vagabund wieder freigelassen werden, nachdem man an seine Heimatstadt telegrafiert und klargestellt hatte, dass Mén sein Geld ehrlich verdient hatte und außerdem geordneten Verhältnissen entstammte. Charcot schlug nach diesem Ereignis vor, dass alle Patienten mit Fugue ein offizielles, von einem Doktor unterzeichnetes Zertifikat mit sich tragen sollten, aus dem hervorging, dass die Person an einer Krankheit leide und kein armer Landstreicher sei.

Sigmund Freud, der von Charcot stark beeinflusst war, hatte selbst keine große Lust zum Reisen. Am allerwenigsten mochte er das Zugfahren. Wenn er einen Bahnhof betrat, brach ihm der kalte Schweiß aus, und wenn er nicht sofort umdrehte, überfielen ihn Herzrasen und Angstzustände. Auch Freuds Angst vor der Eisenbahn hatte einen Namen: Siderodromophobie. Natürlich könnte man gut über die sexuellen Motive hinter seiner Zugangst spekulieren und über die Furcht, in Tunnel hinein- und wieder hinauszufahren, doch wahrscheinlich handelte es sich eher um ein klaustrophobisches Gefühl, keine Kontrolle über die Fahrt zu haben, eine Angst, die heutzutage viele Flugreisende heimsucht. Sicherlich waren die Symptome ebenso leicht zu bekämpfen wie Flugangst. Etwas kognitive Verhaltenstherapie, also ein kontrolliertes und allmähliches Gewöhnen, und die Angst wäre weg gewesen. Aber das konnte der Vater der Psychoanalyse ja nicht wissen.

Die Diagnose Fugue oder Dromomanie (manisches Reisen), wie die Krankheit auch genannt wurde, kulminierte während der Belle Epoque um die vorige Jahrhundertwende. Dass diese Diagnose gerade in der Zeit Mode wurde, dafür gibt es sowohl kulturhistorische wie auch soziologische Erklärungen, wie der kanadische Philosoph Ian Hacking in seinem Buch «Mad Travellers» (1998) schreibt.

In großen Teilen des französischen Bürgertums herrschte ein Gefühl der Ereignislosigkeit, Langeweile und Gleichgültigkeit. Dank ihres Wohlstandes mussten diese Menschen nicht täglich um ihr Überleben kämpfen. Das Reisen oder in extremen Fällen das Verschwinden wurde zu einer Methode, der Tristesse zu entkommen. Der Philosoph Immanuel Kant wusste schon, was mit dem Menschen geschieht, wenn er nicht länger um sein Dasein kämpfen muss. Das Beste, was Adam und Eva geschehen konnte, so Kant, war, dass sie aus dem langweiligen Paradies geworfen wurden. Und August Strindberg schildert in seinem Stück «Mit dem Feuer spielen» von 1892 die bürgerliche Tristesse, wo es um eine Familie geht, deren Vater seit zehn Jahren Rentier ist und nicht arbeiten muss, und wo man isst, schläft und auf sein Ableben wartet. Die Schwiegertochter ist von dem monotonen Leben ohne Arbeit, Sinnesanregungen und Aktivität so gelangweilt, dass sie bereit wäre, alles zu tun, wenn nur etwas geschehen würde: «Wisst ihr, ich bin manchmal so schlimm», sagt sie, «dass ich mir eine große Trauer wünsche, dass eine Seuche käme, eine Feuersbrunst und ... (sie senkt die Stimme und flüstert) dass mein Kind stürbe! Dass ich selbst stürbe!» Das ist natürlich übertrieben formuliert, damit wir es begreifen, doch die Gefühle, die das Theaterstück beschreibt, sind eine Diagnose für die seelische Verfassung des Menschen, wenn der Kampf ums Überleben nicht mehr vorherrschend ist.

Der französische Staat hegte im 19. Jahrhundert große Ambitionen, was die Kontrolle seiner Bürger betraf. Man war gezwungen, einen Pass bei sich zu tragen – jene «Papiere», die Albert Dadas ständig verlor –, sowie man seine Heimatregion verlassen wollte. In den Jahren um 1870/80 wurden zudem ständig neue Gesetze gegen Landstreicherei oder «Vagabondage», wie es auf Französisch heißt, erlassen. Landstreicher wurden zunehmend als gesellschaftliches Problem betrachtet. Alle, die sich außerhalb ihres Heimatortes aufhielten, konnten jederzeit von der Polizei angehalten werden, dann wurde kontrolliert, ob ihre Papiere in Ordnung waren, und war das nicht der Fall, dann wurden sie ins Gefängnis geworfen oder, wie im Fall von Albert Dadas, ins Krankenhaus gebracht.

Landstreicherei wurde als Zeichen für die Degenerierung der französischen Rasse betrachtet, und es gab eine breite Unterstützung für den Versuch, zu verhindern, dass Landstreicher sich vermehrten und auf diese Weise ihre «kranken» Gene verbreiteten. Ein Arzt in Lyon ging sogar so weit, vorzuschlagen, dass Landstreicher «aus der Gesellschaft eliminiert werden sollten, weil sie schädlich» seien.

Danach kam der Erste Weltkrieg mit Granatenschocks und anderen Kriegstraumata und dann die Nachkriegszeit mit der verlorenen Generation und anderen depressiven Zuständen – und die manischen Vagabunden wurden immer seltener, zumindest in den Krankenakten. Staat wie Bürger hatten andere Sorgen.

Wie war das in Schweden? Karin Johannisson, Professorin für

Ideen- und Medizingeschichte an der Universität Uppsala, hat darauf hingewiesen, dass man in der schwedischen Militärpsychiatrie zu Beginn des 20. Jahrhunderts von der Diagnose des krankhaften Reisens durch die französischen Kollegen beeinflusst war. Doch die schwedischen Ärzte waren der Meinung, dass es wichtig sei, zu unterscheiden. Die Verschwinder, so wie Albert Dadas, musste man abgrenzen von solchen, die wie die Zigeuner und anderes fahrendes Volk sowie die Landstreicher zu einem geregelten Leben nicht fähig waren; man musste sie aber auch unterscheiden von den moralisch verwerflichen Deserteuren und von den weichen Muttersöhnchen der Nostalgiker (die sich nach Hause sehnten). Freiheitssehnsucht musste also präzisiert werden. Während der Nostalgiker nach seinen Wurzeln Sehnsucht empfand, wollte der Verschwindertyp sie am liebsten abschneiden. Der Verschwinder wurde von geheimnisvollen und esoterischen Zielen angezogen und musste deshalb als ein Provokateur betrachtet werden, der den Traum von der Flucht, den es latent in jedem Menschen gäbe, projiziere.

Albert Dadas landete mitten zwischen dem romantischen Tourismus und der bedrohlichen Landstreicherei. Tourismus stand für Freizeit, Genuss und Phantasieflucht, aber Landstreicherei für die Angst vor dem Unterbewussten, so Johannisson: «Die Spannung zwischen diesen beiden Polen erklärte sich aus dem ambivalenten Verhältnis zum Projekt der Modernität: von den Forderungen des Fortschritts nach Rationalität und Disziplinierung eingefangen zu werden und gleichzeitig diesen Forderungen entfliehen zu wollen, indem man an andere Orte, in andere Landschaften und Kulturen, durch andere Träume, Erinnerungs- und Gefühlsräume reist. Die Reise symbolisierte Freiheit, doch eine Freiheit, die sich immer zu dem verhielt, das verlassen wurde, und niemals eine soziale Degradierung riskierte. Die Rückkehr in die Ordnung war der selbstverständliche Schluss dieser Erzählung.» Seither ist das Fluchtverhalten demokratisiert, normalisiert und auch in Pakete geschnürt worden. Es ist nicht mehr nur der Oberschicht vergönnt, abzuhauen. Das Verlangen, welches das von der Arbeit befreite Bürgertum vor mehr als hundert Jahren verspürte, ist heute allgemein akzeptiert und hat sich auf die breite Mittelschicht ausgedehnt. Das verzweifelte Bedürfnis nach Veränderung, wenn auch nur vorübergehend und an der Oberfläche, ist ganz einfach eine Erklärung dafür, dass wir immer umfassendere Küchenrenovierungen planen und uns immer weiter führende Auslandsreisen leisten.

Auch wenn die Diagnose Fugue nach dem Ausbruch des Ersten Weltkriegs drastisch zurückging, lebte die Angst vor dem planlosen Reisen immer noch als ein Drohbild weiter. Noch in den Vierzigerjahren konnte ein allzu fleißiges Vagabundieren in Schweden zur Zwangssterilisierung führen. Ein guter Bürger gab sich nicht dem verantwortungslosen Herumstreunen hin. Ein guter Bürger war ordentlich, arbeitsam und sesshaft.

Und noch heute existieren Spuren von dieser Diagnose. In der Klassifizierung der Sozialbehörden über aktuelle Diagnosen wird sie Dissoziative Fugue genannt und wird als zielgerichtetes, unnormales Reisen mit Gedächtnisverlust bezeichnet (Klassifizierung von Krankheiten und Gesundheitsproblemen; systematische Auflistung 1997).

Es kommt auch vor, dass moderne Rucksacktouristen in ein Reisen geraten, das man eher von Angst getrieben als lustvoll nennen möchte. Ich habe viele Reisende kennengelernt, die niemals den Weg nach Hause anzutreten scheinen und die weitermüssen, weil sie es sonst nicht aushalten. Oft äußern sie sich negativ über ihre heimatliche Umgebung und ihren Ursprung. Sie spüren, dass sie in ihre Umgebung zu Hause nicht hineinpassen, und das Reisen ist zur Medizin gegen die innere Trauer geworden. So war es für den Dichter Charles Baudelaire, der schrieb:

«Wagen, nimm mich mit! Schiff, schmuggle mich hier fort! Bring mich weit, weit fort. Die Erde hier ist von unseren Tränen gemacht!»

Vor der Reise: Rastlosigkeit zu Hause, das Gefühl, dass das Leben doch mehr zu bieten haben muss als das hier. Im Moment des Abreisens: Angst, Zittern, Schmetterlinge im Bauch. In der ersten Konfrontation mit dem Fremden: Verwirrung, das Gefühl der Unwirklichkeit. In den besten Stunden des Reisens: ein euphorisches Gefühl der Leichtigkeit. Nach einem Jahr auf Reisen: Angst kommt zurück, denn man kann ja von seinem Zuhause wegfahren, aber niemals vor sich selbst.

Wann wurde Reisen verrückt? Oder: Wann begannen psychisch Kranke damit, ihre Krankheit durch Reisen auszudrücken? Wenn man wie Albert Dadas deprimiert ist und nichts von seinen Reisen in Erinnerung behält, muss das natürlich als psychische Krankheit klassifiziert werden. Es kann in einem systematischen Vermeiden von etwas Schmerzhaftem im Heimatmilieu begründet sein oder in dem Versuch, die inneren Schmerzen zu lindern. Wenn wir das Verhalten manisch nennen, haben wir den Patienten per definitionem für krank erklärt. Da klingt die deutsche Diagnose für Patienten wie Albert Dadas bedeutend romantischer: Wandertrieb.

Die Frage ist nun, wo die Grenze verläuft zwischen intensivem Reisen, dem sich zum Beispiel die verehrten Entdeckungsreisenden des 19. Jahrhunderts mit teuren Expeditionen widmeten, und dem pathologischen Fluchtverhalten, wie die Diagnose für Albert Dadas lautete. Die Geschichte zeigt, dass Menschen aus der Umgebung der Reisenden nicht immer zuverlässig sind, was ihre Beurteilung dieser Frage angeht. Sowohl Individuen als auch Staaten mit großem Kontrollbedürfnis haben schon immer gefunden, dass fleißige Reisende auf die eine oder andere Weise aufgehalten werden müssten.

Vielleicht litt auch Alexandra David-Néel an Dromomanie. 1873, als sie erst fünf Jahre alt war, verschwand sie zum ersten Mal aus dem Zuhause im vornehmen Pariser Vorort Saint-Mandé. Ihr Vater war beschäftigt und merkte nichts. Und ihre Mutter vermochte sich nicht aus ihren großen Kissen zu erheben, auf denen sie lag und belgische Schokolade aß. Das Kindermädchen war es, das entdeckte, dass Alexandra weg war, und sie zu suchen begann. Schließlich fand es das Mädchen im Wald von Vincennes. Ein Wächter hatte Alexandra gerade aufgegriffen und hielt das Kind an der Hand.

«Alexandra, wo warst du?», fragte das Kindermädchen.

«Ich bin auf Entdeckungsreise in den Wald gegangen, um meinen ganz eigenen Baum zu finden», antwortete das Mädchen beleidigt, als wäre es ihr vollstes Recht, von zu Hause zu verschwinden, um die Welt auf eigene Faust zu erkunden.

Alexandra stand bereits auf Kriegsfuß mit ihrer Familie. Ihre Antwort, dass sie abgehauen war, um ihren ganz eigenen kleinen Teil der Welt zu erforschen, sollte ein Signum ihres weiteren Lebens werden. Sie liebte es zu verschwinden. Sie suchte gern nach etwas, was sie noch nicht hatte. Vielleicht wollte sie damit ihre Mutter ärgern, die sich nicht um sie kümmerte. Die Mutter hatte immer einen Sohn haben wollen, der dann katholischer Bischof hätte werden sollen. Ein Mädchen aber konnte nicht Bischof werden.

Glücklicherweise interessierte sich wenigstens Alexandras Vater ein wenig für sie. Erst wollte er überhaupt keine Kinder, aber da er nun schon mal eines hatte, nahm er seine Tochter mit auf den Friedhof Père Lachaise, um die Gräber anzuschauen und um der Republikaner zu gedenken, die in der Februarrevolution 1848 und während der Pariser Kommune 1871 gefallen waren. Immerhin unternahm er etwas mit ihr. Ein Glück war auch, dass ihre Eltern genügend Geld hatten, um eine Kinderfrau zu bezahlen, die auch als Privatlehrerin fungierte, sich um die Tochter kümmerte und sie jedes Mal, wenn sie abhaute, wieder zurückholte.

Alexandras Mutter, die Katholikin war, sorgte dafür, dass die Tochter katholisch erzogen wurde, während der Vater, der Hugenotte war, sie heimlich getreu seiner protestantischen Tradition taufen ließ. Doch Alexandra wurde weder noch. Sie sollte ihr Leben ganz anderen Lehren widmen.

Im Jahr ihres Ausflugs in den Wald von Vincennes emigrierte die gesamte Familie nach Belgien. In einem Sommer, als Alexandra gerade fünfzehn Jahre alt war, waren sie in Oostende in Urlaub. Da haute sie wieder ab. Sie verschwand einfach. Weg!

«Alexandra!» rief die Kinderfrau wieder und wieder, ohne eine Antwort zu erhalten.

Alexandra hatte bereits angefangen zu wandern. Sie ging hundertzwanzig Kilometer nach Norden zur Hafenstadt Vlissingen in den Niederlanden und versuchte, an Bord eines Schiffes nach England zu gelangen. Doch sie hatte keine Fahrkarte und kein Geld und musste am Kai zurückbleiben. Enttäuscht wanderte sie wieder zur Sommerresidenz der Familie zurück.

Es war selbstverständlich, dass Alexandra David sich niemals für ein gewöhnliches bürgerliches Familienleben entscheiden würde. Genau wie Charles Baudelaire empfand sie einen Schauder davor, zu Hause zu sitzen, und begann, sich immer mehr in die Welt hinaus zu sehnen. Vor allem nach Osten. Noch ehe sie zwanzig Jahre alt war, hatte sie schon allein England, die Schweiz und Spanien besucht und war Mitglied in Madame Blavatskys neugeistiger Theosophischer Gesellschaft und in verschiedenen feministischen und anarchistischen Gruppen.

Zusammen mit einem Freund der Familie verfasste sie ein anarchistisches Manifest und steuerte Texte zur feministischen Zeitschrift «La Fronde» bei, wo sie behauptete, dass die wirtschaftliche Befreiung der Frau wichtiger sei als das Wahlrecht für Frauen.

Frauen, die sich versorgen könnten, würden automatisch frei sein zu tun, was sie wollten, argumentierte sie und kritisierte damit die Oberschichttöchter der Frauenbewegung, die von ihren Vätern und Männern versorgt waren und die Bedingungen des Kampfes der Frauen um eigene Versorgung nicht verstanden: «Diese liebenswerten Vögelchen in ihren teuren Gefiedern.»

Doch Alexandra begnügte sich nicht damit zu schreiben und zu reflektieren, sie wollte agieren. Sie wollte nicht nur alle neuen spannenden Gedanken der Zeit diskutieren, sie wollte sie praktizieren. Sie wollte nicht nur von fremden Ländern lesen, sondern dorthin reisen. Ihre Sehnsucht, die Welt kennenzulernen, könnte man ebenso leidenschaftlich wie auch neurotisch nennen. Sie verschwand weiterhin, um ihre Umgebung zu erforschen, und die Familie musste mit Hilfe der Polizei wieder und wieder nach ihr suchen lassen.

Ein Erbe, das sie im Alter von zweiundzwanzig Jahren erhielt, ermöglichte es ihr, mit dem Schiff nach Indien zu reisen, wo sie den Guru Swami Bhaskarananda aufsuchte, um Einblick in die hinduistische Philosophie zu bekommen. Ihre Neugier auf fremde Religionen war unstillbar, ebenso wie ihre Mehrfachbegabung. Sie reiste nach Asien und Nordafrika, studierte den Koran und arbeitete als Opernsängerin in Hanoi in Französisch Indochina wie auch in Athen und Tunis. An jedem Ort blieb sie maximal zwei Jahre, dann wollte sie weiter. Ihr Eifer, mehr von dem zu erfahren, worüber sie gelesen hatte, übertrumpfte ständig ihr Bedürfnis nach festen Routinen und Regeln.

In Tunis lernte sie ihren zukünftigen Ehemann kennen, und im Alter von sechsunddreißig Jahren heiratete sie den Eisenbahningenieur Philippe Néel. Doch das bedeutete nicht, dass ihr Umherreisen beendet war. Im Gegenteil. Schon nach einigen Monaten war sich das Paar einig, dass ihre Ehe nicht so war wie die in den bürgerlichen Kreisen ihrer Freunde. Alexandra wollte reisen und wandern und nicht sitzen und klöppeln und sticken. Philippe unterstützte sie in ihrer Selbstverwirklichung. Dreiundvierzig Jahre alt begab sie sich auf ihre zweite Indienreise. Zu Philippe, der regelmäßig Geld schicken sollte, sagte sie, dass sie nach einem Jahr zurückkommen würde. Es dauerte vierzehn Jahre, bis sie nach Hause kam.

Ihr Interesse für den Buddhismus im Allgemeinen und Tibet im Besonderen vertiefte sich mit den Jahren. In einem Kloster im Himalaya traf sie den Mönch Aphur Yongden, den sie als Sohn und Erben adoptierte. Gemeinsam gingen sie auf Pilgerreisen und wurden, nicht zuletzt seit Alexandra ihr bereits recht dunkles Haar schwarz gefärbt hatte, um wie eine echte Tibetanerin auszusehen, Teil der einheimischen Bevölkerung. Obwohl Tibet für Ausländer abgeriegelt war, gelang es ihr und Yongden, 1924 zur verbotenen Stadt Lhasa zu wandern. Über diese Wanderungen hat sie in «Reise einer Pariserin nach Lhasa» und «Unter Magikern und Mystikern in Tibet» geschrieben.

Ihre Reiselust hörte nie auf. Sogar als sie schon hundert Jahre alt war, ließ sie sich noch einen neuen Pass ausstellen. Man weiß ja nie, wann es Zeit ist, mal wieder zu verschwinden, mag sie gedacht haben. Da war es am besten, wenn man vorbereitet war! Doch kamen keine weiteren Auslandsreisen mehr. Kurz vor ihrem einhundertersten Geburtstag starb sie in ihrem Zuhause in den südfranzösischen Alpen. Doch nicht einmal da war das Reisen zu Ende. Denn 1973, vier Jahre nach ihrem Tod, nahm eine Freundin die Urne unter den Arm und reiste ins indische Varanasi, wo sie Alexandras Asche in den Ganges streute.

Alexandra begann ihre Reisekarriere genau wie Albert Dadas, indem sie von zu Hause abhaute. Doch da Alexandra Bildung und finanzielle Ressourcen zur Verfügung hatte und ein klares Ziel mit ihrem Verschwinden verfolgte (die Suche nach Wissen und geistiger Einsicht), konnte sie ihre Rastlosigkeit zu etwas

Konstruktivem benutzen, auch wenn ihr Mann irgendwann keine Lust mehr hatte, ihr Geld zu schicken.

Hingegen der arme Albert Dadas! Er hatte keine spannenden Wissenserweiterungsprojekte in der Hinterhand, die seine Umgebung dazu gebracht hätten, sein Verhalten zu verstehen. Und auch keine verständnisvolle Ehepartnerin, die Geld und ermunternde Briefe schickte. Er haute einfach ab, pleite und verwirrt. Kein Wunder, dass es ihm schlechter erging und er am Ende in einer psychiatrischen Klinik eingesperrt wurde. Nach ihren Lebensgeschichten zu urteilen, litt Albert an einer schwereren Variante der Dromomanie als Alexandra. Oder waren es doch nur die Klasse und die Bildungstraditionen, die sie unterschieden?

Die Schilderungen von Alexandras Leben betonen ihre Stärke, ihre Sturheit und ihren Mut. Bei Albert geht es um einen Menschen, der sich selbst verloren hatte. Während Alexandra in die Geschichte als Freiheitssymbol, heroische Reisende und feministische Ikone eingegangen ist, muss Albert sich damit zufriedengeben, den Grund für eine psychiatrische Diagnose gegeben zu haben, die Leute betrifft, die so viel reisen, dass es sie selbst und ihre Nächsten leiden lässt.

Sicherheit

September 1996. Auf der griechischen Insel Spetses gehe ich zur Bank, um das letzte Geld von meinem schwedischen Konto abzuheben. Doch ich muss festzustellen, dass ich mich verrechnet habe und das Konto leer ist. Ich habe ein Flugticket nach Hause von Athen aus, doch das Schiff dorthin kostet bedeutend mehr Drachmen als die wenigen Münzen, die in meiner Tasche klimpern.

Ich stolpere auf das Kopfsteinpflaster der Gasse hinaus. Jetzt bin ich richtig pleite. Das Gefühl vogelfrei zu sein, der schönste Zustand des Urlaubsnomaden, fühlt sich nicht mehr befreiend an, sondern lähmend. Ich lasse mich auf dem steinigen Strand nieder und lehne mich an meinen Rucksack, rauche die letzte Zigarette und versuche, meine Gedanken zu sammeln. Eine Fähre nach der anderen legt vom Kai nebenan ab, hupt wehmütig und verschwindet, einen Schwanz von schwarzem Dieselrauch hinter sich herziehend, Richtung Piräus. Aber ich bin noch auf der Insel, und das Süße des Reisens hat binnen Kurzem einen bitteren Geschmack bekommen.

Stundenlang treibe ich mich hungrig in den Gassen herum, lese die Beschreibungen von leckeren Mahlzeiten vor den Restaurants und schaue mir die Waren der Läden an, die verführerisch leicht zu greifen in unbewachten Körben liegen. Ein Kinderspiel wäre es, sich einfach etwas zu nehmen und dann weiterzugehen, als ob nichts geschehen wäre.

Es dauert nur ein paar Stunden, bis ich anfange darüber nachzudenken, etwas zu stehlen und natürlich gleichzeitig auch die moralische Rechtfertigung des geplanten Diebstahls zu formulieren. Ich habe schließlich nichts zu essen, und wer in Not ist, gehorcht anderen ethischen Gesetzen als derjenige, der versorgt ist, rede ich mir ein. Alles steht mir klar vor Augen.

Aber ich bin ja kein einsamer, ausgestoßener Flüchtling auf der Wanderung durch die Welt. Als hätte ich vergessen, woher ich komme. Als wäre ich verhext worden und mit einem Mal in einen Landstreicher verwandelt. Ich bin doch, zum Glück, nur ein Urlaubslandstreicher.

Ich gehe zu einer Telefonzelle, werfe meine letzten Münzen ein und rufe zu Hause an. Doch, ich kann Geld leihen und es auf mein Konto überweisen lassen. Doch noch ist meine vorübergehende Armut nicht bekämpft. Es gibt noch einen Moment der Unsicherheit. Wir lange wird es dauern, bis das Geld auf meinem Konto auftaucht? Morgen ist Samstag. Ich kann nur hoffen, dass es nicht bis Montag dauert, bis die Überweisung registriert ist. Wenn das Geld noch länger braucht, werde ich am Strand schlafen und Brot und Obst aus den Körben vor den Lebensmittelgeschäften stehlen und abwarten müssen. Ich werde nicht sterben, aber es könnte anstrengend und unbequem und demütigend sein, mit trockenen Lippen und staubigem Rucksack da auf dem Steinstrand liegen und dämmern zu müssen und frisch geduschte, schick gekleidete Touristen auf der Strandpromenade vorbeiflanieren zu sehen.

In der brennend heißen Nachmittagssonne gehe ich mit schweißnassen Handflächen und klopfendem Herzen zurück zur Bank, um noch einmal bei dem untersetzten Bankangestellten im Anzug, der immer noch hinter dem Schreibtisch mit dem Schild «Cash withdrawal» sitzt, zu versuchen, Geld abzuheben.

Der Angestellte ruft die Hauptstelle in Athen an und fragt etwas auf Griechisch. Er bekommt eine Antwort, die er lange und gründlich anhört. Nervös denke ich: Wie viele Sätze braucht man eigentlich, um zu sagen «ist gedeckt» oder «ist nicht gedeckt»? Was ist denn falsch? Ist mein Konto gesperrt worden? Werde ich jetzt als Betrüger betrachtet? Seht doch nur meine zerschlissenen und staubigen Sandalen an und das schmutzige T-Shirt! Was hat einer, der so aussieht wie ich und noch nicht mal für sich bezahlen kann, denn noch an menschlicher Würde?

Endlich legt er auf. Er sieht mich mit regungsloser Miene an und sagt lakonisch:

«Ja.»

Ich erwidere seinen Blick in gleicher Weise. Ich wage noch nicht zu glauben, was ich da gehört habe.

Dann erklärt er:

«Mr. Andersson, Ihr Konto ist jetzt gedeckt.»

Ich bin nicht länger verloren und ausgestoßen. Ein ganzer Tag mit Diebstahlsplanungen ist vorüber. Mein neu entworfenes moralisches System, das darauf zielt, dass ein schwedischer Inselhopper ohne Geld das Recht hat, zu nehmen, was er braucht, um seinen Hunger zu stillen, kann wieder abgewickelt werden. Das starke Gefühl des Ausgeliefertseins beginnt schon, sich in eine romantische Abenteuererinnerung zu verwandeln. Einen Moment lang fühlte ich mich unsicherer denn je zuvor. Aber jetzt bin ich wieder dabei und bekomme meine Belohnung in Form der Sicherheit, die der Zugang zu Geld einem schenkt. Ein kleines Budget zu haben, ist eine Sache, solange man das unter Kontrolle hat. Aber pleite zu sein, die Macht über sein eigenes Dasein verloren zu haben und vom Wohlwollen anderer abhängig zu sein, das ist etwas ganz anderes. Die beiden Zustände sind nicht einmal entfernt verwandt.

Die Sonne brennt mir auf den Nacken, eine schwach salzige Brise weht mir ins Gesicht und meine Brieftasche ist voller Drachmenscheine, als ich berauscht vor Glück in den nächsten Laden gehe, eine Flasche Wasser und ein Stück Brot kaufe – zwei Notwendigkeiten, die sich plötzlich wie großer Reichtum anfühlen – und dann zur Reederei, um eine Fahrkarte zu kaufen, die mich zurück in die Hafenstadt Piräus und die Großstadt Athen bringen wird.

Eine Explosion, zwei Explosionen, drei Explosionen. Ich wache auf und fahre im Bett hoch. Die Schläge lösen sich ab, der Krach hallt zwischen den Fassaden wider und ins Zimmer in dem heruntergekommenen Hotel Shilton auf der Sudder Street. Ich bin verschlafen, verwirrt und besorgt. Versuche, mich zu erinnern wo ich bin und was da passiert. Ist die Stadt von einem terroristischen Anschlag heimgesucht worden? Ist der Krieg ausgebrochen?

Es ist Januar 1991, und ein Stück weiter westlich spielt sich der Golfkrieg ab. Auf dem Weg hierher aus Schweden hatte ich einen Tag Verspätung, weil der Flugverkehr über dem Persischen Golf eingestellt worden war. Ich meine, Grund zu den schlimmsten Befürchtungen zu haben. Doch in der späten Abendbrise, die durch die dreckigen Gardinen weht, schwingen auch dumpfe Trommelschläge, zickige Flötentöne, Lachen, Jubel und Schreien herein. Ich lehne mich aus dem Fenster, es riecht nach Staub, und in der Nacht, die von Rauch und feuchten Nebelschwaden erfüllt ist, sehe ich Hunderte von Menschen die schlammige und von Schlaglöchern übersäte Sudder Street herunterwandern. Eine purpurrote Gottesfigur mit blauem Rüssel, Männer in Uniformen, die Dudelsack blasen, Jungs, die ekstatisch zu schmetternden Tablas tanzen und selbstgemachte Knaller werfen. Lange Schatten. Ich bin gerade in Kalkutta gelandet. Mein Kopf ist wie mit Watte gefüllt, mein Körper schreit nach Schlaf, es ist unmöglich, wieder einzuschlafen, die Welt scheint verrückt geworden zu sein, und ich verstehe gar nichts mehr. Außer, dass es hier nicht so ist wie zu Hause.

Ich ziehe mich an und gehe auf die Straßen von Indien hinaus, und es ist wie in einem Traum. Die roten Jacken, schwarzen Hüte und weißen Gamaschen und die glänzenden Dudelsäcke der Orchestermitglieder leuchten durch den grauen Nebel über der Stuart Lane, der Free School Street und der Lenin Sarani Road. Ein dicker Paukist schlägt den Takt mit aller Kraft und ich stehe und starre auf die Schweißperlen, die über seinen groben Hals rollen und die Nähte am Halskragen seines T-Shirts durchnässen.

Nach den Musikern kommt ein mit Schmuck und Tagetes verziertes Gottesbild, das auf einem Karren mit verschiedenfarbigen Glühbirnen und verschnörkelten Schnitzereien gezogen wird. Dann noch ein Karren mit einem brummenden und qualmenden Generator. Und noch ein Orchester in Uniform. Und noch ein Gottesbildnis. Und noch eins ... Die Explosionen von den selbstgemachten Knallern tun in den Ohren weh und drücken schwer auf den Brustkorb.

Entlang der Häuserwände schlafen in Jutesäcke eingewickelt Familien. Die Lampen von den Gotteskarren erleuchten ihre Gesichter, der Geräuschpegel ist wie bei einem Rockkonzert. Kinder drehen sich in dem Staub, der von Hunderten Füßen aufgewirbelt wird, herum, ein Mann sieht plötzlich auf, blinzelt, gähnt, sieht aber nicht sonderlich erstaunt aus, schließt schnell wieder die Augen und schläft weiter.

Es ist mit anderen Worten weder ein Krieg, der hier tobt, noch ein Terrorangriff. Es ist Sarawati Puja, ein Fest für die Göttin der Kunst und der Lehre, das sich wie eine Mischung aus Basar, britischem Tattoo, indischer protziger Religiosität und reiner und schlichter Lebensfreude anfühlt. Nichts, wovor man Angst haben müsste.

Ich muss nicht alles verstehen, das ich sehe, denke ich, als ich mit rasendem Puls, pochenden Schläfen, heißen Wangen und brennenden Lippen von einem stark gewürzten Abendessen in Karims Restaurant in Old Delhi komme. Deshalb muss es mir auch nicht unbedingt Angst machen: Wie ein tanzender Derwisch kreisele ich durch einen Abend, der heiß ist wie Chili, vom Innenhof in die Gasse und hinaus auf den Chawri Basar, und lasse mich im Strom der Fahrradrikschas, der muslimischen Männer mit gehäkelten Mützen und Mopeds, deren Hupen abgehackt ein unterdrücktes «Knäp, knäp, knäp» quäken, treiben.

Erstaunt und unfähig, auch nur die Hälfte aller Zeichen, Gesten und Muster zu verstehen, treibe ich durch ein Meer neugieriger Blicke und erstaunter Mienen, während vom Minarett der Jama Masjud melodiös und hallend gerufen wird und das ganze Viertel von Leben tobt. Ich schlendere an schwarzen Eisentöpfen vorbei, in denen Hühnerbeine, Stücke von Lammfleisch und panierter Fisch in glänzendem, gelbem Öl kochen, und ich blinzele irritiert und wedele mich durch den Qualm der Fritteusen und die Chilidüfte, die über die Kasturba Hospital Marg wabern. Vier bettelnde Kinder in Rollstühlen aus dünnem Eisenrohr mit abblätternder, pastellgrüner Farbe, ihre verkrümmten Beine und die dünnen Stimmchen: «Rupie, baba, rupie ...» Niedrige Eisenkäfige voller lebender Hühner. Eine Käfigtür wird aufgerissen, ein Huhn wird mit einem breiten, blitzenden Messer schnell getötet, und das Blut von dem durchschnittenen Hals spritzt auf die Steinplatten des Bürgersteigs.

Der schwarze, träge fließende Abfluss des Rinnsteins, aus dem Hühnerfüße wie aus einer wohlfeilen Suppe ragen.

Und der verrückte Mann in kaputten, schwarzen Kleidern, ein Zepter in der Hand und ein weit offenes, wahnsinnig glückliches Lächeln im Gesicht, der mit hinkendem Gang gegen den Strom von Tausenden Menschen, völlig gegen Sinn und Verstand, zurück nach Chawri Basar geht.

Je näher ich der alten Hauptstraße von Old Delhi Netaji Subhash Marg komme, desto dunkler wird es, und wie in einem Traum, an den ich mich aus meiner Kinderzeit erinnere, höre ich die Klänge immer deutlicher, spüre die Gerüche immer stärker und die Hitze immer intensiver. Doch ich sehe immer weniger. Im Traum hat jemand die Lichter ausgeschaltet, und sie gehen nicht mehr an, obwohl ich manisch alle Lichtschalter des Hauses an- und ausknipse. Doch während der Traum schlimm und voller versteckter Drohungen ist, ist die Wirklichkeit mir gegenüber wohlwollender eingestellt. Ich fühle mich sicher in dieser Flut aus Atem, Essensgerüchen und Barfußgängern in Old Delhi.

Ich trete in weiches Stroh, das unter meinen Füßen nachgibt, höre brüllende Schafe, verspüre den Geruch von Wolle und Urin, aber ich kann die mageren Männer mit ihren nackten Oberkörpern und den Binden um die Stirn, die ihre Fahrradrikschas parken, nur ahnen, wie ein Morgentraum, den ich nicht loslassen will, während er doch sachte verblasst. Die Glut ihrer Zigaretten bleibt als messerscharfer Lichtpunkt in der indischen Nacht. Nichts, wovor man sich fürchten müsste.

«Die Angst ist unser größter Feind. Wir glauben, es sei der Hass, aber es ist die Angst», sagte Mahatma Gandhi. Angst ist ein grundlegender Instinkt mit Verbindung zu den Neuronen in der Amygdala, dem Ort tief im Gehirn, von dem man annimmt, dass er eine wichtige Funktion in unserem emotionalen Netzwerk erfüllt und deshalb eine große Rolle beim Entstehen unserer Gefühle spielt. Die Angst ist etwas, das wir bei Bedrohungen oder in riskanten Situationen verspüren, oder wenn wir gegen Dinge, Zustände oder Menschen einen heftigen Widerstand empfinden. Der Gedanke an Veränderung kann auch Angst wecken, weil wir dann erkennen, dass wir Gefahr laufen, die Kontrolle zu verlieren, sei es auch nur für einen kurzen Moment. Deshalb bleiben viele von uns am liebsten da, wo sie sich befinden, denn wir wissen, was wir haben, aber nicht, was wir bekommen werden.

Das Gehirn des Menschen hat zwei Arten, die Umwelt aufzufassen. Unser schnelles System ist ein Autopilot, der rasch reagiert und unseren Gefühlen das Steuer überlässt. Unser langsames System ist die vernünftige Nachdenklichkeit, die uns einredet, wir hätten Kontrolle, würden bewusste Entscheidungen treffen und konzentriert handeln.

Wir glauben, wir würden von der Vernunft gesteuert und uns rational und bewusst verhalten, doch in Wirklichkeit ist es der gefühlsbetonte Autopilot, der meist entscheidet, was wir empfinden, behauptet der Psychologe Daniel Kahnemann in dem Buch «Schnelles Denken, langsames Denken». Und die Angst ist ein wichtiger Bestandteil dieses Autopilotsystems.

Kein Wunder, denke ich. Die Angst war seit den ersten Tagen des Menschen notwendig für unser Überleben. Wir haben Angst vor Schlangen, Spinnen, Haien, engen Räumen, offenen Plätzen, großer Höhe und vor fremden Menschen. Manche von uns haben vor alldem gleichzeitig Angst. Andere, so wie ich, nur vor Schlangen und großen Höhen. Man kann es auch so ausdrücken: Rassismus und Fremdenfeindlichkeit baut auf Signale von unserem blitzschnellen gefühlsgesteuerten Autopiloten auf und nicht auf unsere langsame und vernünftige Bearbeitung von Fakten und rationalen Gedanken. Ich bin überzeugt davon, dass Angst, die sich zu Hass entwickeln kann, in neun von zehn Fällen ihre Ursache in Unwissenheit über das Unbekannte hat und in dem Mangel an Erfahrung mit der Welt außerhalb der heimatlichen Umgebung.

Vor meinem Küchenfenster in Schweden herrscht vollkommene Dunkelheit. Im Schein der Lampe überfliege ich die Schlagzeilen der Morgenzeitung. Auf den Auslandsseiten geht es heute, wie auch gestern, um Krieg, Terror, Flucht, Machtmissbrauch, Korruption und Mangel an Ressourcen. Ich reibe mir den Schlaf aus den Augen, nehme einen Schluck Kaffee und lese von einer Welt, die brennt, explodiert, kriselt, leidet und klagt. Als ich fertig bin, sitze ich einen Moment still da und starre in den Wintermorgen hinaus mit dem Gefühl, dass in dem Land der Ausländer ständig irgendetwas Unangenehmes und Außergewöhnliches passiert. Sind es nicht Schusswechsel, Bombenattentate oder Hurrikane, dann ist es die Börse, die Parlamentswahl, der Militärputsch oder der Generalstreik. Es steht nichts in der Zeitung über all die Tage, die zwischen den spektakulären Ereignissen liegen. Der Alltag, so wie ich ihn kenne, scheint da draußen nicht zu existieren.

Während ich lese, bekomme ich das Gefühl, dass praktisch alles in der Welt langsam, aber sicher schlimmer und schlimmer und schlimmer wird. Ich schaue zu den großen Schneeflocken hinaus, die sanft im Schein des Fensters zu Boden sinken, und werde das Gefühl nicht los, dass die Welt, über die in der Zeitung geschrieben wird, ebenso düster ist wie mein schwedischer Wintermorgen dunkel.

In Gemeinschaftskunde im Gymnasium habe ich gelernt, dass die Nachrichten in einer westlichen Demokratie zu ungefähr neunzig Prozent aus negativen Neuigkeiten bestehen – also aus Artikeln über Mängel, Unglücke und Konflikte, während die Berichte in der ehemaligen Sowjetunion und im kommunistischen Osteuropa zu ungefähr neunzig Prozent positive Neuigkeiten vermittelten – also Artikel über übertroffene Produktionspläne, gut funktionierende Institutionen und Brücken, die man gebaut hatte, und nicht Brücken, die eingestürzt waren. Doch natürlich möchte man auch nicht mit Hilfe von rosafarbenen Brillen und Sonnenscheingeschichten bei Laune gehalten werden. Das verlogene Bild einer Diktatur interessiert mich nicht. Ich möchte nicht in einem falschen Idyll leben.

Doch als ich in meiner dicken Winterjacke in der Diele stehe, bereit, mich auf die vom Frost überzogenen Straßen zu begeben, denke ich an das, was ich auf meinen Reisen erlebt habe, und weiß wieder, was ich in der Zeitung vermisse.

Als die Nachrichtenredaktionen auf den dänischen und finnischen Public-service-Kanälen 2014 beschlossen hatten, sich weniger auf Drama und Konflikte zu konzentrieren, war der Grund auch, Zeit dafür zu bekommen, von den allmählichen, aber wichtigen Veränderungen in der Welt zu berichten.

«Natürlich gibt es Ebola, Krieg und Schrecklichkeiten in Afrika. Aber das ist nur ein kleiner Teil dieses großen und faszinierenden Kontinents», sagte Ulrik Haagerup, der Nachrichtenchef bei Danmarks Radio, nachdem seine Redaktion die neue Strategie bekannt gegeben hatte, die darauf ausgerichtet war, die Welt weniger negativ zu schildern. «Zum Beispiel ist der Anteil Afrikaner, die unterhalb der Armutsgrenze leben, seit 1990 halbiert worden. Diese Art Neuigkeiten stehen immer im Schatten der dramatischen Bilder aus Mali, Somalia oder zuletzt den von Ebola heimgesuchten Ländern.»

Eine positive Neuigkeit ist nicht dasselbe wie eine Sonnenscheingeschichte oder ein Videoclip von einer süßen Katze.

Konstruktive Berichterstattung muss auf die Probleme in der Gesellschaft aufmerksam machen, sich aber gleichzeitig darauf konzentrieren, wie diese Probleme gelöst werden können. Es geht also keineswegs darum, nur frohe Botschaften zu verkünden, sondern darum, die Welt aus beiden Blickwinkeln zu betrachten. Oder wie der Reisende und Autor Lasse Berg es ausdrückt: Zeit, mit den Schablonen von dem hungernden schwarzen Kontinent aufzuräumen, der für die Medien scheinbar immer zwischen einer Kalaschnikow und einem brüllenden Löwen hin- und herschwankt.

Doch vielleicht ist es gar nicht schlecht, dass wir im Grunde eine negative Sicht auf die Aktivitäten der Menschen in der Welt haben. Wenn wir immer glauben würden, dass alles Friede, Freude, Eierkuchen sei, dann würden wir schnell aufhören, nach wirtschaftlichen Fortschritten und sozialen Reformen zu streben. Ein falsches Idyll, wie es eine Diktatur mit Hilfe von strikter Informationskontrolle schaffen kann, ist natürlich immer schlecht für eine Gesellschaft, doch wenn wir, die wir in offenen Demokratien leben, nicht erkennen, welche Fortschritte die Menschheit erreicht hat, sondern stattdessen glauben, dass die bewaffneten Konflikte der Welt das Normale sind, dann werden wir immer nach Sündenböcken suchen und unsere Stimme Demagogen geben, die den Fortschritt untergraben, indem sie Freiheit und Offenheit bedrohen. Wir müssen die Fortschritte, die der Mensch im letzten Jahrtausend erlangt hat, umsetzen und die Probleme erkennen, vor denen wir heute stehen.

Doch auch, wenn es absurd klingt, wenn man gerade eben den täglichen Nachrichtenfluss mit Krieg und Terror aufgenommen hat, ist es, wenn man zum Beispiel die Statistiken der UNO studiert, in Wirklichkeit doch so, dass es niemals eine bessere Zeit zu leben gab als jetzt. Armut, Hunger, Analphabetismus, Kinderarbeit und Säuglingssterblichkeit sind in den letzten zwanzig Jahren schneller gesunken als je in der Geschichte der Menschheit, und die durchschnittliche Lebenszeit ist im letzten Jahrhundert doppelt so schnell gewachsen wie in den ganzen zweihunderttausend Jahren zuvor. Die Gefahr, in einer Naturkatastrophe zu sterben, in einen Krieg zu geraten oder einer Diktatur unterworfen zu werden, ist geringer denn je. In den letzten fünfundzwanzig Jahren ist der Wohlstand der Welt, BNP *per capita*, ungefähr genauso stark gewachsen wie in den fünfundzwanzigtausend Jahren davor. Seit 1990 ist die Anzahl Länder, die Demokratien sind, von knapp der Hälfte auf fast zwei Drittel gestiegen. Die Kluft zwischen Reichen und Armen ist heute größer als zuvor, aber gleichzeitig ist die extreme Armut in der Welt im Laufe eines Vierteljahrhunderts von 37 auf unter 10 Prozent gesunken. Wenn man die globale Gesundheits-, Wohlfahrts- und Konfliktstatistik liest, kann man feststellen, dass die Menschen es niemals besser hatten als jetzt. Es ist deshalb nicht alles gut, aber das wird es wohl auch nie werden.

Eine Erklärung dafür, dass die Massenmedien so fixiert auf Verbrechen, Krieg und Katastrophen sind, ist natürlich, dass Journalisten über negative Ereignisse berichten, weil sie für dramatische und plötzliche Veränderungen stehen, und deshalb schon per definitionem Neuigkeiten sind. Die positiven Veränderungen in der Gesellschaft sind weniger dramatisch und ziehen sich außerdem über eine längere Zeit hin; deshalb werden sie viel später sichtbar. Die Krise kommt schnell, die Verbesserungen geschehen langsam.

Doch können wir nicht alles auf die Medien schieben. Die beiden kanadischen Psychologen Marc Trussler und Stuart Soroka wollten untersuchen, welche Art von Artikeln die Leser sich am liebsten vornehmen. Sie filmten die Augenbewegungen der Versuchspersonen, wenn sie Artikel über Politik auf den Nachrichtenseiten im Netz anschauten, und bekamen heraus, dass fast alle die positiven Texte wegklickten, die von Fortschritt und Glück handelten und stattdessen die negativen Artikel lasen, in denen es um Korruption, Betrug, Scheitern und Rückschläge ging. Hinterher fragten sie die Versuchspersonen, was sie von Massenmedien im Allgemeinen halten würden und welche Art von Nachrichten sie lesen wollten. Da antworteten die meisten, dass sich die Massenmedien viel zu stark auf negative Nachrichten fokussieren würden, während sie selbst, wenn sie wählen dürften, am liebsten Artikel mit positiven Botschaften lesen würden. Ihr Selbstbild stimmte also nicht mit ihrem tatsächlichen Verhalten überein.

Andere Versuche haben gezeigt, dass wir schneller auf Worte wie Krebs, Bombe und Krieg reagieren als auf Worte wie Baby, Lächeln und nett – geradeso, als hätten die negativen Wörter eine magische Anziehungskraft. Aber das ist keine Magie. Diese kognitive Verzerrung (Bias) des Menschen, unser kollektives Begehren nach schlechten Nachrichten hat nichts mit Schadenfreude zu tun, meinen die Forscher, sondern damit, dass wir eine gesteigerte Wachsamkeit entwickelt haben, um schnell auf mögliche Gefahren reagieren zu können. Die schlechten Neuigkeiten der Medien können ein Signal an uns sein, dass wir agieren müssen, um Gefahren zu vermeiden.

Das Erstaunliche ist, dass wir um so ängstlicher werden, je mehr Kriseninformationen wir bekommen. Wenn wir früher in der Geschichte nur selten etwas über die Welt jenseits des Horizonts erfuhren, stellten wir uns vor, dass es da draußen im Unbekannten mordlüsterne Barbaren gäbe und dazu noch Monster und Drachen. Als wir täglich neue Nachrichten erhielten, fingen wir an, uns vor wirklichen Katastrophen und Konflikten zu fürchten. Mit den digitalisierten Medien, die uns praktisch jede Minute mit Informationen versorgen, ist die Angst aus dem Ruder gelaufen. Wir sehen nur noch Konflikte, Leiden und Tod, aber das andere nicht mehr. Das Reisen dagegen kann das dramatische, ereignisfixierte Bild der Welt, das die Medien vermitteln, in Frage stellen und uns zeigen, dass die bösen Handlungen der Menschen und die Katastrophen die Ausnahme sind und die guten Handlungen im undramatischen Alltag das Normale.

Während meiner Reisen in den Nahen Osten und nach Südasien begegnete ich zum ersten Mal in meinem Leben Bettlern und sprach mit Obdachlosen und mageren Landarbeitern mit schlechten Zähnen und blutunterlaufenen Augen, doch ich sah auch Häuser, die nicht einfielen, Wirtschaftsgemeinschaften, die keine Krise hatten, Menschen, die nicht starben, und Kinder, die völlig undramatisch Tag für Tag weiter Cricket spielten, Schularbeiten machten und in die Schule gingen. Durch die Artikel in den Auslandsseiten der schwedischen Zeitungen, die ich schon im Alter von zwölf Jahren zu Hause am Frühstückstisch durchblätterte, war ich auf das Elend vorbereitet gewesen. Gut so! Das, worüber ich gelesen hatte, gab es wirklich. Aber es war nicht die ganze Wahrheit. Vielmehr gab es auch den ganz normalen Alltag, der hier einfach seinen Gang ging, ohne alle Dramatik, und es gab die Menschen, die trotz knapper Ressourcen Lebensfreude ausstrahlten. Das erstaunte mich.

Das hier war eine Welt, von der die Nachrichtenmedien niemals berichten, dachte ich bei mir. Aber wer will auch schon Artikel darüber lesen, dass nichts Dramatisches geschehen ist.

«Ruhiges Wochenende in Malaysia – die Kinder spielten Badminton im Park und die Sonne schien.»

«Sumatra, Dienstagmorgen: Es hat begonnen zu gewittern und zu regnen.»

«Geglücktes Cricketturnier in Kabul.»

«Der Zug zwischen Bombay und Neu-Delhi war gestern nur eine Stunde verspätet.»

Und: «Zwei Mädchen auf dem Weg zur Schule in Peking blieben stehen, um Blumen zu pflücken, und gingen dann weiter, ohne noch groß darüber nachzudenken.»
Alles das können wir nur mit eigenen Augen entdecken.

Wenn ich aus dem Fenster des Flugzeugs sehe, das in wenigen Sekunden auf der Landebahn des Chhatrapati Shivaji International Airport in Bombay aufsetzen wird, sehe ich direkt in die Wohnungen anderer Menschen. Bis zum Zaun hin, nur wenige Meter vom Ende der Landebahn entfernt, arbeiten, schlafen und essen Menschen in einem heruntergekommenen Gewirr von Hütten, die auf einem Gelände gebaut sind, das die Flughafenbehörden eigentlich hätten absperren müssen. Ich habe das Gefühl, als drohten die Bruchbuden bei jedem Luftzug von einer der riesenhaften Flugmaschinen und den Vibrationen von dröhnenden Jetmotoren einzustürzen.

Gibt es etwas Furchterregenderes als ein Slum in den ärmeren Teilen der Welt?, frage ich mich, als ich am Band stehe und auf mein Gepäck warte. Was habe ich doch für ein Glück, dass ich nur darübergeflogen bin und nicht drinsitze. Die Slums in Nairobi, die Favelas in Rio de Janeiro und der Slum in Bombay sind die deutlichsten Beweise dafür, dass die Welt weit davon entfernt ist, sozial und wirtschaftlich gleichberechtigt zu sein.

Bei jedem Besuch in Bombay habe ich den Slum aus der Entfernung gesehen, sowohl vom Flugzeug als auch vom Taxi aus, das mich ins Hotel bringt. Genau wie die meisten anderen Touristen hat mich die Vorstellung erschreckt, dass ich mich zufällig in die nach Kloake stinkenden Gänge verirren könnte. Und ich habe die Warnungen der anderen Touristen und der Einwohner von Bombay gehört: Geh niemals allein in den Slum! Das könnte deine letzte Unternehmung sein. Trotzdem habe ich den Gedanken nicht unterdrücken können, dass ich vielleicht genau das tun sollte: verwegen direkt in das Slumgebiet wandern, um zu sehen, was dann passiert. Aber ich hatte zu viel Angst, um meine Idee zu verwirklichen, ich musste mich damit begnügen, über den Slum zu lesen.

Eines Morgens, als ich im Leopold sitze, meinem Lieblingscafé im Stadtteil Colaba, und genau wie die meisten anderen Reisenden an den Tischen um mich herum den Bestseller «Shantaram» lese, habe ich eine Eingebung. Im Buch gerät das Alter Ego des Autors Gregory David Roberts in den Parade-Slum, der nur ein paar Kilometer vom Café entfernt liegt. Erstaunt lese ich seine Schilderung der Einwohner des Slums. Er beschreibt sie als meist ehrlich, gut und friedlich. Kann das stimmen? Wo sind die bewaffneten rivalisierenden Drogengangs, die erst schießen und dann fragen? Wo ist der Hass, die Bedrohung, wo ist die Feindseligkeit?

Ich verlasse das Café, biege von der Hauptstraße Colaba Causeway ab und nehme die schmale Nowroji Fardonji Road, um zum Taj Mahal Palace zu kommen und die Morgensonne zu genießen, die die unzähligen Fensterscheiben in dem hundert Jahre alten Luxushotel so schön glänzen lassen. Und da entdecke ich das Schild. Reality Tours & Travel, steht dort. «We arrange Slum Tours», lese ich.

Am nächsten Morgen stehe ich auf einer Straße im größten Slum Asiens – dem gefürchteten und unbekannten Dharavi im Zentrum von Bombay. Am Abend zuvor habe ich einiges gelesen. Fast eine Million Menschen wohnen hier auf knapp zwei Quadratkilometern, und achthundert Menschen teilen sich eine Toilette. Die Slumbevölkerung hat weder Rechte noch Mietverträge, was bedeutet, dass die rechtmäßigen Besitzer sie jeden Moment rauswerfen können. Was für ein Alptraum!, denke ich. Schmutzig, bedroht und keine Sicherheit.

Mein erster Eindruck in dem klaren Morgenlicht bestätigt,

was ich gelesen habe. Ich verspüre den Gestank der offenen Kloaken, sehe die schlecht gebauten Häuser aus Blech und Resopal und denke, dass, wenn die jährliche Hitzewelle im April und Mai zuschlägt, wenn die Temperaturen auf vierzig Grad gehen, es da drin unerträglich heiß sein muss. Und wenn dann einen Monat später der Monsun kommt, muss es schrecklich reinregnen.

Nervös schaue ich mich um. Doch da stehen keine Jugendgangs mit blutunterlaufenen Augen und Waffen in den Händen. Ich sehe ununterbrochen arbeitende Erwachsene und Kinder in Schuluniform auf dem Weg zu einer der Slum-Schulen. Alle scheinen eine Aufgabe und ein Ziel zu haben. Ein paar Meter vor mir läuft Chris Way von Reality Tours & Travel. Er führt mich und eine Gruppe anderer Touristen durch Dharavi. Allein hätte ich nie gewagt, so weit in den Slum hineinzugehen, doch jetzt habe ich das Gefühl, in sicheren Händen zu sein.

Als ich am Tag zuvor zum ersten Mal die Werbung für die Slum-Tours gesehen hatte, war ich zurückgeschreckt. Was war das denn? Ein geschmackloser Ausdruck unseres egoistischen Verlangens nach noch extremeren und heftigeren Erlebnissen? Ein exotisches Urlaubsabenteuer durch das Elend anderer Menschen? Die Zeile in dem Song «Holiday in the Sun» der Sex Pistols kam mir in den Sinn, wo es heißt «A cheap holiday in other people's misery». Vor meinem inneren Auge sehe ich eine Gruppe Touristen in Hawaii-Hemden über den dicken Bäuchen in einem klimatisierten Bus, der langsam an den Slumhütten vorbeifährt.

Aber ich hatte ja die warmherzige Schilderung des Slums in «Shantaram» gelesen und dachte, dass es vielleicht doch eine Möglichkeit gäbe, hinzukommen, ohne dass es sich ganz falsch anfühlen würde. Zunächst einmal laufen wir und fahren nicht mit dem Bus. Und dann geht es den Leuten gar nicht so elend, wie ich es mir vorgestellt habe. Und drittens ist der Führer mit allen und jedem im Slum gut bekannt, und wir werden mit neugierigen Blicken und fröhlichen Begrüßungen empfangen.

Ich lausche den Geräuschen von surrenden Bohrern, heulenden Schwingschleifern und Hammerschlägen und denke: Wenn die Slumbewohner sich ausruhen, dann tun sie das nachts. Es ist, als würde ich mich an einem riesigen Arbeitsplatz befinden. Wohin ich auch sehe – da sind keine arbeitslosen, herumstehenden Männer an den Straßenkreuzungen. Der Slum fühlt sich so ... freundlich an.

Die Viertel des Slums vibrieren vor Kreativität und Aktivität. Im untersten Stockwerk quasi eines jeden Hauses befindet sich eine Werkstatt oder ein Café. Lucky Soap Centre, Krishna Embroidery Stores, Kali Ladies Tailors. Alle scheinen sie mit etwas beschäftigt zu sein, das Einkommen und Zukunft bringt. Es wird gedrillt, genagelt, geschneidert und gewebt. Müll wird sortiert, Plastikdosen werden zu Pellets zermahlen, Leder wird gefärbt, Leder gewaschen, Essen gekocht. Hier im Dharavi-Slum, lerne ich, gibt es auch Restaurants, Digital-Druckereien und sogar Rechtsanwälte und Banken.

Der Führer Chris grüßt nach rechts und links, als wir durch schmale Gassen wandern, über Eisentöpfe mit kochenden Linseneintöpfen steigen und uns zwischen Wäscheständern mit im Wind flatternden Laken hindurchwinden. Wir hüpfen über Pfützen mit Kloakenwasser und schlängeln uns durch das Gedränge auf der 90 Feet Road und biegen in eine der schattigen Gassen ab, die nicht breiter als ein Meter sind.

«Hallo Mani, was macht die Familie?»

«Hi Sanjit, alles klar?»

Man schlägt sich gegenseitig auf den Rücken, gibt sich die Hand, lächelt und plaudert über alles vom morgendlichen heftigen Regenschauer bis hin zu den viel diskutierten Plänen, über die die örtlichen Zeitungen fast jeden Tag schreiben. Der Slum soll abgerissen und durch siebzehnstöckige Häuser mit Geschäftsgalerien und Wolkenkratzern mit Wohnungen und Büros ersetzt werden. Das klingt schön. Und nach Dharavi will man mit den anderen Slums der Stadt weitermachen. Die Vision ist, dass Slumbay, wie die Stadt gemeinerweise genannt wird, saniert werden soll. Aus der Asche soll sich dann ein slum-freies Bombay erheben, ein Wirtschaftszentrum internationaler Klasse, ein neues Singapur.

Chris beendet die Tour, indem er uns mit zur Schule nimmt, die vom Reisebüro mitten im Dhavari-Slum betrieben wird.

«Die Slum-Touren machen wir, ohne daran verdienen zu wollen», sagt er und zeigt uns ein kleines Zimmer mit Schulbänken und Computern.

«Achtzig Prozent der Einnahmen gehen direkt an die Schule, die von unserer Schwesterorganisation Reality Gives betrieben wird. Wir wollen den Einwohnern von Dhavari etwas zurückgeben, und das tun wir, indem wir kostenlosen Unterricht in Englisch und Computertechnik erteilen. Wir wollen die Chancen der Slumbewohner auf dem Arbeitsmarkt vergrößern und ihnen eine Möglichkeit geben, hier wegzukommen.»

Als die Slum-Wanderung zu Ende ist, erzählt mir Chris Way, wie alles angefangen hat. Er war zu Beginn des neuen Jahrtausends auf einer Reise um die Welt und machte eine geführte Tour durch eine Favela in Rio de Janeiro. Als er dann ein paar Jahre später als Volontär in einer Schule in Bombay anfing, musste er daran denken – und kam auf die Idee, geführte Touren durch die indischen Slums zu machen. Der Brite Chris und sein indischer Freund Krishna Poojari waren die Ersten in Bombay, die Slum-Touren anboten. Inzwischen haben sie mehrere Konkurrenten. Die Nachfrage seitens der Touristen ist groß, und in der Hochsaison arrangiert Reality Tours fünf Touren täglich.

«Wir führen sowohl Touristen, die in den teuersten Luxushotels der Stadt wohnen, wie auch Rucksacktouristen. Sie haben gemeinsam, dass sie sich dafür interessieren, zu sehen, wie die Menschen im Slum leben», erzählt er.

«Aber ist Slum-Tourismus nicht nur ein geschmackloser Ausdruck unseres Begehrens nach immer extremeren und heftigeren Erlebnissen? Ein exotisches Urlaubsabenteuer durch das Elend anderer Menschen?», versuche ich ihn zu provozieren.

Es stellt sich heraus, dass Chris es gewohnt ist, auf diese Frage zu antworten, und er sagt, seiner Meinung nach könne ein Slum-Besuch vielmehr zu größerem Verständnis und Mitleid führen. «Die meisten Besucher kommen nach der Slum-Tour ins Nachdenken und für einige folgt daraus, sich gegen die Ungerechtigkeit der Welt zu engagieren», sagt er.

Als ich zur Bahnstation am äußeren Rand des Slums gehe, um den Zug zurück zum Hotel im wohlhabenden Colaba zu nehmen, bleibe ich vor einer öffentlichen Toilette stehen. Ich denke an die Szene in «Slumdog Millionaire», wo das Klo im Slum als Brücken über Kloaken-Seen dargestellt ist. Im Slum der Wirklichkeit wird die öffentliche Toiletten- und Duschanlage mehrmals täglich geputzt. Ein anderes Bild vom Slum, muss ich denken: glänzend sauberes Porzellan und Kacheln, dazu ein Duft von Putzmitteln mit Eukalyptus. Ich spüre dem nach. Obwohl die Gruppe mit Chris und den anderen Slum-Touristen jetzt weg ist und ich allein bin, habe ich keine Angst. Der Slum fühlt sich nicht mehr bedrohlich an. Ich kann den Slumbewohnern in die Augen sehen, ich wage es zu grüßen. Hingegen empfinde ich ein dringendes Bedürfnis, mehr über die Slums in Bombay und andere arme Städte in der Welt zu erfahren.

Die Reisen haben bewirkt, dass es mir schwerfällt, mich richtig aufzuregen, wenn ich mit den Alltagsproblemen konfrontiert werde, mit denen wir uns zu Hause herumschlagen. Ich kann mich nicht entscheiden, ob das eine gute oder schlechte Nebenwirkung ist. Es bedeutet auf der einen Seite, dass ich oft sehr zufrieden mit dem Leben bin, das ich lebe, was natürlich angenehmer ist als das Gegenteil, doch auf der anderen Seite bin ich ein Meister darin geworden, zu relativieren und europäische Probleme mit Argumenten wie «Ja, ja, aber du solltest mal die Bettler in Bombay sehen ...» wegzuwischen. Und mit solchen Kommentaren ist niemandem geholfen, das erkenne ich jedes Mal, kurz nachdem ich sie geäußert habe. Trotzdem kann ich nicht aufhören, die Probleme, vor die ich zu Hause gestellt werde, mit dem Argument, dass es woanders auf der Welt wahrscheinlich viel schlimmer ist, kleinzureden.

Meine Lebensgefährtin, die eine typische Nicht-Reisende ist, stellt mein Reisen oft in Frage und meint, für das Erforschen von Menschen und Gesellschaften um einen herum sei nicht notwendigerweise auch ein physisches Wechseln des Ortes erforderlich. Sie meint, das Reisen könne sehr wohl durch die Welt der Bücher und in unserem Innern geschehen. Und ja, vielleicht ist das möglich, doch auf mich wirken Zusammenhänge zu abstrakt, wenn ich nicht zumindest einen Teil davon mit meinen eigenen Sinnen erleben darf.

Durch das Reisen empfinde ich eine ungeheure Dankbarkeit für unseren Wohlstand. Doch Dankbarkeit ist nicht gerade eine bewegende Kraft, sondern viel eher mit Gleichgültigkeit und Zufriedenheit verwandt. Zwar haben die Reisen dazu geführt, dass ich mich in globalen Entwicklungsfragen engagiert habe, doch bin ich auch in einen Zustand des «besser als so wie hier in Europa kann es eigentlich nicht werden» geraten. Ich habe das Gefühl, dort etwas verändern zu wollen, aber nicht hier. Ich will ausgleichen. Dafür sorgen, dass sie an dem Reichtum teilhaben können, den wir besitzen. Wir haben es schließlich so gut. Die Gefahr besteht, dass ich mich mit der Gesellschaft zufriedengebe, die wir hier bereits haben, und aufhöre, nach weiteren Verbesserungen zu streben. Aber ein solcher Mensch will ich nicht werden.

Doch zumeist, so glaube ich, hat das stete Vergleichen mit der Welt da draußen mir geholfen. Vielleicht haben die Reisen ungefähr so funktioniert wie das Lesen von Belletristik. Die Buch-Nerds und die Reise-Nerds bekommen schließlich beide so viele unterschiedliche Arten zu leben zu sehen, dass ihnen am Ende immer weniger Ereignisse und Lebensstile seltsam vorkommen. Sie tendieren dazu, immer öfter «so könnte man das auch machen» zu denken anstelle von «die spinnen doch».

Auf der anderen Seite rege ich mich zunehmend über Dinge auf, die einen Nicht-Reisenden höchstens mal eine Augenbraue hochziehen lassen. Die Reisen waren ein sukzessiver Gewöhnungsprozess an Menschen, für die es normal ist, draußen auf der Straße zu verkehren, miteinander zu reden, laut zu rufen, unverschämte Fragen zu stellen und Fremden in die Augen zu sehen. Sie haben meine Einschätzung davon verändert, was ich von einer Gruppe Menschen erwarten kann, die sich auf den Straßen der Stadt begegnen. Wenn ich zu Hause in Stockholm die Pendler betrachte, die in der morgendlichen Rushhour schweigend den Bahnsteig entlangschreiten und derweil in ihre Handys starren, so in sich selbst versunken, dass die Umgebung keine Bedeutung mehr für ihre Stimmung hat, dann kommt es vor, dass ich plötzlich von dem starken Gefühl überfallen werde, nicht hierher zu gehören.

Für die meisten ist natürlich der fast lautlose Pendlerstress der westlichen Großstädte ein alltäglicher Anblick, der außer Stress keine Gefühle mehr weckt. So sieht der Alltag eben aus. Kein Grund, sich darüber aufzuregen. Aber für mich – und vielleicht auch für andere Reisende – ist das eine Horrorszene, die das Gefühl erzeugt, dass hier irgendetwas grundsätzlich falschläuft.

November 2003. Alles fühlt sich sehr anders an, aber gleichzeitig undramatisch, alltäglich und vertraut. An der Kreuzung im Dorf Sanchi im Bundesstaat Madhya Pradesh im Herzen Indiens liegt ein Teelokal. Eine Bude mit einem Feuer und einer verbeulten Aluminiumkanne und zwei Holzbänken entlang der Wand, wo die Gäste sich zusammendrängen dürfen. Ich bestelle Tee, der mit Büffelmilch, Zucker und Nelken gekocht ist.

«Bitte, setzten Sie sich», sagt der Teejunge.

Die Männer und Frauen auf der Bank rücken zusammen, damit ich noch Platz finde. Ich bekomme genauso ein Glas wie die anderen mit dampfend heißem Tee. Dann sitzen wir da zusammen, Seite an Seite, pusten die Hitze weg, nippen, schlürfen und sehen den Alltagsaktivitäten des Dorfes zu. Säcke mit eingekauftem Gemüse werden auf Fahrräder und Mopeds gewuchtet. Bündel mit Eisenstangen werden von einem Ochsenkarren geladen. Aus einem verbeulten Blechkasten, der mit Hanfseilen auf dem Dach eines Jeeps festgezurrt ist, schallen politische Botschaften.

Die Tatsache, dass wir dasselbe tun – Tee trinken und über den Schotterplatz mit der Bushaltestelle sehen –, schafft ein Gemeinschaftsgefühl, obwohl wir alle verschieden sind. Die Konversation ist zu Anfang wortkarg und zielgerichtet.

«Woher kommst du?», fragt ein Mann in Stakkato-Englisch.

«Schweden.»

«Hast du die buddhistischen Tempel gesehen?»

«Noch nicht.»

Doch dann tut sich ein Thema auf. Er sieht, dass ich einen steifen Nacken habe, und kommentiert das, um dann mit Tipps zu kommen, wie man das ändern könnte. Vielleicht trage ich den ganzen Tag einen zu schweren Rucksack. Vielleicht schlafe ich auf einem zu harten Kissen. Er kommt mit Vorschlägen, wie ich beweglicher werden kann.

«Mach jeden Morgen Yoga und schlafe auf einer harten Matratze ohne Kissen», empfiehlt er, sieht mit in die Augen und beginnt dann, mir zu raten, welches Gemüse und welche Kräuter seiner Meinung nach Schmerzen und Steifheit lindern können. Dann fragt er, was ich als Nächstes tun werde.

«Ein Fahrrad mieten und zu den buddhistischen Grotten in Vidisha radeln», antworte ich.

«Oh, ich kann dir zeigen, wie du fahren musst», sagt er und zeichnet eine Karte in mein Notizbuch, während er erklärt, wie ich erst einen Fluss überqueren soll und dann nach links abbiegen und dann wieder nach links.

Als ich gehe, gebe ich dem Teejungen sechs Rupien.

«Der Tee kostet nur zwei Rupien. In der Stadt nehmen sie sechs. Hier!», sagt er und gibt mir mit überlegener Miene vier Rupien zurück, als hätte ich versucht, ihn reinzulegen.

Es ist, als gäbe es nicht einen einzigen Dorfbewohner, der feindselig eingestellt ist. In diesem Moment, wird mir klar, sitzen meine Eltern zu Hause am Küchentisch und lesen in der Tageszeitung über all die Busunglücke und Zugentgleisungen und denken an Taschendiebe und Mörder und dass ihr Sohn sich an einem unsicheren Platz auf der Erde befindet, wo einem alles Mögliche zustoßen kann.

Im staatlichen Gästehaus Travellers Lodge stehen die beiden Kellner an meinem Tisch und starren mich an, derweil ich esse. Sie zeigen auf mein Hantieren mit Messer und Gabel, sie zeigen auf das Essen auf meinem Teller und sie zeigen auf mich, während sie Blicke wechseln und manchmal etwas zueinander sagen und ab und zu auch lachen. Als ich sie ansehe, begegnen sie meinem Blick und lächeln schüchtern, aber ohne Scham. Alle haben ja wohl das Recht, ein bisschen zu starren. Als ich fertig gegessen habe, kommt sofort die Rechnung, doch ohne, dass ich darum gebeten hätte und ohne ein Lächeln.

Während der Tage, in denen ich in Sanchi wohne, starren

mich viele an, doch niemand sagt Danke oder Bitte und nur wenige respektieren meine Privatsphäre. Es ist, als sei die Schutzhaut, die mich normalerweise umgibt, geplatzt und hätte mich für Angriffe zugänglich gemacht.

Wohlerzogene Europäer sehen einen Fremden und tun so, als wäre nichts. Indische Dorfbewohner sehen einen Fremden und fangen sogleich an, methodisch herauszufinden, was für ein Typ das ist. Ständig werde ich gefragt, ob ich verheiratet bin und ob ich Kinder habe, und in dem Fall, wieviele, an welchen Gott ich glaube (aufgrund meiner weißen Haut nehmen alle an, dass es der christliche sei), wie ich ihr Land finde, woher ich komme und wohin ich unterwegs bin. Manchmal werde ich auch gefragt, wie viel ich im Monat verdiene, welche Filme ich mag, ob ich Rindfleisch esse, ob ich Tee trinke, ob ich irgendwelche chronischen Krankheiten habe, ob meine Darmfunktionen zufriedenstellend seien und ob ich «Saxspir» mag («Noch nie gehört», antworte ich, ehe mir klar wird, dass sie Shakespeare meinen).

Meine Begegnungen mit den Einwohnern im Dorf Sanchi sind von der Tatsache geprägt, dass wir einander fremd sind. Unser gegenseitiger Mangel an Wissen könnte uns ängstlich, misstrauisch und zurückgezogen machen, drei übliche Reaktionen, wenn etwas Unbekanntes auftaucht. Gleichzeitig sind wir neugierig. Hier siegt die Neugier über das Misstrauen, und weil Sie nicht als Unhöflichkeit betrachtet wird, macht auch niemand Anstalten, sie zu verbergen.

Mir wird klar, dass die Neugier, das Starren, die Fragen wohl die Erklärung sind, dass ich mich immer einsam fühle, wenn ich in Europa allein reise, aber niemals in Asien. Weil ich in einem Schweden aufgewachsen bin, in dem es als Tugend gilt, die Privatsphäre anderer Menschen zu respektieren, habe ich gelernt, Fremde nicht allzu interessiert anzusehen, ganz gleich, wie neugierig ich bin. Kümmere dich nicht um Dinge, die dich nichts angehen. Sieh nach dir selbst, andere können dir egal sein. Misch dich da nicht ein. Respektiere, dass ein Mensch in Ruhe gelassen werden will. Ich bin so wohlerzogen, dass ich sogar weggeschaut habe, als ich in meinem Supermarkt in Stockholm Efva Attling, die von mir verehrte Schauspielerin, gesehen habe. Ich wollte sie nicht verärgern. Sie hat ja wohl auch ein Recht auf ein Privatleben.

Hier sieht man das ganz anders. Vielleicht hat die Neugier auch damit zu tun, dass Indien eine Gesellschaft mit starker Sozialkontrolle ist. Man weiß nicht nur, was Familienmitglieder und Nachbarn machen, sondern informiert sich über alle, die durch das Viertel schlendern. Es ist wichtig zu wissen, welche Kaste, welchen Status und welche Nationalität sie haben, mit wem sie verwandt sind, wie sie ihr Geld verdienen und wie viele Kinder sie haben. Am liebsten würde man noch mehr rauskriegen. Das macht das Gefühl der Zusammengehörigkeit für alle in den lokalen Hierarchien enorm, und so erklärt sich auch, dass Inder, die das feinmaschige Netz sozialer Kontrollmechanismen verlassen und in den Westen ziehen, sich oft einsam und ausgegrenzt fühlen.

Manche behaupten, dass es den Einwohnern in Südasien immer egal gewesen sei, welcher König, Kaiser oder welche Kolonialmacht an der Spitze der Herrschaftspyramide das Land gelenkt habe, solange man seine örtliche Hierarchie auf dem Boden dieser Pyramide habe behalten können. So hätten weder Sozialismus noch Liberalismus eine Durchschlagskraft entwickeln können. Natürlich gibt es Politiker, die diese importierten Ideologien predigen, doch da hört man nur die ideologische Außenschicht. Unter der Oberfläche geht es um den Familienzusammenhang – alles beginnt und endet mit der Familie.

Als ich meiner indischen Freundin in Bombay erzähle, dass ich allein durch den östlichen Teil des Landes reisen werde, sucht sie sofort im Adressbuch ihres Handys nach einem Verwandten oder dem Freund eines Freundes einer Freundin, die in der Gegend wohnen und die ich anrufen soll, wenn ich plötzlich in Not gerate oder mich einsam fühle.

«Ich komme schon klar», versichere ich. «Ich brauche keine Rettungsleine.»

«Nein, die brauchst du sehr wohl. Du brauchst jemanden, den du anrufen kannst!», beharrt sie.

Die soziale Kontrolle ist eine Voraussetzung für die Aufrechterhaltung des Kastensystems. Für orthodoxe Mitglieder der obersten Kaste kommt es darauf an, zu wissen, wer zu den Unberührbaren gehört – früher nannte man sie Kastenlose –, um von ihrer Unreinheit nicht befleckt zu werden. Deshalb empfinden die Inder aus den niedrigen Kasten, die in ihrem Heimatdorf besonders unterdrückt und diskriminiert sind, den Umzug in die Großstadt als eine Befreiung.

Dass sie mich kontrollieren wollen, gibt mir Sicherheit. Kein Wunder, denn ich werde ja schnell in ein größeres Ganzes integriert. Als würde ich nicht da aufhören, wo mein Körper aufhört, sondern wäre mit ihnen direkt verbunden. Allerdings bin ich natürlich nicht von der Diskriminierung des Kastensystems betroffen und kann mich ganz auf die Vorteile der sozialen Kontrolle konzentrieren.

Als ich einige Tage in das Luxushotel Jehan Numa Palace in der Residenzstadt Bhopal gehe, um einen Tee zu trinken, fragt mich der uniformierte Kellner nicht zuerst, was ich bestellen will, sondern woher ich komme. Dann erzählt er mir, woher er kommt (das Unterland Terai im Nachbarland Nepal). Er erzählt von den Wasserbüffeln, den Tigern und den Elefanten, die in den Wäldern seines Heimatdorfes leben und bittet mich dann, von meinem Heimatdorf zu erzählen. Erst dann fragt er, was ich denn bestellen möchte. Als ich meinen Tee bekommen und mein Buch rausgeholt habe, zieht er sich zu dem Pult mit der Kasse zurück. Doch jedes Mal, wenn ich aufsehe, sehe ich, dass er mich mit seinem forschenden Blick anstarrt. Er ärgert mich, denn es ist, als würde es irgendwo im Körper jucken, ohne dass ich sagen könnte wo.

Doch als ich am nächsten Morgen über die Basare der Stadt wandere, wird mir klar, dass ich in meinem Innern dankbar bin für das Starren des Kellners und seine naseweisen Fragen, dankbar dafür, dass ich noch einem Menschen begegnen durfte und nicht nur einem weiteren Kellner. Ein einwandfreies Kellnerverhalten und eine neutrale Bedienung hätte ich vergessen, noch ehe die Sonne am selben Tag untergegangen wäre. Doch die Neugier in seinem Blick trage ich weiterhin in mir.

Zu Hause mache ich inzwischen alles ohne einen irgendwie gearteten menschlichen Kontakt: Ich buche Kinobesuche und Reisen, entschuldige die Kinder in der Schule und regele die Krankenversicherung. Ich fülle Internetformulare aus und spreche mit mechanisch klingenden Anrufbeantworterstimmen, die eine seltsame Satzmelodie pflegen. Im Supermarkt soll ich meine Waren selbst scannen und bei einem Automaten bezahlen, und im Flughafen checke ich mit Hilfe einer Maschine ein.

Ich bin den autoritären Forderungen der Automaten nach Stringenz ausgeliefert. Eine Maschine verlangt Exaktheit. Eine Maschine seufzt nicht und verdreht nicht die Augen, zeigt aber auch keine Gnade und akzeptiert keine Abweichungen. Ein falscher Buchstabe oder ein falscher Klick und nichts geht mehr.

Als ich am Flughafen an einem Automaten einchecken soll, kriege ich schlechte Laune. Die Flüche, die ich von rechts und von links höre, überzeugen mich davon, dass ich nicht der Einzige bin, der hier die Geduld verliert. Gestresst und schweißgebadet mit nur noch wenig Zeit bis zum Abflug wird mir von einem sturen Automaten der Ausdruck meiner Reisedokumente verweigert. Was mache ich denn falsch? Nach drei erfolglosen Versuchen fange ich an, auf den Schirm zu schlagen, um ihn zum Leben zu erwecken. Der Lärm ist weit zu hören, und am Ende kommt jemand vom Personal, um mich zu beruhigen. Ich werde beschimpft, weil ich auf die Maschine eingeschlagen habe – «Das bringt überhaupt nichts», sagen sie –, und werde daraufhin zu einem manuellen Eincheck-Schalter geschickt. Da geht alles denkbar leicht. Die Frau hinter dem Tresen ist mit mir einer Meinung – «Ja, mein Gott, diese Maschinen, man wird doch ganz verrückt!» – und reicht mir mit einem Lächeln die Boardingkarte. Kein Automat der Welt könnte es mit der Fähigkeit der Frau, Verständnis zu zeigen und mir mein Scheitern an der Maschine zu verzeihen, aufnehmen.

In den armen Teilen der Welt ist Arbeitskraft immer noch billig. Deshalb wimmelt es in Geschäften und Cafés, Restaurants und Busstationen von Personal. Ich weiß, dass für diese Leute meine automatisierte Welt eine Luxus-Vorstellung wäre. Doch mir erscheint ihr manuelles und analoges Dasein privilegiert und bemerkenswert. Ich will die Missstände und den Mangel nicht romantisieren, doch träume ich gern von einer Welt ohne Automaten. Ich stelle mir vor, über den Tresen in einem Familienbetrieb einzukaufen, wo man jemanden hat, mit dem man über die Qualität der Waren reden kann. Und zu einem Lohnbüro bei der Arbeit gehen zu können und einen Umschlag mit Bargeld zu holen, anstatt das Geld digital überwiesen zu bekommen – wie viel Zeit das beanspruchen würde und wie ineffektiv sich das anfühlen würde, aber da könnte ich mit jemandem reden, und diese und hundert vergleichbare altmodische soziale Alltagssituationen würden mir Befriedigung schenken.

Die Welt verändert sich schnell. Auch in den ärmeren Ländern gibt es inzwischen Automaten, doch neben dem indischen Kaffee- und Zeitungsautomaten stehen Männer, die fragen, welche Kaffeesorte oder welche Zeitung man wünscht. Sie nehmen mein Geld entgegen, stecken es in die Maschinen, drücken auf den Knopf und reichen mir dann die Tasse oder die Zeitung. Da ich aus einem Teil der Welt stamme, wo Arbeit fast ausnahmslos nach ihrem rationalen Inhalt bewertet wird und nicht nach den sozialen Nebeneffekten, fasse ich mich an die Stirn. Wie bekloppt! Wie absurd! Doch schon mein nächster Gedanke ist: Der Tag, an dem der Mann am Automaten seinen Job verliert und ich selbst das Geld reinstecken und auf den Knopf drücken muss, muss nicht unbedingt ein Glückstag sein. Dann ist nämlich er arbeitslos und die Gesellschaft ist ein wenig anonymer, unpersönlicher und unsicherer geworden.

Alle diese Menschen. Hier auf dem Lande in Indien denke ich: Woher kommen die nur alle? Zu Hause in Schweden dann denke ich: Wo sind die nur alle hin? Die Menschenmengen der Entwicklungsländer erschrecken viele Europäer. Auf mich haben sie den entgegengesetzten Effekt: Sie bewirken, dass ich mich umfangen, umarmt, sicher fühle. Doch in einer Gesellschaft zu reisen, wo man die ganze Zeit die Blicke der Umgebung auf sich hat, ist auch kräftezehrend. Manchmal bekomme ich eine Überdosis an neugierigen Fragen und helfenden Händen. Ebenso, wie ich mich, wenn die Hitze übermächtig wird, in klimatisierte Räume wünsche, so sehr sehne ich mich nach ein paar Wochen des Reisens auf dem Lande in Indien nach der modernen Do-it-yourself-Mentalität und nach einfacher und tadelloser Höflichkeit. Wenn man wie ich aus dem Zentrum der Privatheit auf der Welt stammt, ist man es irgendwann leid, dass die Menschen ständig beobachten, was man vorhat und einem naseweis zuvorkommen.

Wie schmeichelhaft das Interesse an meiner Person sich für kurze Zeit auch anfühlen kann, so wird es auf lange Sicht auch ermüdend, ein Publikum zu haben, das jeden Bissen, den ich in den Mund schiebe, wahrnimmt, als würde es sich um die erste Mondlandung handeln. Es wird anstrengend, ständig erklären zu müssen, woher ich komme und zu erleben, wie meine Identität auf eine Nationalität reduziert wird, auch wenn die meisten, denen ich im Herzen Indiens begegne, kaum irgendwelche Schablonen zu bieten haben, wenn sie hören, was mein Heimatland ist. Oft muss ich sogar erklären, wo auf der Erde es liegt – «in Nordeuropa, nördlich von England» – und dann erhellt sich ihre Miene und sie nicken, dass sie mich verstehen, denn Indiens ehemalige Kolonialmacht können alle einordnen.

Aber wenn ich wieder zu Hause bin, dann sehne ich mich zurück zu diesem Teil der Welt, in dem die Privatsphäre nicht respektiert wird, weil die gesegnete Neugier so groß ist.

Wieder zu Hause

Ich bin also wieder zu Hause. Aber die ganze Zeit über ist es, als würde die Welt draußen immer noch weiter an mir zerren. Alles, was ich höre und lese, kommt mir irgendwie so belanglos vor. Als ich die schwedische Zeitung aufschlage, ist meine Haut immer noch warm. Mein Gott, welche Un-Probleme in den Zeitungsspalten hin und her gewälzt werden! Alles kommt mir so ungeheuer sinnlos vor. Ich fühle mich wie ein Astronaut, der auf einem absurden Planeten gelandet ist, wo nur Unwesentlichkeiten und Smalltalk ein geeignetes Thema für die Gazetten darstellen. Hier zu Hause, denke ich, reden die Menschen nur über Kleinkram. Das Leben findet unter einer Glasglocke statt, es ist eingeschlossen, erstickend und eng.

Während der Reise hatte alles einen Sinn und eine Richtung. Alles fühlte sich wichtig und neu an. Da draußen waren große Trauer und ungeheure Freude, dramatische Natur und himmelsstürmende Wetterphänomene. Da draußen waren alle Zeitungsartikel bedeutungsvoll, alle Gespräche wichtig und alle Begegnungen außerordentlich.

Und ich empfinde Zufriedenheit, etwas erlebt zu haben, das sich die anderen hier zu Hause kaum vorstellen können. Aber Überlegenheit ist ein verbotenes Gefühl, eine hässliche und nicht wünschenswerte Haltung. Ich muss mich zusammenreißen. Ich muss mich demütig zeigen und beteiligt aussehen, wenn sie von Fernsehserien reden, von Computerspielen und Smartphone-Apps, sonst werden sie mich arrogant und selbstgefällig finden.

Ich googele meine Heimkunft-Düsternis. Auf Reiseseiten und in Blogs finde ich Heimkehrer, die von Symptomen erzählen, die an meine Gefühlsstimmung erinnern: Müdigkeit Appetitlosigkeit, Druck auf der Brust, Angst und vor allem das Gefühl, dass niemand zu Hause einen versteht. Ich lese, dass es dafür eine Diagnose gibt. Die Heimkehr-Deprimierten sind von Post Travel Stress Disorder, PTSD, heimgesucht.

Als ich von meiner ersten langen Reise zurückkam, habe ich nach nur wenigen Tagen eine Aushilfsstelle bei der Zeitung «Folket» in Kungsör angetreten. Ich hätte froh sein sollen, dass ich so schnell einen Job und ein Einkommen fand, aber stattdessen kam mir das Leben sinnlos vor. Die Arbeit, die ich geliebt hatte, ehe ich wegreiste (als das Ziel war, das Geld für die Reise zu verdienen), erschien mir nun als das Unbedeutendste, womit ein Mensch sich beschäftigen konnte.

Doch meine Verlorenheit war nicht nur ein Fall von Post Travel Stress Disorder. Es gab noch mehr. Am Tag, als ich aus Neu-Delhi zurückkam, hatte meine Freundin mit mir Schluss gemacht. Nicht nur war die Reise vorbei, das, wonach ich mich zu Hause am meisten gesehnt hatte, war auch zu Ende.

Warum war ich eigentlich nach Hause gefahren? Warum war ich nicht da draußen geblieben?, fragte ich mich, als ich da stand und in den dichten grauen Aprilnebel über die lehmigen Äcker der Mälarlandschaft schaute, die mir mehr wie die Szenerie eines Horrorfilms vorkam als wie mein Heimatort.

Ich konnte es nicht aushalten. Nach nur zwei Wochen kündigte ich, kaufte mir vom ausstehenden Lohn ein Interrailticket, packte wieder den Rucksack und bestieg einen Zug. Mir fiel nichts anderes ein, um die Dunkelheit zu fliehen, als wieder in das Dasein zurückzukehren, in dem ich mich glücklich gefühlt hatte. Die Angst ließ erst nach, als ich in Marrakesch, viertausend Kilometer südlich, aus dem Zug stieg, um im Menschengewimmel der engen Gassen zu verschwinden.

Viel später, als ich wieder zu Hause war und das Leben seine richtigen Farben wieder annahm, dachte ich darüber nach, wer hier eigentlich wen verlassen hatte. Ich war ein halbes Jahr lang unterwegs gewesen. Was hatte ich denn von meiner Freundin erwartet, die beschlossen hatte, zu Hause zu bleiben? Die Schwierigkeit, echte Beziehungen aufrechtzuerhalten, ist wohl der Preis, den ein Reisender bezahlt. Wie konnte ich so naiv sein, etwas anderes zu glauben? Wie konnte ich denken, dass ein Aufbruch nicht auch wehtut?

Als ich nach Hause gekommen war, hatte ich unter Klaustrophobie gelitten und erkannte, dass das Leben meiner Freunde in denselben Spuren verlief, wie als ich fortreiste. Es hatte sich erstickend angefühlt, dass ich, der Reisende, mich verändert hatte, während die Nicht-Reisenden genauso waren wie vorher. Aber meine Freundin war ja weitergegangen. Sie hatte mich verlassen, sie hatte sich verändert, sie war nicht genauso wie vorher. Wenn ich nicht das Opfer gewesen wäre, hätte ich ihr Weigern, das Leben still stehen zu lassen, bewundert. Mit meiner Abreise hatte ich sie verlassen. Jetzt antwortete sie bei meiner Heimkehr damit, mich zu verlassen. Wäre unsere Beziehung ein Fußballspiel gewesen, könnte man sagen, dass es unentschieden endete.

Mehrere Jahre nach der ersten Heimkehr dachte ich, wenn

noch mal alles den Bach runtergeht, muss ich nicht verzweifeln. Ich kann mich immer aufmachen und reisen. Denn da draußen gibt es eine Gemeinschaft, die mich nie im Stich lässt. Zwar löst sie sich ständig wieder auf, denn alle reisen früher oder später weiter, jeder in seine Richtung. Aber manchmal fahren wir ein Stück zusammen und die ganze Zeit entstehen neue Treffpunkte, und wir sehen uns wieder. Wieder und wieder erschafft sich die Gesellschaft neu, und deshalb wird es sie immer dort für mich geben. Ich brauche mich nie wieder einsam zu fühlen. Wenn es richtig übel ist, ich den Job verloren habe, die Liebesbeziehung am Ende ist und die Freunde mich nicht mehr anrufen, dann brauche ich mir nur den Rucksack aufzuschnallen, in einen Zug zu springen, ein Flugzeug zu besteigen, die Wanderschuhe zu schnüren, mich in einer Herberge einzumieten, mich in ein Café zu setzen … und mich von der zuverlässigen und wärmenden Gemeinschaft umschließen zu lassen, die es zwischen uns gibt und immer geben wird, zwischen uns, die wir dem Zuhause den Rücken gekehrt und uns in die Welt hinausbegeben haben. Der Gedanke an die ewige Gemeinschaft der Reisenden schenkte mir ein Gefühl der Sicherheit im Alltag. Ich musste nicht immer losziehen. Schon der Gedanke daran war ein Schutznetz, eine Versicherung, ein Notausgang und ein anderes Zuhause.

Es hat seither viele Heimkünfte gegeben. Als ob ich wieder und wieder das wiederholen müsste, was mit dem Verschwinden und dem Wiederkehren, der Abreise und der Heimkunft wehtut, ungefähr, wie wenn man nicht aufhören kann, mit der Zunge in dem Loch von dem gezogenen Zahn herumzuspielen. Keine Heimkehr war so hart wie die erste, doch ich verspüre immer noch die Symptome von Post Travel Stress Disorder, wenn auch weniger mit jeder Reise. Es geht in die richtige Richtung. Doch ganz ohne Symptome wird es wohl nie gehen.

Die ersten zwei Tage nach der Heimkehr aus Kairo, Colombo, Bombay, Kuala Lumpur, Jakarta, Kathmandu, Peking oder Kalkutta sind die schlimmsten. Da fühlt sich das Leben zu Hause an wie eine einzige Dissonanz, die in die Ohren schneidet. Die Leere, die Stille, die Geruchlosigkeit, die glatten Oberflächen und die geraden Linien, die nervöse Eiligkeit der Menschen.

Ich dämpfe die Unruhe, indem ich ab und zu ein Zimmer in unserer Stockholmer Wohnung über eine internationale Vermittlung vermiete. Menschen aus der ganzen Welt – Russland, Taiwan, USA, Deutschland, China, Sri Lanka ... – sind gekommen, um ein paar Nächte zu bleiben und mit uns Abendtee zu trinken und mit uns zu frühstücken. Da haben wir gesessen und über ihre Heimatländer und über Schweden gesprochen, über Preiselbeeren, Hering und Krebsessen, über wachsende Klüfte, Bettler und Rassentrennung, über Unterschiede und Ähnlichkeiten, Eigenheiten und Abweichungen. Das war für einen kurzen Moment so, als wäre die weite Welt durch unsere kleine Küche gezogen und als wäre ich selbst auf Reisen und säße in einer fremden Stadt in einem Café und würde mit anderen Reisenden reden.

Wenn ich mit unseren ausländischen Gästen sprach, kehrte der Gedanke an authentische Reiseerlebnisse, von denen ich als junger Rucksacktourist so besessen war, zurück. Die Gespräche waren nicht sonderlich tief oder besonders, aber spontan und aufrichtig. Wir haben ganz einfach über Dinge geredet, die uns einfielen und Spaß gemacht haben. Aber wenn unsere Wohnung nun ein richtiges Hotel gewesen wäre und ich ein offizieller von Visit Stockholm angestellter Touristenführer, dann wäre das Bettzeug in unserem Gästebett nicht so ungebügelt, alle Fenster in der Wohnung frisch geputzt und das Frühstück etwas schicker angerichtet. Gut so! Aber dann hätte ich auch nichts von Stockholms weniger vorteilhaften Seiten erzählt, weil ich als Touristenführer mich nicht damit zufriedengegeben hätte, mich vorzustellen, sondern es als meine Aufgabe angesehen hätte, ein Botschafter meiner Heimatstadt zu sein. Genau deshalb mochte ich als Rucksackreisender die Tourismusindustrie nicht. Ich wollte etwas erleben, das unabhängig davon existierte, ob es an dem Ort Touristen gab oder nicht, etwas das geschah, auch wenn wir nicht da waren.

Der Weg des Reisenden zum Glück muss nicht gerade und direkt sein, sondern kann Schlaglöcher haben und kurvenreich sein. Zum sicher zehnten Mal lese ich eine Reiseschilderung, die mich sehr berührt hat. Sie ist von einem fünfundzwanzigjährigen Mädchen aus Östersund geschrieben worden, die Sara Strömberg heißt. Sie war nach Båtsfjord nach Nordnorwegen getrampt, um in einer Fischfabrik zu arbeiten, und hatte die ganze Welt getroffen. Den Text, den sie schrieb, als sie nach Hause kam, hatte sie für den Wettbewerb zum Thema Reisereportage eingereicht, den wir bei der *Vagabond* ausgeschrieben hatten. Die Überschrift hieß «Båtsfjord – wo die Reise ihren Gefrierpunkt erreicht». Die sehr persönliche Erzählung handelte nicht nur von einem Ort, sondern auch von dem, was im Innern des Reisenden geschieht. Ich saß zusammen mit Tomas Löfström und mehreren anderen in der Jury. Wir waren begeistert. Sara gewann den ersten Preis.

So beginnt die Reportage: «In Båtsfjord rufen die Russen von dem heruntergekommenen Münztelefon auf dem Marktplatz zu Hause in Murmansk an. Das Meer schleudert ihnen eiskalte Wassertropfen ins Gesicht, wenn sie dastehen und zu Hause bei Swetlana und Natascha anrufen. Die Goldzähne glitzern in den Gesichtern, die vom Leben auf See und zu viel Wodka zerfurcht sind. Hier löschen die Finnen tagsüber Fisch und trinken abends Koskenkorva in der Bar Skutan. Die Fischschuppen kleben noch auf ihren Armen und glitzern wie Schmuck, wenn sie das Glas zum Mund führen.»

Etwas später schrieb sie: «In Båtsfjord frieren die Tamilen im Sommer in den Skooter-Overalls. Ihre zuvor so braunen Hände sehen grau aus, wenn sie ihren Jasminreis an der Kasse von Lanes Kolonialwaren zahlen. Als ob der Dorsch aus dem Eismeer abfärben würde. Es hilft auch nichts, dass sie den exotischen Jasminreis kaufen, wenn sie nach Båtsfjord hineinstürmen, denn wenn man hierherkommt, vergisst man nicht, wer man ist.»

Mehrere Monate später, reich an Erfahrungen und neuen Bekanntschaften, ist es an der Zeit für Sara, Abschied zu nehmen und weiterzureisen. Sie umarmt ihre Freunde. Dann schreibt sie: «Wohin ich nun unterwegs bin, weiß niemand, am allerwenigsten ich, aber ich weiß, dass der Gefrierpunkt der Reise vorüber ist. Wenn jemand fragt, ob ich davon reich geworden bin, in Båtsfjord Fisch geputzt zu haben, ist die Antwort nein. Aber wenn jemand fragt, ob ich davon reich geworden bin, in Båtsfjord gewesen zu sein, ist die Antwort unbedingt ja. Die Russen rufen immer noch von dem heruntergekommenen Münztelefon auf dem Marktplatz nach Murmansk an. Und es macht mich glücklich, zu wissen, dass ich das weiß.» Dieses Gefühl: Die Tür ist aufgegangen, der Blick ist erweitert, die Welt ist gewachsen.

Langsam zieht die Welt aus dem Körper. Langsam werde ich wieder so wie immer. Nach einigen Wochen habe ich mich eingewöhnt. Das Gefühl der Sinnlosigkeit verschwindet. Ich nehme meine Alltagsroutinen wieder auf. Ich lese die schwedischen Tageszeitungen und höre den Alltagsunterhaltungen in den Kaffeepausen zu. Ich gewöhne mich daran, dass alle im Bus den Kopf gebeugt halten und auf ihre Smartphones starren. Ich erwarte nicht länger, dass jemand mich ansehen und anlächeln wird, dass auf den Straßen Ziegen oder Kühe herumlaufen oder dass Menschen, denen ich begegne, naseweise Fragen darüber stellen, woher ich komme und wohin ich unterwegs bin. Am Ende fühlt sich mein Alltag richtig gemütlich, heimatlich, passend an.

Aber ich weiß, dass das Gefühl vorbeigeht und bald die Sehnsucht wieder Einzug hält.

Dank

Dank an Maria Ullsten, Redakteurin bei der Zeitschrift «Fönstret», die mich bat, einen Essay darüber zu schreiben, warum wir reisen, und mich so veranlasste, in diesen Bahnen zu denken. Danke an die freiberufliche Journalistin Anna-Lena Stålnacke, die während einer gemeinsamen Kaffeepause vorschlug, dass dieser Essay zu einem Buch werden sollte. Danke auch an Ordfront, die an diese Idee geglaubt haben und an die Redakteurin Eva Stenberg und die Freundinnen Maria Küchen und Kiki Mahlander, die das Manuskript gelesen und kluge Anregungen gegeben haben. Und danke an Christian, Kerstin und Frank, die mich 1986 in das wahnsinnige Chaosprojekt gezogen haben, das begann, als wir ohne einen Öre in der Tasche eine eigene Reisezeitung gestartet haben, die für sich schon eine abenteuerliche lange Reise wurde, die immer noch weitergeht und hoffentlich niemals ein Ziel erreicht.

Zweiundzwanzig Reisebeschreibungen, die Lust aufs Vagabundieren machen

Die Odyssee (ca. 700 v. Chr.) von Homer. Eine der Ur-Reisebeschreibungen der Literaturgeschichte über eine spannende Segeltour im Ägäischen Meer. Ein antiker Pageturner.

Die Heimat in der neuen Welt (1853) und **Durch Nordamerika und Kuba** (1860) von Fredrika Bremer. Zwei Reisebeschreibungen, die eine aus Nordamerika und Kuba, die andere aus Südeuropa und dem Nahen Osten, die beide zeigen, dass Bremer für ihre Umwelt genauso engagiert war wie als Vorkämpferin der schwedischen Frauenbewegung.

Reisen in West Afrika (1897) von Mary Kingsley. Spannende Reisebeschreibungen von der Frau, die Tee-Einladungen im viktorianischen England gegen die Gesellschaft von Kannibalen am Äquator eintauschte. Sie schockierte ganz Europa mit der Feststellung, dass Afrikaner keine niederen Wesen seien.

Im Tal der Mörder und **Pässe, Schluchten und Ruinen** von Freya Stark. Zwei Reiseschilderungen der britisch-italienischen Autorin, die in den Zwanziger- und Dreißigerjahren durch die Wildnis des West-Iran wanderte und abenteuerliche Kamelritte durch die Wüsten Arabiens unternahm.

Wanderlust – A History of Walking und **Die Kunst, sich zu verlieren** von Rebecca Solnit. Zwei Essaybände der bekannten Autorin aus San Francisco, die mit dem Buch **Wenn Männer mir die Welt erklären** weltweit berühmt wurde. Enthält sowohl Berichte und Betrachtungen zu konkreten Wanderungen wie auch metaphysische Überlegungen.

In Patagonien (1981), **Traumpfade** (1988) und **Was mache ich hier** (1991) von Bruce Chatwin. Zwei Reisereportagen und ein Essayband, die sämtlich von der ererbten Sehnsucht des Menschen handeln, sich wegzubegeben.

Basar auf Schienen von Paul Theroux. Die drastischen, urkomischen und unterhaltsamen Schilderungen des amerikanischen alleinreisenden Autors von einer Zugreise von Europa nach Asien und zurück.

Wind, Sand und Sterne und **Der kleine Prinz** von Antoine de Saint-Exupéry. Ein Erwachsenenbuch und ein Kinderbuch von dem französischen Piloten, der ebenso poetisch war wie abenteuerlustig. Beide Bücher schildern, jedes auf seine Weise, eine Notlandung und eine Wanderung in der Sahara.

Irisches Tagebuch von Heinrich Böll. Über eine Reise durch Irland der Fünfzigerjahre, die der deutsche Nobelpreisträger unternommen hat, der ebenso gut darin war, Wetter und Landschaft zu beschreiben wie auch die Menschen, die ihm unterwegs begegneten.

Mein Weg durch Himmel und Höllen von Alexandra David-Néel. Die spannende Schilderung einer verbotenen Wanderung 1924 durch das damals abgeriegelte Tibet.

Wüstentaucher von Sven Lindqvist. Eine Reisebeschreibung aus der Sahara, die unter anderem von der Schweizerin Isabelle Eberhardt handelt, die sich um die vorherige Jahrhundertwende herum als Mann verkleidete und durch Nordafrika reiste.

Venedig von Joseph Brodsky. Der russisch-jüdische Nobelpreisträger wandert auf der Suche nach der Seele von Venedig durch die Stadt der Kanäle und Brücken. Eine Mischung aus Reisebeschreibung und Essay.

The Sea Road (2000) von Margaret Elphinstone. Ein Buch über die erste historisch dokumentierte Vagabundin Guðriður Thorbjarnadóttir und ihre verwegenen langen Reisen nach Grönland, Vinland und Rom im Jahr 1000.

Bombay – Maximum City von Suketu Mehta. Der amerikanische Exil-Inder irrt durch die extrem unterschiedlichen Gegenden in Indiens Wirtschaftszentrum und stellt fest, dass die Stadt ihre Unschuld verloren hat.

Vom Glück, durch die Natur zu gehen von Henry David Thoreau. Eine Sammlung von Essays über das Bedürfnis des Menschen, zu wandern, von dem anarchistischen amerikanischen Philosophen des 19. Jahrhunderts, der es liebte, sich in den Wald zurückzuziehen.

Neun Leben von William Dalrymple. Eine Reise kreuz und quer durch Indien auf der Suche nach Orten und Ereignissen, bei der religiöse Tradition mit Globalisierung und Modernität zusammenstößt und auch vereint wird.

Aus dem Verlagsprogramm

Alastair Bonnett
Die seltsamsten Orte der Welt
Geheime Städte, Wilde Plätze, Verlorene Räume, Vergessene Inseln
Aus dem Englischen von Andreas Wirthensohn
4. Auflage. 296 Seiten mit 10 Abbildungen. Broschiert
Beck Paperback Band 6243

Navid Kermani
Entlang den Gräben
Eine Reise durch das östliche Europa bis nach Isfahan
2018. 442 Seiten mit 1 Karte. Gebunden

Hermann Kulke / Dietmar Rothermund
Geschichte Indiens
Von der Induskultur bis heute
3., aktualisierten Auflage der Sonderausgabe. 2018.
526 Seiten mit 21 Abbildungen und 15 Karten. Broschiert

Eva Gruberová, Helmut Zeller
Taxi am Shabbat
Eine Reise zu den letzten Juden Osteuropas
2017. 271 Seiten mit 19 Abbildungen und 1 Karte. Klappenbroschur
Beck Paperback Band 6282

Jürgen Sarnowsky
Die Erkundung der Welt
Die großen Entdeckungsreisen von Marco Polo bis Humboldt
2. Auflage. 2016. 244 Seiten mit 20 Abbildungen und 5 Karten. Gebunden

Verlag C.H.Beck München